______________ 님의 소중한 미래를 위해
이 책을 드립니다.

곽수종 박사의

경제대예측 2024-2028

곽수종 박사의
경제대예측

곽수종 지음

메이트북스

메이트북스 우리는 책이 독자를 위한 것임을 잊지 않는다.
우리는 독자의 꿈을 사랑하고,
그 꿈이 실현될 수 있는 도구를 세상에 내놓는다.

곽수종 박사의 경제대예측 2024-2028

초판 1쇄 발행 2023년 11월 1일 | **7쇄 발행** 2023년 12월 1일 | **지은이** 곽수종
펴낸곳 (주)원앤원콘텐츠그룹 | **펴낸이** 강현규·정영훈
책임편집 안정연 | **편집** 남수정·최주연 | **디자인** 최선희
마케팅 김형진·이선미·정채훈 | **경영지원** 최향숙
등록번호 제301-2006-001호 | **등록일자** 2013년 5월 24일
주소 04607 서울시 중구 다산로 139 랜더스빌딩 5층 | **전화** (02)2234-7117
팩스 (02)2234-1086 | **홈페이지** matebooks.co.kr | **이메일** khg0109@hanmail.net
값 19,000원 | ISBN 979-11-6002-414-2 03320

진정한 변화는 위기상황에서만 나타난다.

• 밀턴 프리드먼(미국 경제학자) •

지은이의 말

미중 간 경쟁과 갈등에서 기회를 찾다!

철학은 사상적 체계다. 역사의 위대한 사상가들이 적나라한 진리를 이야기했다고 해도 과연 그 진리가 인류가 겪는 모든 문제를 타개하고 해결해내는 데 절대적인 교리와 전망을 제시했는지, 아니면 새로운 그것만의 신화를 만든 것에 불과한지에 대해서는 반드시 의문을 가져야 한다.

경제학의 모태는 철학이다. 철학의 파생인 경제학도 하나의 이슈를 놓고 이를 분석 및 판단하는 것이 중요하지만, 분석의 방식이 결코 편협해서는 안 된다. 경제학의 원류가 '철학'인 만큼 모든 것을 사고하되 결코 편협하지 않은 분석과 판단 그리고 전망을 이야기할 수 있어야 한다. 경제학은 자연과학처럼 실험실에서 몇 번이고 실험할 수 있는 분야는 아니다. 그만큼 신중해야 한다.

철학에서 경제학이 나오게 된 데는 아이작 뉴턴의 미적분학이 기여를 한다. 이로써 사회적 현상을 하나의 자연 상태의 물리학적 현상으로 비유해 설명하는 것이 가능해졌기 때문이다. 경제학이 다양한 물리학적 방법론을 채택하며 발전하자 사회학과 심리학도 그 뒤를 따른다. 경제학을 설명하기 위해서는 사회학, 심리학 등 파생적 사회과학의 분석도 충분조건이 되는 이유다. 물론 계량경제학적 모델의 다양한 부분이 물리학에서 원용된다는 점에서 물리학과 경제학의 연관성도 매우 깊다.

사회과학은 사람 혹은 국민을 대상으로 실험할 수 없다. 비용이 너무 크고, 시간과 공간적 제약이 크기 때문이다. 그러므로 경제학을 제대로 이해하기 위해서는 물리학, 생물학 등 자연과학뿐만 아니라 주변 사회과학에 대한 이해도 깊을수록 좋다. 예를 들어 2차 세계대전 이후 자본주의와 사회주의가 냉전체제로 맞서다 1991년 구 소련의 붕괴로 자유시장체제가 승리를 거둔 것처럼 보인다. 하지만 헤겔 변증법의 정반합 원리에 따라 이 역시 궁극적 승리라 할 수 없다. 지금까지 자본주의의 성공은 결국 양극화와 세대 간 혹은 계층 간 갈등을 야기하고 있기 때문이다. 이것이 사회학과 심리학 등과 같은 사회과학이 동시에 발전해야 하는 이유다.

21세기 세계 신질서의 화두는 '각자도생(各自圖生)'이다. 시대의 중요한 과제는 말과 표로 결정되지 않는다. 어쩌면 비스마르크의 '철혈(鐵血, 전쟁과 피의 투쟁)'이 각자의 도생을 지탱하게 하는 힘일 수도 있다.

국가는 단 한순간도 멈출 수 없는 생명력으로 미래에 대해 끊임없이 판단하고 결단하는 연속된 과정 위에 서 있다. 국가가 지속적인 생명력을 보여주기 위해서는 세계 모든 정부가 각자의 의도대로 정책을 시행해야 하는 이유이기도 하다. 지금 우리가 사는 시대가 질풍노도와 같은 혼란과 혼돈의 시대라는 것은 지금이 곧 '변화'의 시대임을 의미한다.

대국과 소국의 본질적 차이는 어쩌면 국가 이기주의이지, 낭만주의가 아니다. 대국과 강국이 자국의 이해관계와 상관없는 문제를 두고 다투는 일은 그들의 품위와 국격에 맞지 않을 수 있다. 따라서 각 국가는 자국의 존재와 이해관계가 추구하고자 하는 목표가 과연 무엇인지, 그 목적이 자국의 이해관계와 존재 가치에 합당한 것인지 국민 개개인들과 공유할 필요가 있다.

상대가 얄밉다고 어떤 형태로 상대에게 불을 지르는 것은 21세기 세계질서의 뉴 노멀(New Normal)에 결코 맞지 않다. 경제, 정치, 외교, 안보 등 어느 분야가 되었든 공개적으로 상대를 밉다고 해서 적으로 돌리는 것은 되돌릴 수 없는 실수가 될 수 있다.

'각자도생의 시대'라 하는 점과 '상대를 밉다고 적으로 돌리지 말아야 한다'는 점은 어떤 의미일까? 세계질서가 맞닥뜨리고 있는 다양한 문제는 각국이 가지고 있는 사회, 정치, 경제적 상황의 평가와 그 해결 방법을 보는 의견 차이가 문제일 뿐이다.

10여 년 전 '새 정치'가 화두가 되었던 적이 있다. 그 말을 한 사람은 그 뜻이 무엇인지 설명을 제대로 하지 못했지만, 사실 그다지 어려운 건 아니었다. 당시 시대가 생각하던 '새 정치'는 '새로운 시대'에 대한 구상을 의미했다.

새로운 시대의 구상이란 도덕적 우위를 점하는 자세를 추구하는 정책을 펴고, 산업구조를 개혁하는 재편성을 실행하겠다는 의지였다. 이와 같은 의지는 정치원칙과 신념이 어떻게 정책에 반영될 수 있을 것인가를 나타낸다. 따라서 국가 미래 발전 전략은 전략적 목표의 명확함과 방법의 유연성을 필요로 한다.

1, 2차 세계대전이 '보이는 전쟁'이었다면, 21세기 전쟁은 '보이지 않는 전쟁'이다. 19세기 식민지에 대한 제국주의 시대를 지나 새로운 세계질서의 태동을 이해했었다면, 당시 유럽 정치상황에 대한 정쟁과 갈등의 단면들에 대해 좀 더 여유를 가지고 시대변화와 입장차이를 이해할 수 있었을 것이다. 만일 그랬다면, 전쟁보다는 새로운 시대에 대한 생동하는 역동성을 맞이할 준비에 좀 더 합리적 판단을 할 수 있었을 것이다.

결국 이 두 차례에 걸친 세계대전에는 그에 맞서는 반작용이 존재했고, 다시 그 대립을 넘어서려는 시도가 이어지면서 냉전체제가 전개되었다. 이러한 역사의 변증법적 과정 속에 1991년 구 소련의 붕괴도 나타났다.

이처럼 우리가 역사에 관심을 가져야 하는 이유는 현재를 살면서 미래를 가늠하기 위함이다. 국가의 지속 가능한 생명력의 길을 개척

할 안목, 진실과 거짓을 밝혀줄 안목을 바로 역사가 키워주기 때문이다.

미국 연준이 무려 1년이 넘는 기간 동안 금리를 5% 가까이 올렸다. 〈월스트리트 저널〉은 2008년 서브프라임 모기지 사태와 2020년 코로나19에 따른 팬데믹 현상으로 미 정부와 연준이 풀어낸 유동성이 11.4조 달러에 이른다고 추정한다.

돈이 많이 풀리면 돈의 가치는 떨어진다. 돈 가치가 떨어진다는 말은 금리가 하락한다는 말과 같다. 여기서 돈의 '가치'라는 말은 '가격'이다.

그림 1. 수요와 공급곡선의 변화와 균형가격 및 균형 공급량의 변화

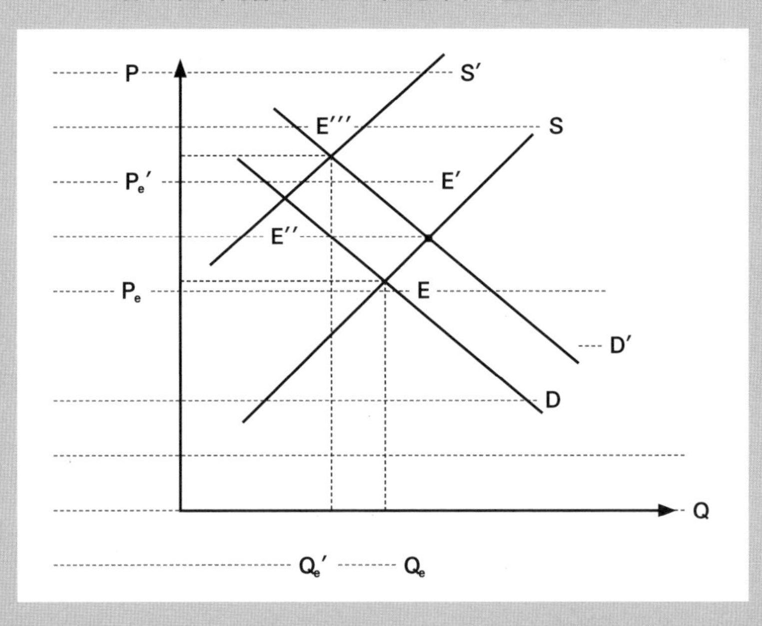

금리가 떨어지고 돈 가치가 하락하면 물가는 오른다. 금리가 낮으니 돈을 빌리기 쉽고, 미 정부와 연준이 풀어내는 돈들은 소비를 진작시키면서 수요곡선을 D에서 D′으로 우상향시킨다. 그 결과 균형가격과 생산량도 오른쪽으로 이동한다. 새로운 균형가격과 생산량은 이제 E에서 E′으로 이동한다. [그림 1]에서 새로운 균형점 E′은 E보다 높은 균형가격과 생산량을 보여준다.

2008년 서브프라임 사태 당시 미 정부와 연준이 유동성(돈)을 풀어서 소비를 유지하고자 한 배경도 이 그림을 통해 설명이 가능하다. 즉 미국경제의 생명력을 유지하기 위함이었다.

2008년 서브프라임 사태로 풀었던 유동성을 줄이기 위해(당시 미 연준과 재무부가 풀었던 유동성은 약 6조~7조 달러 규모로 추정된다) 미 연준은 2015년 12월부터 금리 인상을 시작했다. 이른바 통화긴축(Quantitative Squeezing)을 하고자 함이었다. 왜냐하면 가격이 P_e에서 P_e'(독자분들 스스로 이 그림에서 P_e'과 Q_e'을 찾아보시기 바란다)으로 상승하게 되면 미 연준의 물가 목표치인 2%를 넘어서게 되고, 이것은 곧 인플레이션 압력이 증가하는 것을 의미하기 때문이다. 따라서 미 연준이 소비자물가 안정 목표치인 2%를 유지하기 위해 서브프라임 사태 안정화를 위해 풀었던 유동성을 줄여나가겠다는 의미는 금리 인상을 한다는 신호다.

이럴 때마다 IMF와 국제 주요 투자 은행들은 신흥국과 개도국들에 환율 안정과 각종 부채 문제에 대한 해법을 선제적으로 찾아 나설 것을 강조한다. 왜냐하면 미국과 유럽 등이 각국의 통화긴축을

그림 2. 미 연방준비은행의 기준금리 목표치 변화 추세

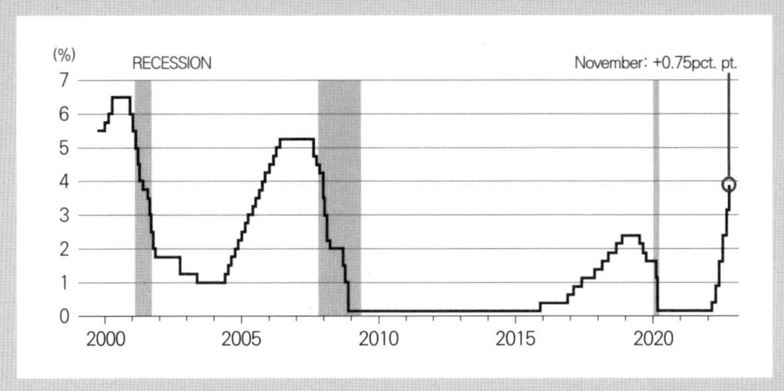

※주: 위 그림은 2008년 이후 미 연방준비은행 기준금리 변화 추세 가운데 중앙값을 나타낸다.

자료: 미 연방준비은행

갑작스럽게 하게 되면 소위 신흥국들과 개도국들은 '통화긴축 발작(Taper Tantrum)'을 일으킬 수 있기 때문이다.

예를 들어 미 연준의 금리 인상으로 선진국의 통화 가치가 급격히 올라가게 되면 신흥국과 개도국에 들어가 있던 외국계 자본들이 급격히 빠져나가게 되고, 이때 신흥국과 개도국의 통화 가치 및 증시와 채권시장 등 자본시장의 혼란을 초래할 수 있기 때문이다. 2014년 6월 28일 한국의 원/달러 시장 평균환율이 달러당 1013.85원 하던 것이 2016년 2월 29일에는 달러당 1243.43원으로 22.7% 절하된 배경도 바로 여기에 있다.

최근 미 연준이 금리를 5.5%까지 올리고 다시 한번 금리를 올릴 가능성을 이야기하는 것이 향후 한국경제와 중국경제를 포함한 신흥국 및 개도국 경제에 어떠한 파급효과를 가져올 수 있는지 우리는 다각적으로 분석해야 한다. 즉 2024년 미 대선을 의식한 미 연준이 계속해서 금리 인상 기조를 2024년 상반기까지 유지하거나 한 차례 더 인상할 경우, 아울러 소위 '피보팅(Pivoting, 금리 인하로 미 연준의 금리정책의 중심축을 옮긴다는 의미)'이 2024년까지 일어나지 않을 경우 등의 시나리오를 생각해두어야 한다. 경제를 이해하려는 목적은 항상 미래 불확실성에 대한 '컨틴전시 플랜(Contingency Plan)', 즉 위기 대응 플랜을 선제적으로 고민하고 발 빠르게 이에 대한 헤징을 하고자 함에 있다. 그런 목적 없이 독자들이 경제의 운용법칙을 알고자 하는 건 별 의미가 없다.

예를 들어 미 연준이 금리를 5.5%까지 올린 상황에서 한국경제와 중국경제를 비롯한 개도국 경제는 첫째로 환율 상승 가능성, 둘째로 각종 부채 문제의 연착륙 가능성, 셋째로 자산시장에서의 버블 붕괴 가능성에 대한 경계를 늦추어서는 안 된다.

미국경제 역시 거대 은행을 제외하고 많은 군소 지역 은행들의 유동성 및 신용 문제는 캘리포니아 실리콘밸리 은행, 뉴욕의 시그니처 은행, 퍼스트리퍼블릭 은행, 팩웨스트 은행 등 〈USA 투데이〉 추정으로는 많은 은행들이 무보험 예금을 대거 안고 있어 향후 190여 개 은행이 파산할 것이라는 시나리오도 한때는 언급한 바 있었다.

시티, JP모건, 골드만삭스 등 대형 은행들을 제외하고 미 연준의 금융 감독 당국이 모든 은행들에 대해 철저한 스트레스 테스트를 진행했을 리는 만무하다. 은행이 불안해지면 증시로 불이 옮겨붙을 것이고, 증시가 폭락하면서 '검은 요일'을 만들 경우 미국의 실물경제는 물론이고 세계경제가 동시에 크게 출렁일 것은 너무나 분명하다.

과연 그런 불행한 일이 일어날 것인가? 확률상으로 높지는 않지만, 그렇다고 '0'은 절대 아니다.

세계 각국의 기업, 가계 및 정부 부채 문제는 경제 불확실성을 초래하기 십상이다. 스탠더드앤드푸어스(Standard&Poors)에 따르면, 기업 채무 불이행이 빠르게 증가하고 있다고 한다. 소위 '좀비 기업'들이 팬데믹 기간 동안 정부 보조금으로 버티던 것이, 이제 미 연준이 금리를 인상하는 절차에 들어가자 이에 대한 상환 부담이 증가하면서 재정적 압박을 받게 된다.

금리 인상은 금융 불안 외에 차입비용 상승으로 가계소비를 제약하고, 기업 수익성에도 부정적 영향을 미치게 된다. 2023년 2분기 기업실적이 예상치를 웃도는 기업 비중이 미 증시에 상장된 기업의 80%를 넘는다는 분석이 과연 2023년 하반기에도 유효할지는 좀 더 지켜봐야 한다.

고금리의 장기화는 기업의 사업 확장을 어렵게 하면서 고용 감소와 성장 둔화로 이어져 연준의 경기 연착륙 유도 기대를 저해하는 원인이 된다. 아울러 금리 인상의 파급효과는 시차를 두고 실물과 금융 부문에 작동하므로, 향후 기업 채무 불이행은 더욱 늘어날 가능성이 높다. 더구나 상업용 부동산시장의 악화가 지속될 경우, 가계의 채무 불이행도 만만치 않은 도전이 될 것이다.

'미 연준이 금리를 올리는 게 맞는가?' '미국 소비자들, 즉 가계 부채는 아무런 문제가 없는가?' 이러한 질문은 한국은행과 우리 가계에도 똑같이 적용되는 질문이다.

일단 미국의 경우 엄청난 소비자 부채는 2022년 이전에 만들어진 고정 금리에 의존한 채 위험을 부분 회피 중이다. 팬데믹 기간에 미국 소비자들은 모기지를 2.75%로 재융자(refinancing)를 받으면서 이자 지출을 줄여 저축을 늘린 다음, 자동차 대출과 학생 등록금 부채를 상환 중인 것으로 보인다. 이는 연준이 2022년 적극적으로 금리를 인상하기 시작했을 때 미 가계의 대차대조표가 큰 타격을 받지 않았다는 것을 의미한다.

이 같은 미 가계의 안정적 소비 성향 유지와 견조한 고용시장 상황은 미국경제 2023년 2분기 GDP가 2.4%로 성장, 경기 연착륙 가능성을 높이고 있음을 시사한다. 즉 경제성장의 약 2/3를 차지하는 소비자 지출이 인플레이션 완화와 타이트한 노동시장 속에서 미국 경제 회복의 주요 역할을 담당하고 있는 것은 분명하다.

인플레이션 완화 조짐이 나타나는 가운데, 다른 한편에서는 경제성장 회복 신호도 자본시장을 비롯한 여러 곳에서 관측되고 있다. 신규 주택 건설 증가는 2023년 3분기 미국 경제성장률 상승에 기여할 것으로 예상되며, 주간 신규 실업급여 청구건수 감소 등은 노동시장의 재가열 가능성을 나타낸다. 가계와 기업이 보류했던 고용 혹은 지출 계획을 실행한다면 이러한 추세는 더욱 강화될 전망이다.

긍정적 시그널과 함께 부정적 우려도 일부 존재한다. '락(樂)'이 '고(苦)'이고 '고(苦)'가 '락(樂)'의 시작이듯, 부정과 긍정은 늘 함께하는 게 일반적이다.

피치(Fitch)가 미국 국가신용등급을 2011년 이후 12년 만에 AAA에서 AA+로 강등시켰다. 그렇다면 피치의 이러한 강등 조치는 갑작스러운 것이었는가? 그렇지 않다. 지난 3개월간 부정적 시각으로 미국경제를 바라보던 피치가 시장의 우호적 분위기에 일종의 경고라도 하듯이 미국 국가신용등급을 하락시킨 것이다.

미 연준의 금리 인상 속도를 놓고 다소 세계경제와 미국경제에 대한 긍정적 평가가 나오던 시기에 갑자기 2023년 8월 1일 피치는 미국 국가신용등급을 하락시켰다. 이 소식은 몇 달간 강세를 보여온 증시에 불확실성을 확산시키면서 일부는 차익실현의 빌미를 삼는 모습도 보였었다.

하지만 이런 의문도 생긴다. 피치의 미국 신용등급 강등은 계획된 조정이었을까? 과거 S&P가 미국 국가신용등급을 강등시킨 경우 미 증시가 폭락한 바 있는 경험을 되새길 때, 미국경제의 앞날도 사실상 그다지 밝지만은 않다. 현재 S&P와 무디스(Moody's)는 별다른 미국 국가신용등급 변화를 이야기하고 있지는 않고 있고, 옐런 미 재무부 장관은 강력히 피치에 항의했지만 이에 피치는 향후 3년간 예상되는 미국의 재정 악화와 국가채무 부담 증가, 거버넌스의 악화 등을 반영한 것이라고 이야기했다.

미국 정치권의 부채한도 이슈에 대한 미 하원에서의 '벼랑 끝 전술'도 이번 피치의 미국 신용등급 평가에 반영되었다. 바야흐로 다양한 정치·경제적 상황 변화에 이제는 세계경제와 미국경제 모두 긍정론자들이 이야기하는 것처럼 2024년 이후 혹은 2025년 이후 경기회복이 가능할 것인가?

국가, 기업 및 가계 등 경제주체들은 각자의 생명력을 끊임없이 이어가기 위한 활동의 한 영역으로 경제활동을 펼치고 살아간다. 예를 들어 개인 간에 이루어지는 다양한 실물 및 자본거래와 함께, 기업과 가계 간에는 노사관계를 맺는다. 가계와 기업은 정부에 세금을 납부하지만 그에 따른 반대급부로서 안정적이고 일정한 공공재의 분배와 사용을 기대한다.

이런 경제 생태계를 하나의 사회에서 국가로 확장하고, 다시 국가는 지정학적 다양한 역학관계를 반영하는 지역경제로, 다시 각각의 지역경제 간의 이해관계 문제를 대상으로 하는 세계경제의 모습으로 변화해간다.

이론과 실제의 차이를 학문적 명제와 정의로 간단히 정리하기는 쉽지 않다. 다만 다양하게 축적된 선험적 자료를 통해 경제정책이 가져올 수 있는 잘못된 판단과 오차 범위를 줄이는 방법을 찾아내는 것이다.

2023년 1월 출간된 국제통화기금(IMF)의 새로운 보고서에서는 지속적인 경제통합이 진행된 지 몇십 년 후 글로벌 경제의 심각한 분열 양상(fragmentation)은 결과적으로 글로벌 GDP의 최대 7%까지 감소할 수 있으며, 기술까지 분리된다면 어떤 국가에서는 손실이 8~12%까지 높아질 수 있다고 한다. IMF는 심지어 세계경제의 분리조차 제약적으로 이루어진다 하더라도 전 세계 GDP를 0.2%p 줄일 수 있을 것으로 본다.

2008~2009년의 글로벌 금융위기 이후 글로벌 상품 및 자본 흐름이 안정화되었지만, 미중 간 무역 갈등처럼 이후 몇 년간 본격적인 국제 무역의 보수화 성향이 증가했다. 여기에 코로나19 팬데믹과 러시아-우크라이나 전쟁은 국제 관계를 더욱 시험에 빠지게 하고 있으며, 글로벌화의 혜택에 대한 회의감을 증폭시키고 있다.

자유무역 질서는 물론 부분적인 해석의 틀에서 보면, 글로벌 경제간 무역 연결을 더욱 강화함으로써 지난 몇 년 동안 글로벌 빈곤도를 크게 감소시켰다. 동시에 저소득 국가 경제의 저임금 노동력을 통해 저가의 생산품을 세계경제에 공급함으로써 '골디락스(Goldilocks)' 경제를 이끌어온 것도 사실이다. 따라서 팬데믹 기간 동안 글로벌 무역 사슬의 분해는 주로 저소득 국가와 선진 경제의 가난한 소비자들에게 부정적인 영향을 미쳤을 것이다. 국경을 넘어 사람과 상품, 기술 등의 이동 붕괴는 그만큼 글로벌 무역과 사람, 기술의 이동이 얼마나 중요한지를 잘 보여주는 계기가 된다.

이 책에서는 먼저 미국과 중국경제에 대한 중단기 전망을 토대로 한국경제의 2024~2028년 전망을 시나리오 분석을 통해 설명한다. 복잡한 수식이나 경제학적 모델 표기는 사용하지 않았다. 논리로 풀어내는 데 집중하고자 했다.

살아 움직이는 모든 것은 그 자체의 생존 본능이 존재한다. 생존 본능이 작동하게 되면 위기가 되었건, 기회가 되었건 본능적으로 생존 자체에 대한 본질적 변화 혹은 파생적 변화에 직감이 작동한다. 이를 시그널(signal)이라 한다. 시그널을 제대로 읽어내면 위기 혹은 기회에 미리 잘 적응할 수 있다. 문제는 경제 전문가들의 이러한 예측과 전망이 얼마나 정확할 것인가에 있다.

곽수종

차례

1장 미국경제의 거시적 요인

2장 미국경제의 미시적 요인

PART 2 중국경제, 다가올 기회와 위기

1장 중국경제의 거시적 요인

PART 3 2024년 이후 한국경제 빅픽처

경제 생태계는 정치, 사회, 문화, 환경 및 국가와 국민의 특성을 모두 반영하는 정글이다. 경제를 바라보는 관점은 다를 수 있다. 작금의 경제학은 서양 경제학, 즉 서양 철학에 그 뿌리를 두고 있다. 따라서 경제적 현상을 해석하고 미래 불확실성을 예측하는 방법과 과정은 철저하게 자연과학적 데이터 분석과 사회과학의 논리적 명확성이 요구된다. 국가 경제에 대한 신뢰성(Credibility)은 서양의 인류 문명사적 '변화'와 '역사', 그리고 이를 뒷받침하는 '철학'의 이해에서 시작된다. 이것을 오롯이 '동양적' 역사와 철학 등을 배제하고 그대로 모방하는 것은 미래 글로벌 질서를 예측하는 데 있어 결코 완벽할 수 없다. 어쩌면 21세기 하반세기 이후부터는 동양 대 서양, 황인종 대 백인종의 다툼으로 확대될 수 있기 때문이다.[1]

PART 1

미국경제,
다가올 위기와 기회

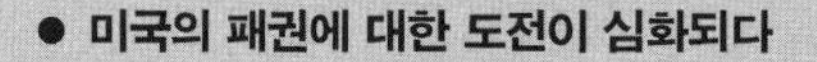

- 미국의 패권에 대한 도전이 심화되다
- 현재의 통화정책은 무엇이고 향후 어떻게 변할 것인가?
- 미국의 국가 신용등급 하락이 갖는 의미는 무엇인가?
- 미중 간 갈등은 앞으로 이렇게 전개될 것이다
- 러시아-우크라이나 전쟁은 이렇게 진행될 것이다
- 브릭스의 지역 통화 거래, 그 가능성은 어느 정도인가?

1장

미국경제의 거시적 요인

미국의 패권에 대한 도전이 심화되다

지난 시간 미국은 글로벌 질서의 표준이었고 룰 세터(rule setter)였다. 21세기 미국의 새로운 역할 변화를 제대로 리포맷(reformat)하지 못하고 리부팅(rebooting)하지 못한다면, 21세기는 혼돈의 한 세기가 될 가능성이 매우 높다.

미국에 대한 믿음이 흔들리고 있다

일반적으로 개인과 기업 등이 국가를 상대로 국가 운영(governance)에 대해 신뢰성을 따질 때 쓰는 표현은 '안정성(stability)' '일관성(consistency)' '안전성(reliability)' 등이다. 이를 집행하는 운용의 형태를 놓고 역시 정책의 '정의성(justness)' '합리성(reasonability)' '실행성(affordability)' 등을 기준으로 정책의 '공정성(fairness)'과 '공평성(justice)' 등을 논한다.

한때 우리는 '정의란 무엇인가'라는 추상적인 대주제를 놓고 세계적인 석학이라 여겨지는 학자들을 한국에 불러 대중들 앞에서 다양한 강연을 한 적이 있다. 당시 구름 같은 관중들이 모여 그들의 강연을 들으며, 각자 정의의 개념에 대해 다양한 생각들과 나름의 판단을 했을 것이다.

국가의 개념 또한 정의하기란 그리 쉬운 일이 아니다. 한 국가의 신뢰 혹은 국력과 국격은 단순히 국가의 정치, 경제, 군사, 사회 및 문화 환경과 같은 다양한 미시적(微視的) 변수들을 단순 평가해서 만들어지는 것은 아니기 때문이다.

한 국가는 국민으로 구성된다. 국민은 저마다 다른 이해관계를 갖는 정치, 경제 및 사회적 행동의 독립된 주체들이다. 그리고 한 국가에 대한 믿음은 그 나라가 던지는 다양한 정치, 경제, 외교, 국방, 환경, 문화 등에 대한 질적·양적 질문에 대한 가치와 신뢰에 뿌리를 두게 된다.

21세기 미국에 대한 믿음이 흔들리는 이유도 여기에 있다. 그 원인은 21세기 '시대변화'를 제대로 이해하지 못하고 우왕좌왕하는 미국의 모습에 있다.

적어도 20세기 초입부터 말까지 미국은 글로벌 질서의 표준이었고 룰 세터(rule setter)였다. 21세기 미국의 새로운 역할 변화를 제대로 리포맷(reformat)하지 못하고 리부팅(rebooting)하지 못한다면, 21세기는 혼돈의 한 세기가 될 가능성이 매우 높다. 20세기 미국 중심의 일극체제는 미중 간 이극체제를 거쳐 21세기 이내에 미국, 중국, 유럽 및 인도 등 다극체제로 전환될 가능성이 높다.

21세기 세계경제 질서의 전환기에 와 있다

우리는 이따금 자문한다. '왜 중국과 동양은 미국과 유럽 선진국들에 맞설 수 있는 산업표준과 룰을 세팅하지 못하는가?' 이 물음에 대한 답은 상대적으로 간단하다.

동양은 중국 황하 문명과 메소포타미아, 그리고 인더스 문명을 일으켰지만, 그것은 고대에 해당한다. 중세 이후 근대에 이르는 기간 동안 인간은 자연에 대한 신비를 그대로 받아들일 것인가, 아니면 이 자연의 한계를 뛰어넘을 것인가를 두고 '신'과 다투었다. 서양은 과학의 발전과 종교 개혁을 통해 '사람'이란 주체에 보다 본질적 가치를 가지려 한 반면, 동양은 자연 속의 인간을 그대로 두었다.

사람이 중심이 된 서구 선진 문물은 산업혁명을 통해 과학과 인간, 철학과 종교의 관점을 뒤바꿔놓았다. 그리스-로마 철학은 서구 선진경제의 민주주의와 자유시장경제체제로 이어져 내려오고 있다. 그러므로 한국과 중국, 일본 등이 서구에 맞설 수 있는 경제체제와 정책의 가치를 가지려면 동양 철학과 사상에 대한 철저한 재해석이 불가피하다. 정연호(전 율촌 북경 법률 사무소 소장) 변호사는 "중국이 21세기 새로운 경제체제와 정책의 룰 세터가 되기 위해서는 바로 중국의 철학적 가치와 논리가 산업발전에 합당하다는 것, 시장경제원리뿐만 아니라 인간과 자연에 대한 정확한 사상 정리가 우선되어야 한다"고 강조한다.

21세기 세계경제 질서의 전환기에 와 있음은 분명하다. '판의 변화'는 불가피하다. 중국과 인도, 인도네시아, 베트남의 급부상과 한국과 일본을 중심으로 한 배후 산업 지원 경제는 각자의 역할에 대해 새로운 정의를 내려야 한다. 이들 아시아의 경제규모와 범위가 지난 150년간 서구 선진경제들의 산업발전체제와는 다른 형태를 보일 수밖에 없다는 사실에 주목할 필요가 있다.

현재의 통화정책은 무엇이고 향후 어떻게 변할 것인가?

미국은 결코 강달러 기조를 포기하지 않을 것이다. 2008년 이후 2022년까지의 저금리 시대는 이 목적을 이행하던 시기였다. 또 다른 의미에서 이것은 2024년 이내에 미국 혹은 다른 국가 경제에 경제위기가 발생할 확률이 높아졌다는 점을 의미한다.

역사적으로 저금리 시대가 끝나고 있다. 미 연준 이사회가 금리를 22년 만에 최고치로 올렸음에도 불구하고, 경제는 놀라울 정도로 탄력적으로 유지되고 있다. 2023년 3분기 미국 경제성장률은 2% 추세를 가볍게 초과할 수 있을 것으로 보인다. 일부 경제학자들이 인플레이션이 향후 몇 년 동안 미 연준의 목표치인 2%를 달성한다 하더라도 금리가 2020년 이전 추세적이었던 낮은 수준으로 돌아갈 수 있을 것인지에 대해 의문을 제기하는 이유가 된다.

2023년 8월 미 와이오밍 주 잭슨 홀 미팅에서 미 연준 은행장들의 모임 주제는 '세계경제의 구조적 변화(Structural Shifts in the Global

Economy)'였다. 이는 미 연준의 통화정책과 금리 목표가 어디에 있는지를 잘 보여준다. 미래 산업에 대한 구조조정에 걸맞은 기업 투자와 산업구조 개혁에 초점을 맞춘다는 것이다. 미국 국채수익률이 강한 상승세를 지속하고, 그에 따른 경기둔화와 금융불안 우려가 증폭되는 시점에 중국경제는 더 이상 세계경제의 인플레이션 압력을 홀로 막을 수 있는 '최종 보루(last resort)'가 아니라는 점도 확인한다.

미 연준의 통화정책 및 금리정책 변화와 목적 함수

기축통화국의 중앙은행인 미 연준의 통화정책 및 금리정책의 변화는 어떻게 '보이지 않는 손'을 통해 기술개발과 산업구조의 전환을 도모할 것인지를 정확하게 나타낸다. 이러한 변화와 목적 함수를 제대로 읽어낼 수 있어야만 한다.

주요국 중앙은행의 국채수익률이 연일 상승세를 보인다. 2023년 8월 미국 10년물 국채수익률은 4.0%대 중반을 향해가고 있다. 2023년 8월 17일의 4.27%만 놓고 보더라도 이는 2007년 11월 이후 최고치 수준이다. 동시에 30년 만기 국채수익률 역시 4.39%로 2011년 이후 가장 높은 수준을 가리키고 있다. 같은 날 독일과 영국의 10년물 국채수익률도 각각 2.71%와 4.75%로 2008년과 2011년 이후 최고치를 경신한다. 미 연준이 인플레이션 압력 등으로 추가 금리 인상에 나설 수 있다는 점이 유럽경제에 주는 메시지를 담아 유럽 중앙은행과 영국 등은 유로화와 유로 경제의 금리정책을 펼치고 있는데, 이는 미 연준과의 조화를 위해 이루어진 결과물이다.

미 연준의 정책이 중국과 한국, 일본의 통화 및 재정정책 등과는 반대 방향인 점은 과연 어떻게 설명할 것인가? 미국의 주요 경제지표들은 2023년 3분기 이후 예상보다 매우 긍정적인 지표들로 채워질 전망인 가운데, 미국정부가 향후 국채발행을 대폭 확대할 것이 분명해졌다. 이에 국채수익률 상승은 불가피하다. 국채수익률 상승은 여타 주요 금리의 상승을 유도해 경제활동을 위축시키는 결과를 초래한다.

특히 미국의 30년 고정 모기지(주택 담보대출) 금리가 7%를 넘어서며 지난 21년 동안 최고치를 나타냈는데, 이는 주택시장에 대한 수요와 공급을 모두 감소시킬 수밖에 없다. 금리가 높으니 집을 살려는 수요가 줄어들 것이고, 역시 공급자 측면에서 집을 짓는 금융 조달 비용 상승으로 가뜩이나 수요가 하락하는 상황에서 저가로는 집을 공급하기 어렵기 때문이다.

이뿐만이 아니다. 금리 상승은 주식, 원자재 등 위험 자산의 매도 증가를 유발한다. 금리 상승에 따른 신용 악화는 궁극적으로 경제활동 감소와 금융시장의 불확실성을 증폭시키는 결과를 초래한다. 일부에서는 미 연준이 실제로 추가 금리 인상에 나설 가능성이 높지 않다고 주장하지만, 다른 한편에서는 연준의 금리 인상 여부와 상관없이 10년물 국채수익률이 상승하고 있다는 사실이 문제다. 시장은 추가 금리 상승 쪽에 무게를 둔다는 의미다.

이와 다르게 미국 소매 판매는 호조를 보인다. 지속 여부는 불확실하다. 월마트(Walmart) 등 대형 소매업체들의 2023년 2분기 실적이 긍정적으로 나왔다. 그럼에도 불구하고 고가품 혹은 생활필수품이 아닌 제품의 판매는 여전히 부진하거나 전체 판매량이 감소했다. 이는 향후 양호한 소매 판매가 추세적으로 지속 가능하지 않을 수 있다는 점을 시사한다. 실제로 최근 미국 노동시장에서의 임금상승률 둔화, 에너지가격 상승, 대출기준 강화, 저축 감소 등은 가계 소비활동을 저해할 소지가 다분하다. 일부 소매업체의 경영진은 금리 인상과 학자금 대출 상환 등으로 2023년 하반기에 소비심리가 위축될 수 있다는 의견을 제시하기도 한다.

미국의 금리정책으로 인한 세계경제의 위험

미국 채권 금리의 정상화는 오히려 세계경제 전반에 문제를 초래할 가능성이 있다. '중립금리'라는 표현을 종종 쓴다. 시장에서는 미 연준의 2% 인플레이션 목표와 경제성장률을 적용한 실질금리 2%를 더한 10년물 국채금리 4%를 '중립적 금리(Neutral Interest Rate)'로 정의한다. 중립금리의 정의를 조금 더 풀어 설명하면, 미국의 10년물 물가연동채권(TIPS, Treasury Inflation Protected Securities)[2] 금리가 2%에 근접할수록 정상적인 수준에 근접하고 있음을 의미한다. 아울러 투자자들이 더 이상 제로금리 시대로의 회귀를 기대하지 않고 있음을 시사하기도 한다. 이 같은 상황에서는 2가지 위험이 존재한다.

첫째, 채무불이행 증가 및 대출 수요 약화 등으로 고금리에 취약한 경제 주체의 어려움이 나타나기 시작하고, 향후 경제 전반이 고금리를 견딜 수 있을지에 대한 우려가 증가하게 된다.

둘째, 최근 금리 인상은 인플레이션을 억제하기 위함인 데 비해 미 정부의 재정을 통한 보조금 정책은 향후 인플레이션을 유발할 수 있다는 일면 모순적 정책이 지속될 것이라는 점이다. 바이든 정부의 IRA, CHIPS 및 미국정부 부채 상한선 조정 등 다양한 통화팽창 정책들이 추가 금리 인상 요인이 된다는 의미다.

다음 [그림 3]과 [그림 4]에서 눈여겨봐야 할 지점은 1990년대다. 미국경제가 다우존스 지수로 볼 때 'J' 커브를 그리는 장면에서 과연 금리는 어떠했을지 잠시 생각해보길 바란다. 다우존스 산업평균지수와 미 연준의 기준금리 변화를 보여주는 다음 2개의 그림을 참고해본다. 그림자 구역이 1990년 1월 1일부터 1994년 1월 1일까지의 기간이다.

1980년대 초 2차 오일 쇼크 이후 1985년 플라자 합의까지의 과정에서 보여준 미국 달러화의 금본위 고정환율제도에서 자유변동환율제도로의 변화, 금융 파생상품 시장의 시카고 상품 시장 거래, 미 연준의 금리정책과 유럽 선진국들의 금리정책 동조화 현상 등 이러한 신자본주의 시장의 탄생은 결국 산업구조의 전환을 유도하기 위한 충분조건이었다.

원리는 간단하다. 금리가 낮으면 대출이 쉽고, 대출이 쉬우면 투

그림 3. 다우존스 산업평균지수 변화 추세(1900~2023년)

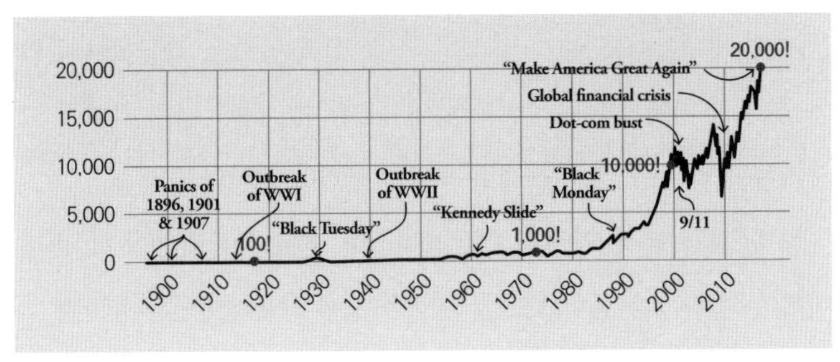

자료: 메줘링 워스, 팩트세트(MeasuringWorth, FactSet)

그림 4. 1980년대 이후 현재까지 미 연준의 기준금리 인상 추이

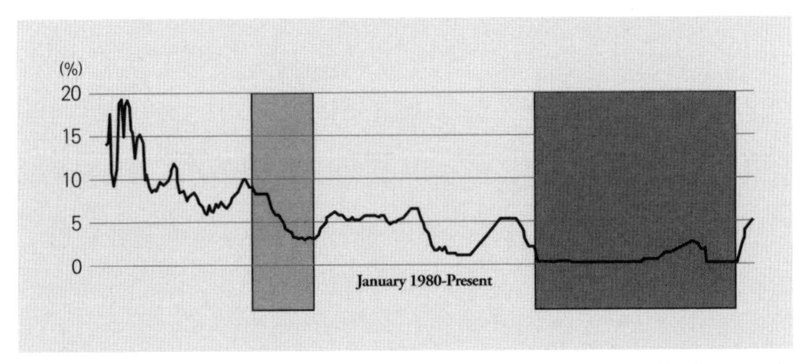

주: 그림자 지역은 1990년 1월 1일부터 1994년 1월 1일까지 미 연준의 기준금리를 보여준다.

자료: 미 연방준비은행, 2023년 7월 기준

자가 활성화되고, 새로운 설비 투자와 기술 투자가 생산성을 낮추고 부가가치를 높이면서 일반적인 비용 상승에 따른 물가 상승 요인을 차후에 하향 안정시키면서 세계경제는 하나의 경기 사이클을 만들어내는 것이다.[3] 따라서 이미 세계경제의 산업구조 전환과 21세기 글로벌 패권 경쟁에서의 생산성 및 부가가치 제고와 기술발전의 기선 제압은 2008년 11월부터 2022년 1월 사이에 이미 결정 난 것으로 봐야 한다.

이 기간 동안 과연 어느 국가 경제가 기술발전과 산업구조 전환에 숨은 노력을 기울였을까? 1981년에서 1990년까지 미 연준은 지금처럼 2차 오일쇼크에 따른 공급 측면으로 나타난 초고인플레이션에 대처하기 위한 노력을 경주하던 시기다.

미 연준의 기준금리는 1980년대에 그 어느 때보다 높은 수준이었다. 2차 오일쇼크에 따라 1980년에 최고 기록치인 14.6%로 치솟은 인플레이션을 억제하고자 했기 때문이다. 인플레이션을 잡기 위해 금리를 급등시킴으로써 불경기를 조장한 것이다. 미 연준의 기준금리는 1980년 1월에 14%라는 목표 수준에서 시작되었다.

하지만 1980년 12월 5일 미 공개시장회의를 마치는 순간, 금리는 다시 2%p 증가해 최고 수준인 19~20%로 올랐다. 그 결과 소비자 대출 비용은 30년 고정 금리 모기지의 평균 금리가 거의 20% 수준까지 오른다.

약 2년 정도가 지나자 기준금리는 급격하게 하락하기 시작했다. 1982년 11월 2일에 목표 금리가 13~14% 수준으로 낮아지고, 1983년 7월 20일에 11.5~12%로 더욱 낮아지기 시작한 것이다.

1984년 11월 이후로는 이자율이 10%를 넘지 않았으며, 1980~1990년 동안 미 연준의 기준금리는 평균 9.97%를 유지했다. 이 10년 동안은 폴 볼커 의장(Paul Volker)과 1987년 8월 임기가 시작된 앨런 그린스펀(Alan Greenspan) 의장의 시기다.

미 연준의 기준금리정책이 고금리정책 기조를 벗어날 수 있었던 이유는 무엇일까? 레이건노믹스라 불리던 '신자유주의 경제정책'이 핵심이었다. 국영기업을 민영화하고, 자유무역정책을 유지하는 가운데 미국 달러화의 강세 기조를 세계경제 구조에 적극적으로 구축한 정책 조정 기간이었고, 세계경제에 있어서는 자유무역이라는 새로운 세계 무역 질서로의 전환을 유도해낸 시기였다. 미국 달러화의 강세는 결국 다음 10년간 아날로그 산업에서 디지털 산업으로의 전환을 이끌어내는 시기를 거치면서 더욱 강화되었다.

미국은 결코 강달러 기조를 포기하지 않는다

미국경제는 초고인플레이션 시기를 겪은 이후 앨런 그린스펀의 시대를 맞이하면서 훨씬 더 안정된 기간을 지나게 된다. 물론 그린스펀이 연준을 이끈 18년의 재임 기간 동안 미국경제와 세계경제가 또 다른 도전에 직면하지 않았다는 의미는 아니다.

1990년 8월부터 8개월간의 불경기를 겪은 후, 그린스펀과 그 동료들은 미 연준 기준금리를 2000년 5월에 6.5% 목표 수준까지 올린다. 그의 재임 기간 중 최고치였다. 그의 재임 기간 중 최저 기준금리는 1992년 9월의 3%였다.

여기서 주목할 만한 또 다른 그린스펀의 금리정책은 저금리와 저물가 상황에서 미국경제에 더 많은 활력을 불어넣기 위해 금리를 추가적으로 인하했다는 점이다. 이를 '보험적 성격의 인하(Insurance Cut)'라 부른다.

일반적으로 2가지 유형의 금리 인하가 있는데, 하나는 불경기 상황에서 경기부양을 위해 금리를 인하하는 것으로 일반적인 유형의 인하라 할 수 있다. 또 다른 하나는 '보험적 인하(Insurance Cut)'로, 이는 불경기와 싸우기 위한 금리 인하와 달리 비록 경제가 잘 진행되고 있지만 물가 상승의 위험을 보지 못할 경우 경제성장을 더 지원하기 위해 금리를 인하하는 것이다. 보험적 인하는 1995년, 1996년, 1998년에 발생했다. 이때 글로벌 금융 시스템은 러시아의 채무 부실과 주요 헤지 펀드의 붕괴, 아시아 외환위기 등 미국을 제외한 아시아 신흥국 경제와 개도국 등에서 다양한 금융위기를 초래했었다.

미국은 결코 강달러 기조를 포기하지 않는다. 지난 2008년 이후 2022년까지의 저금리 시대는 바로 이 2가지 저금리정책의 목적을 동시에 이행하던 시기다. 그렇다면 향후 1년 혹은 2024년 이내에 미국 혹은 다른 국가 경제에 경제위기가 발생할 확률이 높아졌다는 점을 의미한다.

그 진앙지가 중국경제일까? 중국경제의 경기침체가 얼마나 어떻게 진행될지는 모르지만, 중국경제의 리스크는 미국과 유럽 선진국들 입장에서는 21세기 글로벌 경제 및 산업구조 전환기에 그들이 차지할 수 있는 중요한 기회의 순간이 될 수 있다. 좀 더 과도하게 해석하자면 21세기형 '보이지 않는 아편전쟁'이 되는 셈이다.

미국의 국가 신용등급 하락이 갖는 의미는 무엇인가?

글로벌 주요 신용평가사들의 미국에 대한 신용평가 강등은 어떤 시그널인가? 궁극적인 미국 국가 신용등급 하락은 미국 달러화의 가치 하락을 의미한다. 중국은 미국과의 궁극적인 전쟁이 '환율전쟁'이 아니라 '기축통화전쟁'으로까지 확대될 것임을 잘 알고 있다.

실리콘밸리 은행 파산과 크레딧스위스 은행 사태에 이어 2023년 7월 글로벌 신용평가사 피치(Fitch)가 미국 국가신용등급을 강등시켰고, 뒤 이어 무디스(Moody's)는 10개 지역 은행들의 신용등급을 강등시켰다.[4]

미국 국가신용등급의 강등을 하나의 사건으로 보면 현재 시점에서 미국경제의 신뢰도를 평가할 수도 있지만, 적어도 미국이라는 경제 생태계가 국가 건립 이후 어떻게 움직여왔는지, 미국이 20세기에 어떻게 세계 질서의 패권을 잡게 되었는지 등에 대한 종합적인 직관과 분석을 통해 국가 신뢰를 이해해야 한다. 앞으로도 믿을 수 있는

지, 아니면 어떠한 헤징 대응을 할 것인지 등에 대해 생각할 필요가 있기 때문이다.

글로벌 주요 신용평가사들의 미국에 대한 신용평가 강등은 어떤 시그널을 의미하는지 살펴야 한다. 지역 은행 신용평가 강등이 피치의 신용평가 강등과 같은 이유인지, 아니면 다른 이유인지도 살펴야 한다.

더불어 이러한 지역 은행, 상업용 부동산의 부실화 등의 요인들이 과거에도 존재했음에도 경제 생태계 측면에서 지속적으로 일정한 성장의 시기가 지나고 나면 반복되는 것인지도 살펴야 한다. 기후변화는 그 자체도 물론 중요하지만 더 큰 본질적 문제는 곡물생산과 식량, 식수 등의 문제로 파급된다.

다음번 위기는 정말 심각할 수도 있다

피치는 2023년 7월 말 미국 신용등급을 강등하면서, '거버넌스의 침식'을 반영한다고 지적했다. 즉 세금 인하, 미국에 증가하는 부채 부담과 바이든과 공화당 사이에 빈번해지는 정치적 기능 장애에 대해 경고하면서 역사적인 채무 불이행 직전에 도달한 지 몇 주 만에 미국의 신용등급을 내린 것이다.[5]

피치는 뒤이어 간과해서는 안 되는 미국경제 관련 3가지 위험 요인을 지적하고 있다. 첫째, 금리가 조금만 상승해도 기존의 32.3조 달러에 이르는 미국의 정부 부채에 대한 이자부담이 급증해 채권수요 감소, 금리 상승, 추가 차입이라는 악순환과 경기침체가 초래될 우려가 있다. 둘째, 정부가 미 연준에 직접 국채를 매각하는 부채의 현금화가 발생할 수 있으며, 이는 통화량 증가, 고물가, 국채시장의 붕괴로 이어질 소지가 다분하다. 셋째, 부채 규모가 과도하게 많을 경우 통화 당국은 상황에 맞는 올바른 정책을 시행하기보다 정치적 이유에 근거해 부적절한 방법을 선택할 위험이 내재하고 있다.

일반적으로 최근 국채시장의 변동성은 통화정책에 민감한 단기국채가 아닌 장기국채가 주도하고 있다. 이는 국내외 측면에서 장기국채 금리가 상승할 수 있는 다양한 요인들이 잠재하고 있음을 의미한다. 따라서 장기국채 공급이 증가하고(미국이 부채를 지속적으로 발행할 수밖에 없으므로), 인플레이션 영향으로 고금리 여건이 장기화될 수 있음을 의미한다.

그렇다면 과연 미국은 대규모 재정적자 문제를 해결할 수 있을까? 이에 대한 답이 미국의 경제 신뢰도에 중요한 변수가 될 것이다. 왜냐하면 재정적자 누적은 미국 달러화의 가치 하락을 담보하는 것이며, 이는 멀지 않은 미래에 1975년 '브레턴우즈 체제'의 붕괴와 같은 또 다른 미국 달러화에 대한 가치평가 하락과 글로벌 통화질서에 중대한 변화를 야기할 것이 명확하기 때문이다.

금리 인상으로 이자비용이 늘어나고, 사회보장제도 및 공공 의료지원 지출의 증가세가 지속되는 상황이 미국 내 포퓰리즘적 정치상황과 맞물려 실질적인 삭감 논의를 모두 회피하고 있다. 그 결과 미국 달러화가 기축통화 지위를 유지하고 미국 국채에 대한 글로벌 금융시장의 의존도가 높기에 신용등급 강등을 이유로 정책 당국이 재정적자 문제 해결을 앞당길 가능성도 매우 낮다.

미 재무부는 2023년 3분기 이후 국채발행 규모를 점진적으로 확대할 것이라고 한다. 향후 2년, 5년, 7년, 10년, 20년, 30년물 발행을 늘려나갈 계획이라는 것이다. 추가적 국채발행을 통한 차입금 추정치는 약 7천억 달러에서 1조 달러 규모로 확대될 것이다. 금리는 더 올라간다는 의미다. 이러한 미 재무부의 국채발행 정책은 자칫 이를 매입하는 국가나 기관들에게는 커다란 지연 뇌관이 될 수 있다.

작게는 '실리콘밸리 은행' 사태에서 크게는 1980년대 중후반 이후 신흥국 및 개도국, 미국 스스로의 금융위기를 통해 알 수 있다. 하지만 다음번 위기는 단순히 지역 금융위기나 미국 내 중소 지역 은행 부실 사태로만 국한되지 않을 것이다. 그야말로 글로벌 신자본금융시장의 '판'이 바뀔 수 있을 정도가 될 것이다.

환율전쟁을 넘어 기축통화전쟁으로

중국 위안화가 미국 달러화를 대체할 수 있을까? 미국이 용납할 것인가? 속절없이 미국 달러화 표시 자산, 즉 채권 같은 것을 들고 있다면 달러화 가치 하락을 어떻게 대처할 것인가?

미국 달러화가 기축통화의 역할을 유지하기 위해서는 미국정부가 달러화를 과도하게 경제 제재 수단으로 사용하지 않는다는 믿음이 필요하다. 이는 동맹국들의 소외로 이어지고, 세계경제 성장에 부정적인 영향을 줄 수 있기 때문이다. 이를 피하기 위해 아마 디지털 통화 등 금융혁신 과정에서 결제수단으로서 또 다른 대체 통화의 필요성이 제기될 것이다.

법정화폐(교환, 가치저장, 가격단위)의 교환 기능과 가치저장 기능이 가격단위를 결정하는 기능보다 강조되는 방향으로 전환될 가능성이 크다. 미중 간에 충돌이 불가피해 보이는 지점이다.

미국 국가 신용등급 하락은 미국 달러화의 가치 하락을 의미하지 않는다. 적어도 아직까지는 그렇다. 하지만 궁극적인 미국 국가 신용등급 하락은 미국 달러화의 가치 하락을 의미한다. 중국은 미국과의 궁극적인 전쟁이 '환율전쟁'이 아니라 '기축통화전쟁'으로까지 확대될 것임을 잘 알고 있다.

미중 간 갈등은 앞으로 이렇게 전개될 것이다

과연 미국은 중국이라는 나라와 결별할 수 있을까? 그것이 가능할까? 숫자로 본 미국-중국 갈등의 관계, 영화관부터 군비 지출에 이르기까지 세계에서 가장 중요한 경제 관계 중 하나가 어떻게 구성되어 있는지 면밀히 살펴볼 필요가 있다.

미중 간 '전략적 경제 대화(Strategic and Economic Dialogue)'는 미국과 중국 간의 고위 대화로, 양국 간의 지역 및 전 세계적인 전략 및 경제 문제를 논의하기 위해 2009년 4월 1일에 미국 대통령 버락 오바마와 중국 주석 후진타오에 의해 발표되었다. 그 시작은 2006년 12월 열린 장관급 전략적 경제 대화였다.

오바마 대통령 당시 성사된 미중 간 S&ED는 조지 W. 부시 행정 아래에서 시작되었던 과거의 고위 대화 및 전략적 경제 대화를 대체한 것이었다. 양국의 고위 대표 및 대표단은 두 나라 사이에서 개최 국가를 번갈아가며 매년 회의를 개최하는 것으로, S&ED는 2017년

6월에 종전적인 경제 대화(Comprehensive Economic Dialogue)로 이름이 변경되었다가 트럼프 대통령이 같은 해 중단시켰다.

한편 S&ED는 미국과 중국이 직접적이고 장기적인 전략적·경제적 이해관계에 대해 광범위한 지역 및 세계적 도전과 기회에 대응하기 위한 목적이었다. 양국 모두 S&ED를 양국 관계의 중심에 두고 장기적인 전략적·경제적 목표에 대한 구체적이고 의미 있는 진전을 지속적으로 달성하려는 노력을 기울여온 것은 사실이다.

과연 미국은 중국과 결별할 수 있을까?

팬데믹 이후 S&ED 재개 가능성이 나타났다. 재닛 옐런 재무장관과 토니 블링컨 국무장관의 여러 차례 중국 방문으로 복원되는 모습도 보이고 있다.

미국은 중국과 결별할 수 있을까? 숫자로 본 미국-중국 갈등의 관계, 영화관부터 군비 지출에 이르기까지 세계에서 가장 중요한 경제 관계 중 하나가 어떻게 구성되어 있는지 요약해볼 필요가 있다.

중국과 미국은 국가 안보와 경제 경쟁 측면에서 점점 더 강렬한 경쟁 관계에 있으며, 미국 지도자들은 트럼프 이후 중국을 장기적으로 가장 큰 도전자로 인식하고 있다. 세계에서 가장 큰 두 경제체제인 미국과 중국은 전 세계 생산의 40%를 차지하며, 다양한 방식으로 핵심적인 파트너 관계를 유지하고 있다.

양국은 서로 중요한 제품을 판매하고 구매하며, 서로의 비즈니스를 금융 지원하고, 서로의 국민 수백만 명에게 거주지를 제공하며, 양국의 관객을 위해 앱과 영화를 제작하기도 한다.

미국은 이미 중국 제품 수입 점유율을 20년 만에 최저치로 떨어뜨렸다. 미국과 중국 간에 심화되는 대립은 세계에서 가장 큰 두 경제 간의 무역 관계를 침식하고 있으며, 중국 상품은 20년 만에 미국 수입의 가장 작은 비율을 차지하게 되었다. 미국은 컴퓨터 칩과 스마트폰에서 의류에 이르기까지 다양한 상품을 중국이 아닌 멕시코, 유럽 및 아시아의 다른 지역으로부터 구매하기 시작했다.

중국은 2023년 첫 6개월 동안 미국 상품 수입의 13.3%를 차지했으나, 이는 2017년 최고치인 21.6%보다 8%p 낮은 수치다. 중국이 세계무역기구에 가입한 지 2년 후인 2003년 12.1% 이후 최저치다.

미중 간 갈등의 시작은 트럼프 행정부가 다양한 중국 제품에 관세를 부과하면서 2018년에 시작되었다. 하지만 미중 간 갈등에 대한 또 다른 해석도 가능하다.

미중 관계의 몇 가지 변수들

재무장관 옐런이나 블링컨 국무장관이 베이징에서 중국 고위 관계자들과 회동한 목적은 향후 발생 가능한 충돌을 회피하기 위함이다. 여기에는 몇 가지 중요한 변수들이 있다.

첫째, 경제 및 군사력 분야다. 미국경제는 여전히 중국경제를 능가한다. 2022년 중국 국내총생산(GDP)은 18조 달러에 불과하며, 미국은 25.5조 달러로 양국 간 GDP 규모 차이는 당분간 격차를 보일 전망이다. 하지만 중국의 인구는 미국의 4배가 넘고, 국가별 화폐 단위에 맞게 조정한 경제 규모는 다르게 나타난다. 즉 국제통화기금(IMF)에 따르면 구매력 평가(Purchasing Power Parity, PPP)로 본 중국의 세계 GDP 점유율은 18.9%로, 미국의 15.4%를 넘어섰다. 중국은 일대일로 이니셔티브를 통해 글로벌 인프라에 1조 달러 이상을 제공해 전 세계적으로 경제권력을 투영하려는 의도를 보이고 있다.

아울러 중국 군의 신속한 성장과 현대화는 미국의 우려를 불러일으키고 있다. 여전히 방위비 지출에 있어서도 미국은 2위부터 10위까지 국가별 국방 예산 지출보다 앞서고 있다. 예를 들어 2022년에 미국은 8,770억 달러, 중국은 2,920억 달러를 지출했다. 2019년 기준 중국은 미국보다 더 많은 해군 함선과 군인(250만 명)을 보유했다. 물론 미국 군은 다양한 전투경험을 가지고 있고, 훨씬 더 조직적으로 잘 정비되어 있다.

둘째, 양국 간의 무역 관계는 여전히 매우 강하지만 다양한 변화가 일어나고 있다. 중국은 캐나다와 멕시코에 이어 미국의 세 번째로 큰 무역 파트너다. S&P 500 지수에 속한 미국 기업들은 매출의 7.6%를 중국 본토에서 올리고 있어 글로벌 판매 시장으로서 중국시장 진출 중요성이 더욱 강조되고 있다. 현재 미국 기업이 중국에서 수입하는 총규모는 일본, 영국, 독일로부터 수입하는 규모를 모두 합친 것보다 많다.

하지만 미중 간 무역거래에서 보이는 긴장관계는 중국에서 비즈니스를 영위하는 미국 기업들에게 매우 불투명한 미래를 제기한다. 중국 미국상공회의소의 최근 조사에 따르면 56%의 기업이 2022년에 이익이 없다고 보고했으며, 일부는 중국의 엄격한 코로나19 봉쇄 조치를 비난하기도 했다. 또한 이번 조사에서 46%의 미국 기업은 미중 관계가 2023년에 악화될 것으로 생각하며, 단 13%만이 개선될 것으로 생각했다. 이와 관련해 2023년 일부 기업들은 첨단 기술에 대한 미중 간의 경쟁이 심화되는 가운데 중국에 대한 의존도를 축소시키고 있다.

물론 다른 관점에서 살펴보면 중국의 미국 수입 점유율 하락은 몇 가지 특정 제품이나 국가로부터의 수입 측면에서 극적인 경쟁력 변화의 결과라기보다, 단순히 느리게 움직이는 공급망 변화가 추세를 주도한 것으로도 볼 수 있다. 동남아시아와 인도 등으로 생산 거점 이동이 본격화되면서 2019년 초부터 중국의 대미 수입 점유율은 현저하게 감소했다. 오히려 인도, 태국, 베트남을 포함한 25개 아시아 국가로부터의 수입량이 점차 증가하고 있다. 2023년 6월 기준 이들 국가로부터의 수입은 미국 전체 수입의 24.6%로 크게 급등하면서 지난 1년간 중국으로부터의 수입이 14.9%인 데 비해 큰 폭으로 증가세를 보이고 있다. 2022년 미국은 중국으로부터 상품과 서비스를 5,636억 달러로 수입했지만 미국의 중국 수입 비중은 감소하고 있으며, 일부 기업들은 중국과의 관계를 끊는 모습을 보이고 있다.

셋째, 미국은 중국의 가장 큰 채무국 중 하나이다. 중국은 2023년 6월 일본의 1.105조 달러에 이어 8,354억 달러를 보유하고 있다. 영국이 6,723억 달러로 3위를 기록하고 있다. 2021년 11월 중국정부가 미국 국채를 최고 1.06조 달러(홍콩 포함 1.3조 달러) 보유한 이후, 같은 해 12월 1.05조 달러(홍콩 포함 1.28조 달러)를 기점으로 지속적인 매도세를 보이고 있다.

2021년, 2022년, 2023년 6월 전년동월 대비 중국의 미국 국채(홍콩 포함) 보유량은 각각 -4.15%, -12.1%, -8.2%로 3년 연속 감소 추세다. 일본의 경우도 2021년 11월 1.33조 달러에서 12월 1.30 달러로 보유 규모를 줄이고 있지만, 전체 규모는 중국과 달리 총액은 1조 달러를 상회하는 수준에서 유지하고 있다. 즉 2021년, 2022년, 2023년 6월 전년동월 대비 일본의 미국 국채 보유량 증감 추세는 각각 1.43%, -3.67%, -10.31%다.

중국은 미국 국채를 매각한 후 금을 사모으는 것으로 알려졌다. 일본은 중국의 미국 국채 매입 감소를 일부 흡수하는 가운데, 미국으로부터 엔화 절하에 대한 묵인을 얻어낸 듯하다. 중국의 대량 금 매입은 중동 및 동남아 지역경제에서 점차 위안화 결제가 늘어나는 것에 대한 지역경제 기축통화로서 위안화 위상 제고에 대응하는 측면도 염두에 둔 것이다. 미국 연준의 고금리정책으로 채권가격 하락은 중국과 일본 등 미국 국채를 보유한 국가로서는 달러화 표시 자산 가치가 하락하는 것을 피할 수 없다는 점에서 일부 매도는 유용한 헤징 전략이다.

개인 및 문화적 연결 고리가 미중 간에는 어떻든 견고함을 유지하고 있다. 중국은 2021년 말 현재 약 8만 개가 넘는 영화 스크린을 보유하고 있는 반면, 미국은 약 3.9만 개를 가지고 있다. 2022년에는 20편의 미국 영화가 중국에서 개봉되었으며, 박스오피스 총매출은 약 6.73억 달러로 추정된다.

양국 간 사람들의 왕래는 팬데믹 제한 조치로 인해 훨씬 어려워졌다. 항공사는 팬데믹 이전에는 주간 350편 정도의 미국과 중국 간의 항공편을 운영하던 반면, 현재는 주간 24편에 불과하다.

한편 2023년 기준 미국에는 약 240만 명 가까운 중국 이민자들이 살고 있고, 중국 이민자들의 대부분 정착 목표지가 미국이라 할 정도다. 미국의 중국 이민자들은 미국인보다 학사 또는 전문학위를 소지할 확률이 2배 이상 높다. 예를 들어 2021~2022학년도에 약 29.6만 명의 중국 학생들이 미국의 고등교육 기관에 입학했으며, 이는 미국에서 공부하는 모든 국제 학생들의 약 3분의 1 수준이다.

그럼에도 향후 미중 관계는 낙관적이지 않다. 2023년 8월 9일, 조 바이든 대통령은 중국과의 대립을 격화시키기 위해 핵심 기술 산업에 대한 미국의 새로운 투자를 금지하는 행정명령에 서명함으로써 베이징의 군사 능력을 향상시키는 데 사용될 수 있는 분야를 대상으로 대치를 더욱 고조시켰다.

2023년 3월에는 미 영토 상공에 정체 불명의 풍선이 나타나면서 미국의 대중국 의심은 더욱 깊어졌다. 미국은 중국이 미국 군사 기지에 연결된 전력, 통신 및 수도망에 침투시킨 악성 소프트웨어를

'틱킹 타임 밤(Ticking Bomb)'으로 간주하고 매우 정밀하게 수색하고 있다.

바이든 행정부가 트럼프 행정부보다 어쩌면 더 강력한 대중국 견제 조치를 실행한다고 볼 수 있다. 일부 중국 기술 기업에 대한 사모펀드 및 벤처 캐피털 투자가 금지되었다. 반도체, 양자컴퓨팅 및 인공지능 등 3가지 기술 부문에 대한 직접 투자 규제도 강화된다.

2024년 미국 대선 경선과정에서 나타날 후보자들의 대중국관도 크게 개선되지 않았다. 공화당 후보로서 트럼프의 대중국관을 제쳐놓고서라도, 또 다른 유력한 공화당 후보인 플로리다 주지사인 론 데산티스(Ron DeSantis)는 포괄적인 경제정책의 주요 요점을 제시하는 가운데 미 연준 의장 교체와 중국의 무역 지위를 취소하는 것이 포함되어 있다.

키신저 전 국무장관이 중국을 방문한 의미

2023년 7월 헨리 키신저 전 국무장관의 중국 방문은 어떤 의미인가? 당시 키신저의 중국 방문에 아무도 큰 관심을 보이지 않았다. 키신저 전 국무장관의 북경 방문을 그 이전에 있었던 옐런 재무장관과 블링컨 국무장관, 존 케리 전 상원의원과 같은 정치적 맥락에서 봐야 하는 것인지, 아니면 2023년 3월 팀 쿡 애플 CEO의 방문, 두 달 후 일론 머스크 등 기업인들의 중국 방문과 같은 맥락에서 해석해야 할지는 분명한 차이가 있다.

어쩌면 이 둘 다라고 할 수 있지만, 그렇게 되면 이들 각자의 대중국 방문의 목적이 희석될 수도 있다. 분명한 것은 후자의 경우가 보다 우세할 수 있다는 점에 초점을 두고자 한다. 즉 미국의 경제성장과 발전을 위해서는 중국과 끊임없는 협력이 불가피하며, 미국 기업들이 우려하는 중국정부의 투자 및 기업유치에 대한 미래 비전, 기술발전과 관련한 불확실성 등에 대해 미국정부가 간과해서는 안 될 부분이 있다는 점을 강조하는 것이다.

그 메시지가 아마 키신저에게 직간접적으로 전달되었을 것으로 보인다. 키신저 전 국무장관은 더 이상 정치인이 아니라 기업인이며, 그가 이번 중국 방문 시 미국정부는 미국을 대변하지 않는다는 점을 분명히 한 점으로 미루어, 중국은 일석이조의 정치외교 및 경제적 선전효과를 충분히 보았을 것이고, 키신저 또한 시진핑, 왕이 등을 통해 얻은 고급 정보를 기업인들에게 전달했을 가능성이 높다.

키신저는 이 정보를 미국정부에게도 전달하지 않았을까? 만일 미국정부로부터 어떠한 컨설팅 자문료를 받지 않았다면, 미국정부로부터 그러한 요청을 공식적으로 받은 적이 없다면, 그는 아주 간단하고 일반적인 메시지만을 미국정부에 전달했을 가능성이 높다. 이상하게 들릴지 모르지만, 이러한 가정을 기반으로 해 키신저 전 국무장관의 중국 방문 의미를 정리해본다.

중국은 2022년 8월 미국 전 하원의장 낸시 펠로시의 대만 방문에 대한 분노를 표시하기 위해 기후 문제 등을 포함한 중·상급 접촉을 일부 중단시켰다. 중국은 대만을 자신의 영토로 주장하며 필요한 경우 무력을 동원해 침공할 수 있다는 점을 자주 언급하고 있다. 이는 세계 경제성장과 발전에 중대한 영향을 미치는 동아시아 태평양 지역에서 미국을 큰 갈등에 끌어들일 전략적 전술을 내포하고 있다는 점에 유의해야 한다.

이 가운데 미중 간의 접촉은 천천히 회복되고 있는 중에 키신저의 중국 방문이 있었던 것이다. 키신저 전 국무장관의 방문은 바이든 정부의 기후 특사 존 케리와 함께 진행되었으며, 이는 국무장관 토니 블링컨과 재무장관 재닛 옐런에 이어 최근 몇 주 동안 중국을 방문한 바이든 정부 고위 관리자 중 세 번째였다.

여기서 중요한 대목은 미국의 대중 대화 및 외교 노력과 달리 아직 중국으로부터는 이에 상응하는 눈에 띄는 조치들이 나타나지 않고 있다는 것이다. 이러한 중국의 대미 외교자세는 미 워싱턴이 요구하는 그 어떠한 양보도 제공하지 않을 것이라는 입장을 간접적이지만 강하게 전달하는 것이라 추정해볼 수 있다.

2023년 대부분의 시간 동안 바이든 행정부는 중국 군처럼 두 나라의 통제를 벗어나 관계를 악화시키고자 하는 세력들의 뜻과 달리, 고위급 접촉을 통해 어떠한 형태로든 양국 간 대화 재개를 위한 노력을 계속하고 있다는 점은 주목할 만하다. 분명히 바이든 행정부는 정상적인 외교 채널을 통한 대화 재개를 희망하고 있다. 최근 수개월 동안 국무장관 토니 블링컨, 재무장관 재닛 옐런, 기후 특사 존 케리 등이 모두 베이징을 방문한 점 등이 이를 대변한다.

하지만 그 결과는 복합적이었다. 중국은 이러한 일련의 미 워싱턴 정가의 고위직들의 방문에 대해 자신들의 입장을 분명하게 전달하는 데 집중하면서 결코 방문자들을 따뜻하게 대접하지는 않았던 것으로 보인다. 최근 베이징을 방문한 세 명 가운데 시진핑을 만난 사람은 블링컨 국무장관 혼자였다.

그럼에도 불구하고, 중국이 모든 미국 전현직 관료들에 대해 차가운 태도를 보이는 것은 아니다. 중국이 공항과 의전 장소에 빨간 카펫을 깔았다는 것은 상당한 의미를 부여해도 좋을 듯하다. 미국의 전 국가안보보좌관이자 전 국무장관인 헨리 키신저를 위해서 빨간 카펫을 깔았기 때문이다.

키신저 전 국무장관은 시진핑과 만났을 뿐만 아니라 중국 최고 외교관 왕이와 국방장관 리상푸도 만났다. 중국 최고 지도부로부터 칭찬이 쏟아졌었다. 먼저 시진핑은 따뜻한 어조로, "중국인들은 옛 친구를 결코 잊지 않으며 중미 관계는 항상 헨리 키신저의 이름과 연결될 것"이라고 높이 평가했다. 왕이 외교장관은 키신저가 "중국-미국 관계에서 얼음을 깨는 데 역사적인 공헌을 했으며, 양국 간의 이해 증진에 대체할 수 없는 역할을 했다"고 강조했다.

키신저는 따뜻한 분위기에 상응하는 느낌을 전달하며 "중국의 친구"라고 말했다. 중국의 문화 속 정치외교적 전략과 전술을 고려한다면, 100세 노구를 이끌고 중국을 방문한 사실상 미중 간의 국교수립 정상화를 이끌었던 그를 통해 중국은 미국에 대한 속내를 그대로 전달한 것이다. 즉 중국은 '미국'을 '친구'로 본다는 의미다.

따라서 키신저의 이번 중국 방문에서 확인된 중국의 속내는 향후 미중 간 대화와 경쟁에 있어 키신저와 같은 역할을 할 수 있는 제3의 인물을 미국 측에 요구한 점, 중국은 미국과 대만 문제 등으로 불필요하게 긴장관계를 끌고 갈 의사가 없다는 점, 양국 간 협력과 발전이 세계경제 발전에 도움이 될 것이라는 점을 분명히 전달한 듯 보인다.

미국의 새로운 대외정책 및 전략을 수립하고 이에 따른 로드맵을 짤 수 있는 전략가가 없다는 점, 즉 헨리 키신저 또는 조지 슐츠 전 국무장관만 한 미국의 전략가가 없다는 점을 간접적으로 시사한 측면도 있다. 그러한 점은 바로 미국 국무부가 스스로 고백한 장면에서 확인된다. 일일 브리핑에서 키신저의 중국 방문과 관련해 개인 자격으로 중국을 방문하고 있으며, 미국정부로부터 어떠한 일정 관리나 신분 경호를 받지 않고 있다는 점을 밝힌 것이다. 미국의 외교 전술답지 않은 국무부 브리핑인 셈이다.

키신저 전 국무장관은 사실 국무장관 재직 시 이 같은 직간접적인 다양한 해석이 정치외교적 이슈를 놓고 언론을 통해 자주 나오기를 의도적으로 유도한 일이 많았다. 따라서 이번의 경우처럼 국무부 브리핑에서 그런 가능성에 찬물을 끼얹는 해석을 못마땅하게 여겼을 것으로 보인다.

그럼에도 중국 대표단과 키신저가 만났던 디아오위타이(釣魚台) 주빈관에서의 따뜻한 분위기와 바이든 행정부 관계자와 중국 대표단의 만남에서 느꼈던 쌀쌀한 분위기 사이의 대조는 눈에 띈다. 왜 이렇게 상이한 분위기가 연출되었을까? 대체로 중국과 키신저 양측 모두에게는 서로 우호적으로 대응함으로써 얻을 수 있는 공동 이익이 있었기 때문일 것이다.

중국 입장에서는 키신저 시대의 미국이 보여주었던 대중국 정책이 향후 양국 간의 관계 정상화에 도움이 될 것이라는 메시지가 담겨있다. 그리고 키신저 전 국무장관 입장에서는 자신만큼 중국을 이해하고 설득할 수 있는 사람이 미국 정가와 외교가에서는 찾아볼 수 없을 것이라는 점을 강조하는 것이다. 하지만 후자의 경우 외교적 전술로는 높은 설득력을 가지지 못한다. 나이도 나이지만, 1970년대 초반 이후 세계정치 질서와 작금의 정치질서 사이에는 엄청난 차이가 존재하기 때문이다.

중국 공산당 지도부의 미국에 대한 관점

중국 공산당 지도부의 관점에서는 바이든 정부 말기 이후 지난 10년 동안 워싱턴의 대중국 분위기가 급격히 부정적 이미지로 선회한 것에 대해 우선 미국으로 하여금 보다 유연한 정책으로 전환하도록 유도하는 게 중요하다. 중진국으로 더 성장하고, '인민'에서 '공민'으로 경제발전의 혜택을 확산하기 위해서라도 미국 외교가 중국을 경쟁자가 아닌 동반자로 보도록 하는 게 급선무이기 때문이다.

미국 외교에서 중국을 경쟁자로 보게 된 변화의 시작은 오바마 행정부 말미부터다. 트럼프 전 대통령은 이 같은 중국제재 분위기를 증폭시키고자 신장지역의 인권문제, 대만 독립에 대한 지지 강화 및 미중 간 무역전쟁을 시작했다. 이어 바이든 정부 초기 2년 동안은 직접적인 중국과의 경쟁전략을 버리고 전략적 경쟁전략으로 수정한 것으로 보인다.[6] 한편 미국은 중국의 지정학적 전략 및 전술 변화에 대응해 쿼드(Quad)[7]를 부활시키고 인도-태평양 경제 및 안보체제 구축을 시작했다.

미국이 최근 보여주는 대만에 대한 적극적 보호 공세는 바이든 행정부를 필두로 향후 미국은 그동안 대만에 대해 보여주었던 '전략적 애매성'을 끝내겠다는 신호를 보낸 셈이다. 즉 미국은 중국의 군사적 공격으로부터 대만을 방어하기 위해 군사적으로 개입할 것임을 명확히 했다. 아울러 트럼프 행정부의 다양한 대중국 제재 조치 등을 과거와 비교할 수 없을 만큼 훨씬 더 엄격하게 시행하고, 주요 기술과 상품에 대해 대중국 수출 통제를 강화하겠다는 점을 보인 것이다.

1971년 키신저가 처음 중국을 방문한 이후 50년 이상 극적인 양국 간의 관계 발전 과정에서 중국의 시각을 이해하는 것은 중요하다. 미국의 신호는 분명하다. 중국 시장을 미국 수출품에 더 많이, 더 자유롭게, 더 개방하라는 이해관계다.

하지만 같은 목소리라 하더라도 중국의 입장은 그에 따른 조건을 분명히 하고 있다. 이번에 키신저 전 장관의 방문을 환영한 것은 1970년대 이후 미국이 중국에 대했던 최혜국 조치와 함께 더 많은 시장과 기술의 이전, 투자확대를 미국 측에 요구하는 것이다. 이렇게 과거의 경제 및 외교관계로 되돌아간다면 미중 간의 관계가 훨씬 좋아질 것임을 시사하는 것이다.

중국이 선호하는 외교 스타일을 떠올려보자. 지난 수십 년 동안 중국은 미국정부의 특정 인물이 중국 관련 외교 및 경제적 업무를 처리하도록 지정하는 것을 선호했다. 앞서 언급했지만, 조지 W. 부시 대통령 후반기에는 재무장관 헨리 폴슨(Henry Paulson)이었으며, 오바마의 첫 행정 기간의 대부분에서는 국가안보보좌관 톰 도닐론(Thomas E. Donilon)이었던 것처럼 말이다.[8] 하지만 트럼프 전 대통령과 바이든 정부에서는 최소한 이들과 같은 역할을 할 수 있는 인물이 없다고 보는 것 같다.

만약 중국이 키신저를 통해 과거 몇십 년 동안의 미중 관계를 회상하는 듯한 전략을 시도한다면, 키신저의 방문 목적을 잘못 해석한 것으로 보인다. 미국 조야에서 키신저에 대한 평판은 최근 몇 년간 그의 과거 정책 실수와 권력에 아첨하는 모습 때문에 비판적 시각이 더 강조되고 있다. 하지만 미중 간의 정치에 있어 그에 대한 가장 비판적인 전문가들조차도 키신저가 아직은 대중국 관계에 있어 어느 정도 영향력을 가졌다는 점은 인정하는 분위기다. 키신저의 중국 방문과 관련해 그의 노회한 정치적 위상, 즉 미국과 중국의 관계가 악화되는 상황에서 자신이 가지는 노련의 지적유희를 과시하면서 외교가로서의 명성에 더 치중할 것이라는 해석은 너무 나갔다는 판단이다. 오히려 그가 가진 모든 대중외교에 있어서의 지적 수완을 제대로 발휘해 미중 양국 간 중재의 결과를 가져올 수 있다면 빛을 발휘할 수도 있을 것이다. 하지만 그러기에는 너무 세월이 흘렀고, 언뜻 보기에 다만 그의 방문은 중국의 입장을 대변하는 데 활용될 것으로 보인다.

키신저에게는 그 이상의 무언가가 아마도 있었을 것이다. 키신저의 외교는 사실상 '외교의 혁신'이라는 점에 늘 초점이 맞춰져 있다. 누구나 생각하지 못하는 일들을 그가 해내는 것이다. 즉 공무원으로서 공공의 의무를 통해 개인 경력의 유리한 입장을 추구하는 것이다. 철저한 개인적 이해관계를 성취하는 데 있어 공적 의무 수행을 통해 합리적이고 투명하며 가장 효율적으로 개인의 커리어를 관리하는 것이다. 단지 지나간 과거사에 대해 회고록을 통해 정책의 목적과 과정을 밝히는 게 아니라, 자신이 직접 수행했던 다양한 외교 정책과 목표가 외교에 있어 하나의 전형적인 정형의 길이었음을 인정받고자 한 것이다.

물론 개인적으로 이해관계, 즉 금전적 이해관계 측면에서도 성공적인 유료 컨설팅은 노벨상 시상과는 비교할 수 없을 만큼 수익성이 높을 수 있다. 키신저는 기업 자문 서비스를 제공하는 키신저 어소시에이츠(Kissinger Associates)를 1982년에 설립해 이 접근법을 개척했다. 키신저는 고객이 무엇을 원하는지 명확히 알고 있었다. 즉 그의 판매 포인트는 미국과 중국을 연결하는 소위 권력의 '꽌시(關係, 관계)'이며, 그러한 연결 통로에 대한 상대적 접근성이었다. 이러한 '연결망'에 대한 접근성을 필요로 하는 것은 미국뿐만 아니라 중국도 마찬가지다.

만일 미국이 러시아와 중국에 대해 매파적 입장을 고수한다면, 사실상 키신저의 비즈니스는 흥행하기 어려울 것이다. 미국의 대외 전략이 이처럼 매파적으로 전환되는 것은 세계 지도자들에 대한 그의 특권적인 접근성을 위협하기 때문이다.

기업 고객들이 정말 듣고 싶어 하는 것은 무엇일까? 추측컨대 키신저가 그의 경험을 통해 얻어온 내부 깊숙이 존재하는 중요한 정보가 아닐까? 즉 이번 그의 최근 베이징 방문은 언론 보도와 함께 기업들의 지원을 받았을 것임을 의미한다. 따라서 그가 이번 방문에서 가졌던 주요한 회의에서 얻은 정보를 몇 달 동안 기업 CEO들과 함께 나누게 될 것이고, 기업들은 미국정부와 달리 기업 활동에 있어 중국정부의 향후 투자 방향과 규제정책들에 대한 중요한 정보를 사전에 입수할 수 있을 것으로 보는 것이다.

미디어 경험이 풍부한 키신저는 이번 중국 방문을 통해 얻어낸 다양한 정보들을 여러 차례의 미디어 회견 등을 통해 생성해내는 방법을 찾아내 활용한 바 있다. 시진핑 등 중국 고위 관리들이 키신저를 '옛 친구'라고 부르는 것은 양국 간의 협력과 상호 존중을 강조하려고 한 것이며, 빌 게이츠와 일론 머스크와 같은 비즈니스 리더들의 중국 방문은 오랜 양국 간 경제적 협력 관계와 글로벌 공급망의 해체 가능성을 놓고 위험을 강조하는 양동작전이라고 해석함이 타당하다. 이러한 노력은 중국의 지정학적·군사적·기술적 팽창을 제한하려는 바이든 행정부의 노력에 대항하는 과정에서 더욱 중요해질 것이다.

중국은 2024년 미국 대선을 앞두고 공화당과 민주당이 중국에 대해 어떠한 입장을 유지할 것인가를 지켜보고 있지만, 분명한 점은 미 대선이 다가올수록 후보들은 미국 민족주의적 이상론을 다시 강조하면서 중국에 대해 더 비판적일 것으로 예상된다는 것이다.

양국 간의 경제협력은 당분간 어렵다. 다만 기업인들의 입장이 어떻게 고용과 소득, 소비 등에 영향을 줄 것인가는 미 대선 이후 펼쳐질 정부 운용의 인사 과정에서 좀 더 구체화될 것이다. 물론 그 기본 방향은 이미 설정되어 있다. 반도체와 AI, 양자컴퓨팅 기술 등은 중국에 절대 넘길 수 없다는 것이다.

러시아-우크라이나 전쟁은 이렇게 진행될 것이다

좀처럼 끝나지 않고 있는 러시아-우크라이나 전쟁은 미국과 중국의 갈등 속에 중국-대만의 통일 문제로까지 확대된다. 바로 이것이 미국 워싱턴의 국제전략연구소(CSIS) 등이 분석한 다양한 아시아 지역에서의 전쟁 시나리오에 주목하는 이유다.

러시아-우크라이나 전쟁의 원인은 복합적이다. 유럽 역사에서 근대 프러시아, 오스트리아, 그 이전의 신성로마제국의 형성과 붕괴과정과도 밀접하게 관련이 있다. 왜 독일과 러시아는 늘 다투는지도 그 배경은 근대사의 변화에 있다. 러시아인들은 동슬라브족 계통의 민족으로, 9세기경 '키예프 루스'라고 불리는 중세 슬라브족의 민족 연합체에서 유래한다. 근대사에서 러시아와 우크라이나 국경은 1919년 브레스트-리토프스크 조약으로 결정되었다. 이를 중세와 고대 유럽사로 가져가면 1471년 키예프 공국의 멸망 역사도 포함된다. 그 멸망의 시작은 몽골의 유럽 침입이었다.

러시아-우크라이나 전쟁의 배경

피상적인 러시아-우크라이나 전쟁의 배경은 러시아로서는 1991년 구 소련의 해체 이후에 잊어버렸던 우크라이나에 대한 역사적·문화적·군사안보적 측면에서의 중요성을 되찾겠다는 것이다. 우크라이나마저 유로 지역에 경제적으로 흡수되고, 북대서양 방위조약인 나토(NATO)에 편입된다면 러시아로서는 군사안보적 관점에서 서부, 서북부 및 동남부 지역까지 나토 지역방위체제와 긴장관계를 가지고 가야 하는 상황이 된다.

상황이 이렇다 보니, 러시아가 마냥 이러한 변화를 지켜보고 있을 리 만무하다. 러시아-우크라이나 전쟁은 미중 갈등 속에 중국-대만의 통일 문제로까지 확대된다. 미국 워싱턴의 국제전략연구소(CSIS) 등이 분석한 다양한 아시아 지역에서의 전쟁 시나리오에 주목하는 이유다.

2014년 3월 4일, 〈LA 타임스〉는 미국정부가 우크라이나에 10억 달러의 원조를 약속했다고 발표했다. 러시아의 군사적 행동은 발트해와 몰도바 등 주변 국가들의 긴 역사적 영향권 내에 있는 긴장을 한층 증가시켰으며, 특히 러시아 병력이 몰도바에서 분리되어 있는 트란스니스트리아(Transnistria) 지역에 주둔하고 있다는 사실도 확인되었다.

일부 지역 국가들은 자국 방어 능력을 강화하기 위한 자원을 투입했으며, 한편으로는 미국과 최근에 가입했던 북대서양조약기구

(NATO)로부터 더 큰 지원을 요청했다. 〈워싱턴 포스트(Washington Post)〉에 따르면 미국은 2010년 이후 우크라이나에 15억 달러의 군사 지원을 제공한 바 있으며, 2018년에는 미 하원이 우크라이나 국가경비대 아조프 대대(Azov Battalion)의 미군 훈련을 차단하는 조항을 통과시키기도 했다.

러시아-우크라이나 전쟁이 세계경제에 미치는 파급효과는 무엇일까? 2014년으로 시계를 되돌려보자. 2014년 3월 후반, 크림반도 합병에 따른 유럽 금융시장의 반응은 냉정했다. 오히려 2014년 3월 17일 월요일에 EU와 미국이 러시아에 제재를 발표한 후 글로벌 금융시장이 긍정적으로 반응한 것은 이 제재 조치가 러시아경제에 부정적 영향을 주기에는 너무 약하다는 점도 지적했다.

하지만 크림반도의 긴장 증가에 대한 추후 반응은 당연히 러시아와 유럽 주식시장의 하락으로 이어졌다. 2014년 8월 초에는 독일 DAX 지수가 연초 대비 6% 하락했으며, 6월 이후에는 11% 하락했다. 하지만 크림반도에서 열린 국민투표 후 전 세계 금융시장은 다시 상승 반전한다. 러시아의 크림반도 사태 개입에 따른 제재가 이미 가격에 반영되어 있다고 본 것이다.

당시 유로와 미국 달러는 모두 상승했으며, 스위스 프랑은 달러에 대해 2년래 최고치, 유로에 대해 1년래 최고치로 각각 상승하기도 했다. 반면 러시아 주식시장은 10% 이상 하락했으며, 러시아 루블은 미국 달러와 유로에 대해 역대 최저치를 기록했다. 러시아 중앙은행은 금리를 인상하고 환율 시장에 120억 달러 규모로 개입해 통화를 안정시키기 위한 시도를 했지만, 밀과 곡물의 가격은 상승함으로써 최근까지도 글로벌 소비자물가 상승과 지속에 지대한 영향을 주고 있다.

러시아-우크라이나 전쟁과 미국

미국과 유럽 나토 회원국 등이 러시아-우크라이나 전쟁에 개입하고 우크라이나를 지원할 경우 이러한 파급효과가 나타날 것이라는 점을 과연 몰랐을까? 그렇다면 이 같은 사실을 알고서도 러시아-우크라이나 전쟁을 과연 지속할 수 있을까? 한쪽에서는 강력한 항생제를 통해 통화긴축을 도모하면서, 다른 한쪽에서는 계속해서 바이러스가 생존할 수 있는 환경을 조성한다는 점이 설득력을 가질 수 있을까?

1964년의 본격적인 월남전 개입 비용(약 1,700억 달러로, 현재 가치로는 약 1조 달러)과 1990년 이후 이라크 전 1조 달러의 비용(실질적으로 3조 달러에 이를 것이라고 추정), 아울러 미군이 개입한 최장기간의 '2001년 9·11사태의 분노로 시작된 준비되지 않았던 전쟁'에는 20년간 약 1조 달러의 전쟁 비용이 지출되었다. 미국은 이러한 20세기 주요 지역 분쟁 개입을 통해 과연 무엇을 얻었을까?

미국은 직접적인 개입보다 간접적 전쟁을 통해 비용은 1억 달러 정도 쓰고, 유로 경제와 나토 등 유럽 방위 태세에 더욱 입지를 공고히 할 수 있었다는 판단이었다면 그렇게 했을 것이다. 그런데 과연 그럴까?

미국은 20세기 2차 세계대전 이후 경찰국가로서의 역할을 전략적으로 회피하기 위해 노력한 바는 없다. 전쟁과 같은 '하드웨어 파워(hardware power)'는 더 이상 합리적이고 효율적이며 정당한 국가 이해관계 실행의 선제적 선택이 될 수 없다는 교훈을 미국은 이미 가지고 있다. 아마 트럼프가 2024년 재선에 성공한다면 나토의 탈퇴 및 주한미군 철수를 다시 들고 나올 수 있는 배경이 될 것이다.

브릭스의 지역 통화 거래, 그 가능성은 어느 정도인가?

브릭스 블록이 어떻게 확장되느냐에 따라 전 세계의 통화화 움직임에 중요한 역할을 할 것으로 예상된다. 물론 이들 브릭스 회원국들이 미 달러화를 버리고 브릭스 통화를 사용해 거래를 한다는 것은 아직은 요원한 시나리오임에 분명하다.

2023년 8월 22일부터 24일까지 남아프리카공화국 요하네스버그에서 브릭스(BRICs) 정상회담이 개최되었다. 브릭스 경제는 세계경제의 약 25%를 차지하고, 세계인구의 40% 이상을 차지하고 있다. 현재 사우디아라비아와 아랍에미리트, 아르헨티나 등 40여 개 국가들이 브릭스 회원국 가입 신청을 하고 대기 중이다.

우리가 눈여겨봐야 할 점은 사우디아라비아와 아랍에미리트, 인도네시아 등의 가입 여부다. 미국으로서 상당히 신경이 쓰이는 부분은 이들 국가들이 보유한 지하자원의 규모와 이를 바탕으로 한 브릭스 통화 필요성에 대한 언급에 있다.

브라질의 룰라 대통령은 2023년 8월 23일 요하네스버그에서 열린 브릭스 정상회의에서 브릭스 국가들이 서로 간의 무역과 투자를 위한 공통 화폐를 만들어 달러 환율 변동에 대한 취약성을 줄이는 수단으로 활용해야 한다는 제안을 내놓았다. 그는 남미 국가들의 경제 블록인 메르코수르(MERCOSUR)에서도 공통 화폐를 지지해왔었다. 그것이 과연 가능한 것일까?

브릭스 회원국들 간의 공통 화폐가 과연 가능한가?

경제학자들은 브릭스 사이의 경제적·정치적·지리적 격차로 인해 이러한 프로젝트가 어려울 수 있다고 지적한다. 브릭스 통화를 이들 회원국들 간의 결제통화로 구축할 수만 있다면, 향후 글로벌 무역 거래에 있어 결제 옵션을 확대하고 미 달러화에 대한 신흥국 및 개도국들의 취약성을 줄이는 데 도움이 된다는 점에선 큰 이견이 없다. 하지만 문제는 '브릭스 회원국 간의 공통 화폐가 가능한가'다.

다른 브릭스 리더들은 어떻게 생각할까? 남아프리카공화국은 브릭스 통화가 정상회의 안건에 포함되지 않았다고 언급했다. 2023년 7월에는 인도 외교장관 역시 "브릭스 통화에 대한 아이디어는 없다"고 언급했다. 하지만 그는 이번 정상회담을 위해 출국하기 전에 회원국 간의 무역을 촉진하기 위해 통화 문제에 대해 논의할 것이라는 점을 재언급한 바 있다.

러시아의 푸틴 대통령은 비디오통화로 참석한 정상회의에서 회원국 간의 무역을 달러에서 회원국 통화로 전환하는 논의를 시작하기를 바란다는 메시지를 전달했다. 중국은 이 같은 아이디어에 대해 직접적으로 언급하지는 않았지만, 시진핑이 정상회의에서 "국제금융 및 통화체제 개혁을 촉진하겠다"고 강조함으로써 브릭스 통화 설립을 위한 노력을 계속할 것이라는 점을 분명히 했다.

그렇다면 브릭스 통화를 설립하는 것은 어렵지 않을까? 브릭스 통화를 구축하는 것은 정치적인 프로젝트다. 먼저 통합적 금융기관 및 재정적 연합체가 구축되어야 할 것이다. 이 같은 거시경제적 영역에서의 컨트롤 타워와 함께 회계, 조세 및 각종 관리 감독체계에 대한 통일된 의견 수렴이 불가피하다. 즉 중앙은행이 있어야 하고, 중앙은행뿐만 아니라 지역 통화가 활성되기 위해서는 다양한 금융시장들이 동시에 구축되고 성장·발전해야 한다는 점에서 사실상 브릭스 통화체의 출발은 매우 요원한 길이다.

미 달러화를 버리기란 아직은 요원하다

그렇다면 미국 달러는 정말 위기에 처한 것일까? IMF 데이터 기준으로 미 달러의 공식 외환 보유량은 2022년 4분기에 20년 동안의 최저치인 58%로 하락했으며, 환율 변동을 고려한 경우에는 47%로 하락했다. 하지만 미 달러화는 여전히 글로벌 무역에서 주도적인 입지를 유지하고 있다. 국제 결제은행(Bank for International Settlements, BIS) 데이터에 따르면 전 세계 외환 거래의 거의 90%에서 미 달러 결제가 아직도 이루어지고 있다. 그러므로 중단기 혹은 중장기적으로 미 달러화에 대한 중국의 환율전쟁 시시비비는 효율적이고 합리적인 미국경제 흔들기 전략이나 전술이 될 수 없다.

하지만 브릭스 회원국의 확장은 흥미로운 사실이다. 특히 2023년 8월 24일 사우디아라비아의 브릭스 가입이 확정되면서 브릭스는 더욱 중요한 역할을 할 수 있을 것으로 기대된다.

브릭스의 새로운 금으로 담보된 통화가 언제 나올지는 여전히 큰 물음표이지만, 이는 어쩌면 미래 글로벌 경제 상황을 감안하면 불가피한 결과일 수도 있다. 그 근거는 앞서 지적한 이들 회원국 수가 증가하고, 거래 상품들의 종류가 다양해지며, 현재와 같은 글로벌 경제에서의 비중이 점차 증가할 경우, 일부 전문가들은 브릭스가 무엇인가를 담보로 해 공통 결제 통화를 발행할 때가 올 수도 있다는 점에 주목한다.

하지만 러시아와 중국 및 사우디아라비아 등과 같은 일부 국가들을 제외하고 정치적 상황변화가 경제 및 사회구조에 밀접한 관련이 큰 국가들의 의견 수렴은 쉽지 않은 일이다. 세계 인구의 85%가 미국 달러를 버린다? 이는 말처럼 쉬운 일이 아니다.

브릭스는 2023년 8월 남아공 정상회담에서 사우디아라비아, 아르헨티나, 이란, 아랍에미리트 등을 포함해 6개국의 추가 가입이 결정되면서 총 11개국이 되었다. 브릭스 블록이 앞으로 어떻게 확장되느

나에 따라 전 세계의 통화화 움직임에 중요한 역할을 할 것으로 예상된다.

물론 이들 회원국들이 미 달러화를 버리고 브릭스 통화를 사용해 거래를 한다는 것은 아직은 요원한 시나리오임에 분명하다. 다만 이 같은 미 달러화 대체 논의가 지속된다는 의미는 미국경제와 정치, 사회에 대한 글로벌 경제의 요구가 시대 변화와 함께 보다 구체적이고 실질적으로 변화하고 있음을 보여주는 것이다. 예를 들어 브릭스 블록에 대한 더 즉각적인 목표는 국제 기축통화 결제시스템의 하나인 SWIFT 시스템[9]을 피하고 서방 제재를 회피할 수 있는 브릭스 통화의 결제 능력을 갖추는 것이다.

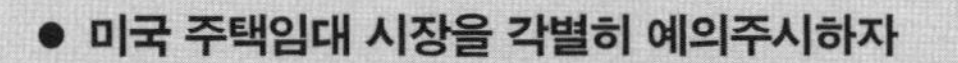

- 미국 주택임대 시장을 각별히 예의주시하자
- 미국 부동산시장, 대출 중단이 이어지다
- 미국 장단기 금리차이가 마침내 역전되다
- 미국경제에 대한 낙관론 vs. 비관론

2장

미국경제의 미시적 요인

미국 주택임대 시장을 각별히 예의주시하자

한때 부동산 낙원이었던 미국의 아파트임대 시장이 약 1조 달러의 대출 만기가 다가오면서 위험한 상황으로 변하고 있다. 아직은 다세대 주택 부문의 주택담보 연체율이 낮지만 최근 들어 점차 증가하고 있다는 점에 주목할 필요가 있다.

미국에서 아파트 건물은 오랫동안 너무나 안전하게 여겨졌다. 하지만 최근 경기둔화를 경험하고 있는 상업용 부동산 분야에서 주요 경제적 불확실성 요인으로 부각되고 있다.

미국의 아파트 투자자들은 수년 동안 대대적인 수익 기회와 높아지는 임대료에 끌려 투자 수요를 급등시켰고, 결국 아파트 다세대 건물의 가격을 끌어올렸다. 많은 사람들이 지난 2008년 서브프라임 모기지 사태의 위험성에도 불구하고 가격급등에 대한 기대감으로 너무 많은 부채를 떠안고 이들 부동산을 매입했으며, 당시 임대료를 빨리 올릴 수 있을 것으로 기대한 게 주원인이었다.

코로나19 팬데믹 사태 동안 원격 근무와 전자상거래로 크게 타격을 입은 사무실 건물과 쇼핑몰과는 달리, 임대 아파트는 상대적으로 낮은 공실률을 유지하고 있는 것도 사실이다. 아파트 부문의 주요 문제는 수요 부족이 아니다. 임대료는 2020년 이후로 급상승했지만, 실질적으로 임대료 상승을 앞지르는 대출금에 대한 금리 급등이 주요 문제다.

채무 불이행 위험이 높은 임대 아파트 부채

2022년 급증한 부채 비용은 이제 전국적으로 다수의 아파트 다세대 소유주들을 파산 위기에 빠지게 하고 있다. 데이터 회사인 코스타(CoStar)에 따르면, 2022년 6월 아파트 건물 가치는 2021년과 동일하게 25% 상승했지만, 2023년 6월 전년동월 대비 14% 하락했다. 이 하락폭은 사무실 가치의 하락폭과 거의 같다.

한때 부동산 낙원이었던 미국의 아파트임대 시장이 약 1조 달러의 대출 만기가 다가오면서 위험한 상황으로 변하고 있다. 아파트 건물 가치는 수년 동안 상승했지만 급증하는 금리가 현재 이 부문의 부동산 소유주들에게 그림자를 드리우고 있기 때문이다. 아직은 다세대 주택 부문의 주택담보 연체율이 낮지만 최근 들어 점차 증가하고 있다는 점에 주목할 필요가 있다.

그 이유는 금리 상승으로 대출 비용은 2배로 증가하고 건물 운영

비용은 상승하고 있는 반면에 임대료 증가율은 둔화되고 있기 때문이다. 금융분석기관인 트렙(Trepp)은 2023년 초 상업용 모기지의 큰 비중을 차지하는 임대 아파트 부채의 경우 자칫 채무 불이행 위험이 높은 것으로 확인했다.

심지어 블랙스톤(Blackstone)의 부동산 부채 사업 창립 멤버이며 맥리얼 에스테이트 크레딧 전략(Mack Real Estate Credit Strategies)의 전 경영파트너인 피터 소톨로프(Peter Sotoloff)는 이와 같은 임대 아파트 임대인들의 비용 상승 문제를 마치 아직 터지지는 않았지만 한번 터질 경우 그 파급효과를 '수소탄 시나리오'에 비유하고 있다.

주택담보대출협회(the Mortgage Bankers Association)에 따르면, 지난 10년 동안 다세대 주택 대출은 약 2조 달러로 2배 이상 증가했다. 트렙에 따르면, 이는 사무실 임대 사업이 가지고 있는 총 부채의 거의 2배에 해당하는 규모다.

유동성 위기에 직면한 주택 임대사업자들

사실 대다수가 사무실 공실률과 부채 상환에 주목하고 있다. 하지만 어쩌면 아파트와 같은 임대 사업자들의 금리 인상에 따른 채무 불이행 문제가 더 지연 뇌관이 될 수 있다는 점에 주목해야 한다.

이미 로스앤젤레스, 휴스턴 및 샌프란시스코 등 대도시의 다세대 주택 소유주들은 수천 개의 아파트에 대한 대출을 불이행한 적이 있다. 임대 아파트 사업과 건물 매입은 상업용 부동산 투자에 있어 상대적으로 낮은 리스크 부문으로 알려져 있었다. 심지어 주택시장이 붕괴되었던 2008~2009년 서브프라임 모기지 부실위기와 같은 불경기에도 비교적 긍정적인 성과를 냈었다. 사람들은 항상 주거 공간이 필요하며, 2008년 당시의 서브프라임 모기지 위기 상황 역시 상대적으로 상업용 부동산으로서 안정적 투자 포트폴리오로 인식될 수 있던 임대시장으로 몰리곤 했기 때문이다.

아울러 인플레이션은 임대인들이 평소보다 높은 임대료를 요구할 수 있도록 합리적 명분을 주었으며, 동시에 이로 인해 건물 가격도 상승한 것은 사실이다. 미국 월세 정보 웹사이트인 어파트먼트 리스트(Apartment List)에 따르면, 2021년과 2022년을 아우르는 18개월 동안 임대료 호가는 25% 상승했었다. 많은 투자자는 이러한 요인들이 호가를 높게 책정하는 데 정당한 명분을 제공하는 것으로 보았다.

한편 아파트 건물 소유주들은 임대 가격 상승에도 불구하고 안정된 주택 임대 수요는 사실상 건물 가치의 80% 이상을 채권시장에서 차용할 수 있도록 해주었다. 따라서 미국 내 대부분의 대도시 아파트 대출은 고정 금리의 장기 모기지다.

하지만 문제는 팬데믹 기간 동안 투자자들이 보다 짧은 기간의 변동 금리 대출을 더 많이 신청했다는 데 있다. 이 투자자들 중 많은 사람들은 임대료를 공격적으로 올리며, 건물이 더 높은 임대 수입을 창출한 후 더 높은 평가액에서 건물을 판매하거나 채무를 재금융(refinancing)할 수 있을 것으로 기대했다. 예를 들어 2021년 댈러스

(Dallas, Texas)시 교외의 한 임대 아파트 사업에서 향후 3년 동안 임대료를 44% 올릴 것으로 예상하기도 했었다. 로스앤젤레스 기반의 회사인 타이즈 에쿼티스(Tides Equities)는 2016년 이후로 65억 달러 이상의 임대용 부동산을 인수했는데, 이 아파트들은 대부분 남서부 도시의 저소득 및 중산층을 위한 아파트들이다.

이들 투자자들의 이러한 기대감은 합리적 추정이 결코 못 된다. 이들이 놓친 것은 '미국 금리가 지난 1년 동안 매우 빠르게 상승할 수 있다'는 사실이다. 이로 인해 건물 가치가 하락하고, 임대인들이 훨씬 높은 금리로 재금융해야 하는 상황이 벌어진 것이다.

특히 지난 세월 중요한 자금 조달원이었던 실리콘밸리 은행, 퍼스트리퍼블릭 은행 등 지역 은행들이 파산하거나, 기존보다 훨씬 더 대출규정을 강화하고 있어 모기지 재금융이 어려워진 것이 결정적이었다. 현재 미국의 많은 도시에서 임대료 증가율이 급격하게 둔화되고 있으며, 인플레이션과 점점 높아지는 보험료로 건물 유지 비용이 증가하고 있다.

결국 주로 변동 금리 부채와 소규모 투자자 자금을 기반으로 하는 새로운 일부 부동산 기업들이 점차 더 큰 문제로 대두될 가능성이 높다. 앞에서 살펴본 실제 사례와 같이 일부 기업은 앞으로 몇 년 동안 급격한 임대료 상승을 기대해 높은 가격을 지불했지만, 지금 그들은 임대수입과 이자지불 비용의 균형 수익을 맞추는 데 어려움을 겪을 수밖에 없기 때문이다.

2023년 6월에 타이즈는 투자자들에게 자신의 투자 수익 실현이 계획대로 진행되지 않고 있다고 발표하기도 했다. 휴스턴(Houston)에 본사를 둔 니타 캐피털(Nitya Capital) 역시 30억 달러가량의 다세대 주택 건물을 소유한 기업으로, 3월에 이자율 상승 때문에 수익 전망을 크게 낮추었음을 투자자들에게 알렸다. 실업률이 2023년 7월 3.5% 수준으로, 노동시장이 매우 뜨겁다 하더라도 임차인들이 대출을 받기는 더욱 어려워지고 있다는 판단이다. 이들이 투자한 임대 부동산 일부 재산은 더 이상 채무 상환을 위한 충분한 수입을 올리지 못하고 있으며, 투자자들에게 파산을 피하기 위해서는 더 많은 투자금을 투입해야 할 것이라고 언급한 바 있다.

이는 형식적으로 파산 가능성에 대한 투자자들에 대한 읍소처럼 들렸겠지만, 실질적으로 이미 타이즈는 유동성 확보의 어려움을 피하기 위해 대출 기관과 협력하고 있는 게 사실이다. 임대 사업 투자자들은 사실상 현금 분배 대신 높아진 모기지 비용을 지불하고 있을 것으로 추정된다.

금리 상승에 더 취약한 아파트 건물 투자

미국 대도시 아파트 임대 사업자들은 여전히 임대사업에 대해 낙관적인 기대가 있다. 상대적으로 안전하고 이자율이 낮은 패니 매(Fannie Mae)와 프레디 맥(Freddie Mac)이 은행의 담보대출 역할을 대행하고 있기 때문이다. 은행이 담보대출을 까다롭게 하거나, 금리가

그림 5. 다가구 주택 임대사업자들의 대출 규모(위)[10] / 다가구 주택 대출 금리(아래)

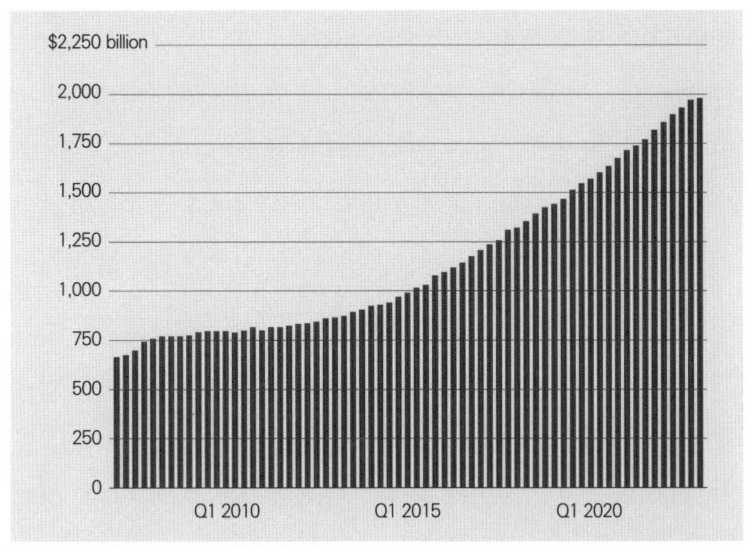

자료: 부동산 은행 협회, 월스트리트 저널

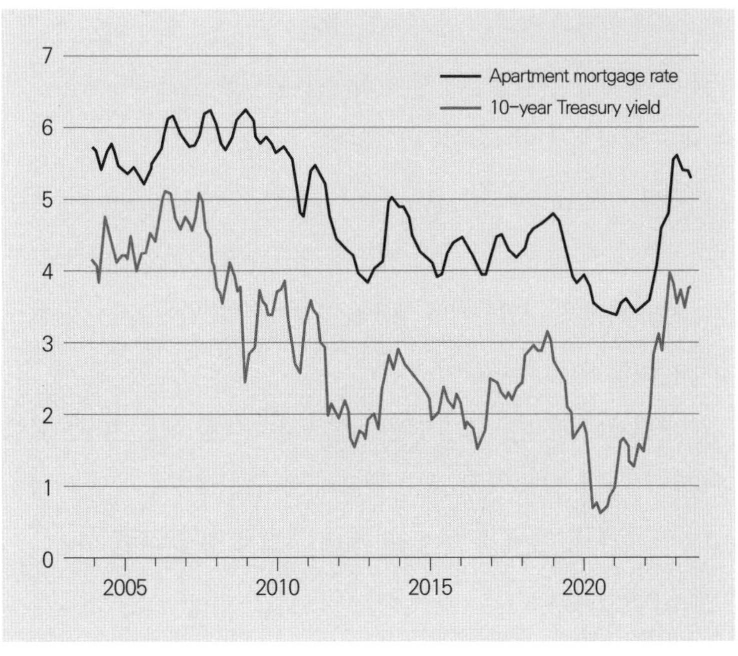

자료: 쿠쉬만 앤 웨이크 필드, 월스트리트 저널

상승한다 하더라도 정부가 보증하는 신뢰성 있는 부동산 담보대출을 제공하기 때문이다.

일반적으로 미국 대도시에서 주택 공급 부족과 높은 임대료가 지속될 것으로 예상하고 있다. 만약 금리가 하락한다면, 주택 수요 증가로 부동산 가격은 빠르게 회복될 수 있다. 더구나 고정 금리 모기지를 가진 다세대 주택 소유주들은 단기적인 경기 동향 변동을 버티기에 더 좋은 환경에 놓여 있기 때문이다.

그럼에도 불구하고 다른 위협이 점차 증가하고 있다는 점도 간과해서는 안 된다. 2023년과 2024년 미국 대도시 지역에서 아파트 공급이 늘어날 것으로 보인다. 더구나 아파트 건물 투자는 다른 상업용 부동산에 비해 금리 상승에 더 취약한데, 이는 10년 만기 미국 국채 가격과 밀접한 관련이 있기 때문이다.

국채 가격은 금리 상승과 함께 하락한다. 대출이 이루어지면서 이에 대한 보험으로 미 국채를 매입하게 되는데, 만일 금리가 지속 상승한다면, 미 연준의 기준금리는 10년 혹은 30년 만기 미국 국채금리와 밀접하게 연관되어 있기 때문에 대출기관들은 상대적으로 자산가치의 하락을 경험하거나 대출을 줄여나갈 수밖에 없는 자체 규칙에 한정될 수 있기 때문이다.

2008년 서브프라임 모기지와 같은 과거의 폭풍우를 견뎌온 일부 베테랑 부동산 투자자들조차도 취약해 보이는 이유가 바로 여기에 있다. 샌프란시스코에서 가장 큰 임대 사업자 중 하나인 베리타스 인베스트먼츠(Veritas Investments)와 파트너들은 지난 1년 동안 95개의 임대 건물에 대한 채무 불이행을 한 바 있다. 그 결과 그들은 샌프란시스코 부동산 임대 자산의 3분의 1 이상을 잃었고, 설상가상으로 다세대 주택 부동산 부문에 대한 투자를 비롯해 사무실, 소매, 호텔, 병원 등과 같은 상업용 부동산 자산 포트폴리오에 얽힌, 채무 불이행 위험이 심각해질 수 있는 다양한 금융적 도전에 직면해 있음을 주목해야 한다.

미국 부동산시장, 대출 중단이 이어지다

미국 상업용 부동산에 대한 평가는 우려스러운 부분은 있지만, 긍정적인 부분은 소매점의 지속적인 판매 증가 현상이다. 새로운 매장 개장은 여전히 강한 수요가 있으며, 단지 인플레이션과 이자율 문제를 극복하는 과정이 남아 있다.

미국 모기지 은행 협회에 따르면, 상업용 및 다중주택용 모기지 대출 총액은 2023년 8월 전년대비 38% 감소한 5,040억 달러로 추정된다. 다른 큰 대출 기관들, 특히 소규모 및 지역 은행 및 상업 부동산 담보 증권 발행자들도 신규 대출을 크게 줄이고 있다.

이로 인해 많은 상업용 부동산 소유주들은 만기가 도래하는 부채를 재금융(refinancing)하는 데 어려움을 겪고 있으며, 더 많은 소유주들의 연체율 증가와 그에 따른 파산에 이은 부동산을 잃을 가능성도 높아지고 있다. 이들이 만기가 도래하는 대출금에 대한 갱신을 허가받기 위해서는 더 많은 자기 자본을 보증할 수 있어야 한다. 이를 이행하지 못할 경우, 강제 매각으로 이어져 부동산 가격이 더욱 하락할 수 있다.

미국의 부동산 투자 신탁(Real Estate Investment Trust, REIT)[11]에 대한 신규 대출도 급격히 줄어들고 있다. 특히 상업용 부동산 대출 분야에서 몇몇 주요한 이름들은 대부분 자금 흐름을 차단한 상태다. 예를 들어 블랙스톤 모기지 트러스트(Blackstone Mortgage Trust)와 KKR 부동산 금융 트러스트는 가장 큰 모기지 부동산 투자 신탁 중 2개로, 새로운 부동산 대출을 모두 중단했다. 이 회사들에 따르면, 기존 대출과 관련된 금융은 계속 제공하지만 2023년 상반기부터 새로운 대출을 원천으로 발생시키지 않았다. 또한 해당 분야의 다른 대출기관인 스타우드 프로퍼티 트러스트(Starwood Property Trust)도 최근 분기에 신규 대출을 크게 줄였음을 확인할 수 있다.

2023년 들어 거의 아무도 신규 대출을 승인하지 않은 것으로 알려졌다. 모기지 신탁(REIT)들은 수십 년 동안 가장 어려운 상업용 부동산시장에서 재정건전성을 확보하기 위해 투자 규모를 줄여나가기 시작한 것이다.

많은 모기지 신탁들이 자본을 축적 중인 이유

모든 대출 기관에서 연체율이 상승하고 있으며, 고금리로 인해 많은 대출자들이 원리금 상환이나 재금융을 받기가 어려워졌다. 특히 사무용 건물 등 많은 부동산이 높은 공실률을 보이고 있다. 모기지 신탁의 대출 중단은 대출 기관들이 얼마나 신용을 압박하고 있는지를 보여주는 명백한 신호인 셈이다.

그럼에도 아직까지는 대부분 모기지 신탁들은 재정 위기에 처하지 않고 있어 상업용 부동산 대출 시장에 접근할 수 있다는 판단을 하고 있다.

그림 6. 모기지 신탁 보유 비중[12]

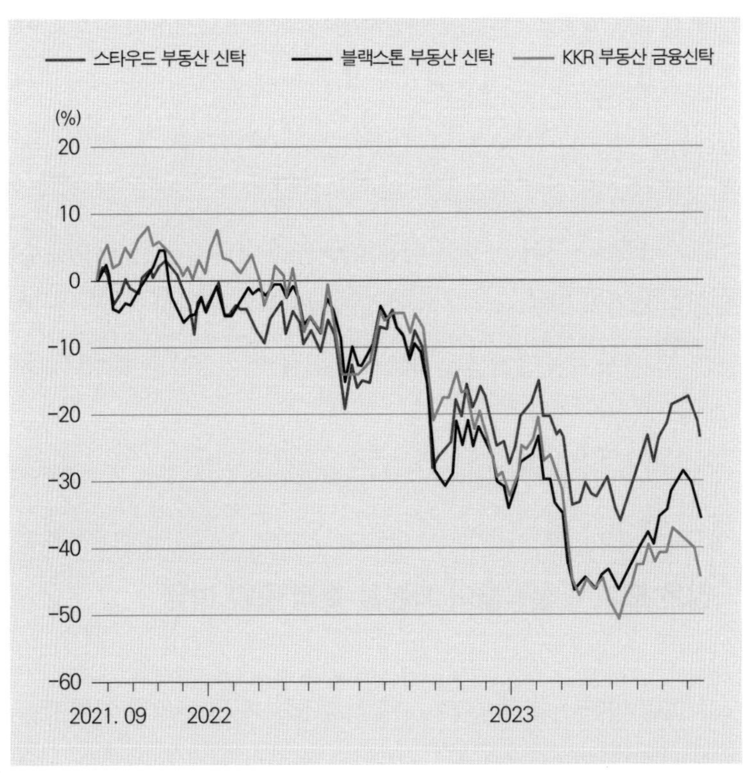

자료: 팩트세트(FactSet), 월스트리트 저널

2022년 모기지 신탁 주가가 하락했지만, 미국 경기침체 우려가 완화되며 재정건전성에 대한 불확실성이 어느 정도 진정되는 가운데 주가 또한 회복하기 시작했다. 하지만 많은 회사들은 주가가 고금리 이후 크게 하락하면서 추가적인 증자를 통해 주식을 발행하기란 어려운 상황이다.

전반적인 국가 경제 위기관리 상황에서는 최악 혹은 차악의 상황을 가정하고 이에 대한 선제적 위기관리 능력과 시나리오별 대응책을 강구하는 것이 합리적이고 옳다. 비록 일부가 낙관적으로 경기침체를 피할 수 있을 것이라 본다 해도, 보수적인 자산관리 포지션이 상대적으로 덜 위험한 선택일 수 있다.

모기지 신탁들은 대부분의 과세 소득을 배당금으로 지급해야 하기에 경기침체 시에는 수익창출이 매우 취약해지기 십상이다. 따라서 많은 모기지 신탁들은 경기침체가 가능한 한 오래 지속될 수 있다고 가정해 자본을 축적하기로 결정한다.

글로벌 금융위기 동안 많은 기업들이 주택 대출 및 고위험 상업용 부동산 대출을 포함한 담보물 가치의 급격한 하락으로 인한 마진 콜을 받은 후에 파산한 트라우마로 인해 모기지 신탁들은 강력한 재무건전성 유지에 대한 우려가 크다. 이들 모기지 신탁들은 서브프라임 모기지 금융위기 이후 레버리지(대출 금리 – 차입 금리)보다 대출 자체에 대한 적합성과 합리성에 대해 더욱 집중하기 시작했다. 그럼에도 불구하고 일부 모기지 신탁들은 경기침체 우려가 해소된 연후에나 금리 하락과 함께 신규 대출을 늘리기 시작할 것으로 보인다.

미국 상업용 부동산에 대한 기대와 우려

반가운 소식도 있다. 미국 부동산 투자기업들은 임대 아파트 사업과는 달리 저렴한 가격에 상업용 부동산을 빠르게 매입할 준비를 하고 있다.

미국 부동산 기업들은 가치 하락을 겪고 있는 자산을 대상으로 향후 매입을 위한 수십억 달러 자금을 모으고 있다. 미국 부동산 기업들은 사무용 건물, 아파트 및 다른 어려운 상업용 부동산을 인수하기 위해 새로운 자금을 모으고 있으며, 이는 투자자들이 몇 년 전에 지불한 가격의 일부만을 지불해 속속들이 재산을 확보하기 위함이다.

예를 들어 코헨&스티어즈(Cohen&Steers), 골드만삭스(Goldman Sachs), EQT 엑서터(EQT Exeter), BGO(이전에 BentallGreenOak로 알려졌음)는 최근 가치 하락을 겪고 있는 상업용 부동산 자산 및 기타 가치 하락 중인 부동산을 대상으로 투자 자금을 수십억 달러 모으는 주요한 기업들 중 하나다. 이러한 새로운 상업용 부동산 투자 자금은 수십 년 동안 가장 어려운 상업용 부동산시장 중 하나에 자본을 투자하려는 것이다.

상업용 부동산 매출은 최근까지 빈사상태였다. 대부분의 판매자들이 구매자들이 요구하는 수준까지 가격을 낮추기를 원치 않았기 때문이다. 비록 많은 수는 아니지만, 최근 들어 금리 상승에 따른 비용 부담과 임대 사업의 둔화에 따른 수익 악화로 일부 사무실 소유주들이 부동산을 처분하기 시작했다.

이 같은 시장 상황은 상업용 부동산시장 침체의 새로운 단계를 나타내면서, 향후 더 많은 수의 수익률 저하로 고통받고 있는 부동산 소유주들이 파산해 부동산을 신용기관에 양도하거나, 최종 회복을 기대하기보다는 가능한 한 적절한 가격에 판매하려고 결정하는 과정에 있음을 나타낸다. 상업용 부동산시장 상황의 전향적인 전환 모드는 향후 펀드 기업들과 건물주 간에 적정가격 협상만 이루어진다면 판매 활동이 증가할 것으로 예상된다.

2023년 8월 대부분의 새로운 펀드들은 부동산을 구매하려는 방향이지만, 일부는 먼저 본인들이 직접적인 위험에 노출되기보다 지역 은행 및 모기지 부동산 투자 신탁의 활동 감소로 인한 공백을 메우기 위해 부동산 소유주에게 대출을 제공할 계획도 가지고 있다. 왜냐하면 부동산 담보대출 시장에서는 대출 경쟁이 줄어들어 아직 활동 중인 대출기관들은 더 높은 금리를 부과하고 대출금의 더 나은 조건을 얻을 수 있기 때문이다. 하지만 이런 투자 결정도 매우 투기적이라 할 수 있다.

일반적인 미국 상업용 부동산에 대한 평가는 일부 우려스러운 부분이 있지만, 그나마 긍정적인 부분은 소매점의 지속적인 판매 증가 현상이다. 새로운 매장 개장은 여전히 강한 수요가 있으며, 단지 인플레이션과 이자율 문제를 극복하는 과정이 남아 있다.

통계에 따르면, 소매업자들은 상업용 부동산의 혼란에도 불구하고 최근 1천여 개의 신규 매장을 오픈할 예정이라는 데 기대감이 남아 있다. 하지만 미국 은행들이 대규모 대출을 선호하지 않는다는 점, 전반적으로 부동산 차입자들이 더 높은 금리에 직면하고 있으며, 향후 미 연준의 금리정책이 금리를 더 올릴 가능성이 높다는 점에서 현재 30년 고정 금리 모기지 평균 금리가 7%를 초과하고 있다는 점이 가장 큰 걸림돌이다.

미국 장단기 금리차이가 마침내 역전되다

수익률 곡선, 즉 장기금리와 단기금리의 차이를 보여주는 곡선이 우상향 곡선일 경우 장기금리가 높다는 의미가 되어 경기 확장에 대한 기대가 크다는 점을 보여주지만, 그 반대의 경우에는 경기둔화를 선행적으로 보여주는 지표로 활용한다.

미 재무성 채권의 장단기 금리차이가 미국경제의 경기침체 확률을 예측하는 데 결정적이다. 많은 경제 전문가들은 국채 수익률 곡선(Yield Curve)을 통해 경기 예측을 한다. 수익률 곡선, 즉 장기금리와 단기금리의 차이를 보여주는 곡선이 우상향 곡선일 경우 장기금리가 높다는 의미가 되어 경기 확장에 대한 기대가 큼을 보여주지만, 그 반대의 경우엔 경기둔화를 선행적으로 보여주는 지표로 활용한다.

더욱이 지난 60년 동안 단 8차례 우하향이 발생한 수익률 곡선은 향후 10~13개월의 시차를 두고 경기침체를 나타낸다는 점에서 주목할 필요가 있다. 1960년대 후반 이후 미국 국채 수익률 곡선의 이러한 예측은 정확했다. 즉 수익률 곡선이 우하향할 때마다 미국경제는 어김 없이 침체국면에 진입했다.

수익률 곡선이 역전되면 경기침체는 꼭 따라온다

미 연준은 2021년 5월부터 금리 인상을 시작해서 2023년 8월 5.5%를 유지하고 있다. 향후 한 차례 더 금리 인상을 감안하더라도 5.75%의 금리는 미국 10년 만기 국채 금리와 3개월 단기 국채 금리 사이에 상당한 괴리를 가져올 것으로 예상된다.

표와 [그림 8]을 통해 이들 간의 상관관계를 보자. [그림 8]은 1990년 1월 1일부터 2021년 12월 31일까지 미국 국채 10년 만기물과 3개월 만기물 간의 차이를 나타낸다. 1990년 이후 미국 경제성장

그림 7. 미국 수익률 곡선(2023년 8월 15일)

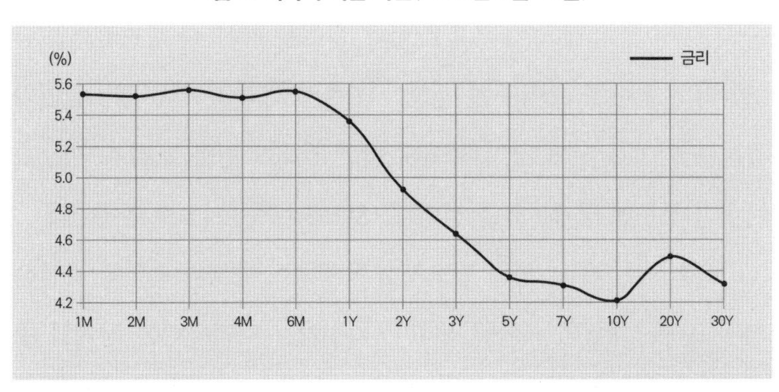

자료: ustreasuryyieldcurve.com/

률 하락 기간은 1991년(-0.11%), 2001년(0.95%), 2009년(-2.6%), 2020년(-2.77%) 등 모두 4회로 장단기 금리차이의 역전 기간과 일치한다.

이들 간의 상관관계에서 장단기 금리차이에서 계산된 수익률 곡선과 미 경기 사이클 간의 설명력을 보여주면, 좀 더 구체적으로 수익률 곡선이 역전될 경우 경기침체가 반드시 뒤따라 발생함을 알게 된다. 이 경우 미 연준이 정책금리를 인하하지 않으면 미국 경기침체는 상당 기간 오래 지속 가능하고, 더욱이 침체 정도가 심각할 수도 있음을 예상할 수 있다. [그림 8]에서 수익률 곡선, 즉 장단기 금리차이가 보여주듯 1960년 이후 장단기 금리차이(혹은 스프레드) 역전 현상(마이너스)이 8차례 나타났는데, 이때마다 10~13개월 후 경기침체에 진입했다는 사실은 미국 경기와 수익률 차이 사이에 상당히 높은 확률의 상관관계가 있음을 보여주는 것이다(98쪽의 표 참조).

그림 8. 미국 재무성 채권의 장단기 금리차이(1960~2023년 8월)

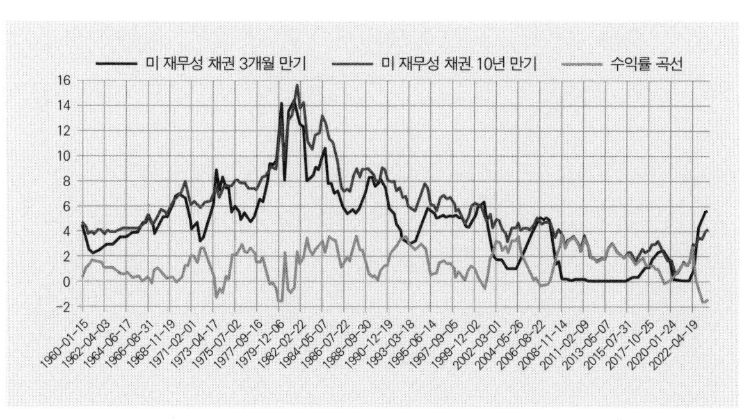

자료: statistica.com

미국 경제성장률과 주요 사건

	경제성장률	주요 사건
1990	1.90%	불황(recession)
1991	-0.10%	
1992	3.50%	북미자유무역협정 발의(NAFTA drafted)
1993	2.80%	균형재정 예산법(Balanced Budget Act)
1994	4.00%	
1995	2.70%	미 연준 금리 인상(Fed raised rates)
1996	3.80%	복지개혁(Welfare reform)
1997	4.40%	
1998	4.50%	러시아 롱텀캐피탈 마켓 위기(LTCM crisis)
1999[1]	4.80%	글래스-스티걸법 폐지(Repeal of Glass-Steagall)
2000	4.10%	기술거품 붕괴(Tech bubble burst)
2001	1.00%	9·11 테러(9·11 attacks)
2002	1.70%	테러와의 전쟁 선포(War on Terror)
2003[2]	2.90%	이라크전쟁(Iraq War), 소득세 인하(JGTRRA)
2004	3.80%	
2005	3.50%	허리케인 카트리나(Katrina), 파산법(Bankruptcy Act)
2006	2.90%	미 연준 금리 인상(Fed raised rates)
2007	1.90%	부동산 담보대출 은행위기(Bank crisis)
2008	-0.10%	금융위기(Financial Crisis)
2009	-2.50%	경기진작법(Stimulus Act)
2010[3]	2.60%	오바마 의료법(ACA), 도드-프랭크 법(Dodd-Frank)
2011	1.60%	일본 지진(Japan earthquake)
2012	2.20%	재정절벽(Fiscal cliff)
2013[4]	1.80%	예산감축법(Sequestration)
2014	2.50%	양적완화 중단(Quantitative Easing ends)
2015[5]	3.10%	환태평양경제협의체 제안(TPP), 이란 핵 협정(Iran deal)
2016	1.70%	미 대선(Presidential race)
2017[6]	2.30%	세제 인하 및 고용촉진법(Tax Cuts & Jobs Act, TCJA)
2018	3.00%	적자지출(Deficit spending)
2019	2.20%	무역전쟁(Trade war)
2020	-3.40%	코로나19 팬데믹(Covid-19 pandemic)
2021	5.70%	코로나19 백신(Covid-19 vaccine)

자료: ustreasuryyieldcurve.com/charts/treasuries-time-series

1. 글래스-스티걸법은 1933년 미 재무장관 출신 민주당 상원의원이었던 카터 글래스(Carter Glass)의원과 민주당 하원의원으로 은행통화위원장(Money and Banking Committee)이었던 헨리 B. 스티걸(Henry B. Steagall)이 공동발의한 법으로, 대공황 당시 은행을 개혁하고 투기를 규제하기 위해 상업은행과 투자은행의 업무를 분리시킨 법안.
2. JGTRRA(The Jobs and Growth Tax Relief Reconciliation Act), 2003년 일자리 및 성장 세금 감면 화해법은 2003년에 시작된 과세 연도에 대해 최대 공제액을 10만 달러로, 단계적 폐지 수준을 40만 달러로 인상시켰으며, 2004년 일자리 창출법(AJCA, The American Jobs Creation Act)에 따른 연장을 포함해 2007년까지 인플레이션에 따라 조종되면서 지속됨.
3. ACA(Affordable Care Act), 2010년 3월에 제정된 종합 의료개혁법으로 오바마케어라고도 함. 도드-프랭크 법은 월스트리트 개혁 및 소비자 보호법으로 2010년 7월 21일 제정. 대공황의 여파로 금융 규제를 점검하고, 모든 연방 금융 규제 기관과 국가의 금융 서비스 산업 전반 규제 정책에 영향을 주게 됨. 따라서 금융시스템의 책임과 투명성을 제고하고, 그동안 '실패하기에 너무 큰' 금융기관으로서의 횡포와 그들에 대한 구제금융을 끝내고, 남용적인 금융 서비스 관행으로부터 소비자를 보호하고, 미국의 재정 안정을 도모·촉진하기 위한 법.
4. 미 연방 정부 지출에 대한 일련의 자동 지출 삭감법안(2011년 예산통제법의 결과). 2013년 1월 1일부로 처음 시작되도록 설정되었으며, 2012년 미국 납세자 구제법에 의해 동 법안이 3월 1일 발효되기까지 2개월 연기됨. 동 법안은 2013년 회계연도 동안 약 854억 달러, 2014년부터 2021년까지 비슷한 규모의 예산 삭감을 규정. 하지만 의회예산국의 예산 감축 법안 통과에도 불구하고 총 연방 정부 지출은 연간 평균 2,386억 달러까지 지속 증가할 것으로 전망.
5. 환태평양 파트너십(The Trans-Pacific Partnership, TPP)은 호주, 브루나이, 캐나다, 칠레, 일본, 말레이시아, 멕시코, 뉴질랜드, 페루, 싱가포르, 베트남, 미국의 국가 간 무역협정으로 2016년 2월 4일 서명은 이루어졌지만 비준은 되지 않았으며, 2017년 1월 미국은 TPP에서 공식적으로 철회했지만 나머지 국가들은 대부분의 조항을 통합하고 2018년 12월 30일 발효됨. 이란 핵 협정은 2015년 7월 14일 비엔나에서 이란과 P5+1 사이에 체결된 이란 핵 프로그램에 대한 협정으로 유엔 안전보장이사회 상임이사국과(중국, 프랑스, 러시아, 영국, 미국, 독일) 및 유럽연합이 참여.
6. 2018년 회계연도 예산 공동결의안 제II조 및 제V조에 따른 화해를 제공하기 위한 법안. 미국의 의회 수입 법안으로 원래 세제 인하 및 고용 촉진법(TCJA)으로 의회에 소개되었는데, 1986년 세법을 개정. 변화의 주요 요소에는 기업 및 개인에 대한 세율 감면, 표준 공제 및 가족 세액 공제의 증가, 개인적인 공제의 철폐 및 공제 내용을 상세하게 기재하는 것이 불리하도록 만드는 것, 주 및 지방 소득세 및 재산세 공제의 한도, 주택 담보대출 이자 공제의 한도 추가적인 제한, 개인의 대체 최저 세율의 감소 및 법인의 제외, 유산세 감면의 2배 증가, 그리고 ACA(Affordable Care Act)의 개인 보험 의무를 시행하는 벌금 0달러로 설정하는 것이 포함.

단기채권보다 장기채권의 수익률이 낮다는 의미

'과연 미 연준은 향후 금리를 추가 인상할 것인가?' 이 물음에 미 연준은 명확한 답은 하지 않고 있지만, 먼저 소비자물가가 2%대 초반까지 내려오지 않는 이상, 금리 추가 인상의 명분은 가지고 있다. 즉 장단기 금리차이가 2023년 혹은 2024년 이내에 좁혀지거나 우상향하기에는 적어도 6개월 정도 불확실하다.

이러한 결론을 받아들이는 시나리오를 가정한다면, 미국경제는 비록 소비자물가가 2% 초반대에서 안정 기조를 보인다 해도 2024년 하반기 이후에는 침체기에 진입할 가능성이 높고, 그 강도는 중국경제의 경기둔화 정도, 세계 원자재 가격의 변화와 밀접한 관련이 있을 것이다.

그렇다면 어떻게 장단기 금리차이의 역전 혹은 채권 수익률 곡선의 우하향이 미국경제 침체 진입을 정확하게 예측하게 되는가에 대한 설명이 필요하다.

일단 채권과 주식의 성향 차이를 이해해야 한다. 주식은 기업이 발행하는 자본 조달 방법이다. 주주들은 주식을 매매함으로써 자신이 부담한 위험과 기대 요인에 대한 수익을 기대한다. 주식 투자에 따른 수익은 매초 시시각각으로 변화한다. 정부도 주식을 발행할 수 있다. 하지만 정부가 주식을 발행하는 것은 자신의 경제성장률에 대한 시간별 차이(불확실성)를 투자 요인으로 투자자들을 끌어들일 수 있어야 한다. 그런 점에서 기업보다 정부가 주식을 발행할 확률은 매우 낮다. 반면에 채권은 정부와 기업 모두가 발행한다.

특히 정부는 채권 발행을 통화정책의 수단으로 사용하기도 한다. 만일 정부가 채권을 발행하면, 이는 세수 부족에 대응하거나 미래 정부사업에 필요한 자금수요를 충당하기 위한 방법으로 선택한 정책이다. 정부 혹은 국가의 신용등급이 높을수록 채권에 대한 수요는 증가한다.

따라서 채권 투자에 대한 반대급부인 배당, 즉 수익률은 낮게 책정된다. 믿을 만한 투자인데 굳이 큰 비용을 부담할 필요가 없다. 이후 시중에 인플레이션이 발생해서 돈 가치가 하락하고 물가가 상승하면, 중앙은행과 정부는 채권을 매도함으로써 통화량을 줄이고자 한다.

만일 인플레이션이 경기 호황으로 발생한 결과물일 경우 정부와 중앙은행은 굳이 높은 금리를 보장할 필요가 없다. 이미 돈 가치가 매우 낮기 때문에 그보다 조금 높은 금리를 배당률로 계산해 제시해도 향후 펼쳐질 정부의 통화긴축정책에 대한 우려로 기업채권보다 정부채권을 선호할 것이기 때문이다. 기업은 금리가 높을수록 자금을 차입하려는 시도가 줄어드는데, 이는 비용이 많아지기 때문이다.

하지만 경기가 호황이기보다 러시아-우크라이나 전쟁, 중동 산유국들의 감산 조치와 유가 상승, 팬데믹 여파에 의한 공급 및 가치 사슬 붕괴에 의한 생산 비용 상승의 결과로 발생한 물가 상승일 경우와 2008년 서브프라임 모기지 부실 및 2020년 팬데믹에 따른 정부 재정지출 확대로 통화팽창이 급격히 이루어진 상황은 그야말로 설상가상의 인플레이션 압력이 가중된 상태다.

이 경우 중앙은행은 통화량을 줄여야 한다. 소비자물가 상승 압력을 줄인다는 의미다. 이때 정부가 발행하는 채권에 대한 수요는 많지 않다. 수요가 많지 않으면 이에 대한 보상을 높여야 채권을 매입하려 할 것이다. 따라서 금리와 채권 가격은 반비례하는 상관관계를 가진다.

첫째, 여기서 단기채권보다 장기채권의 수익률이 낮다는 의미는 기대 경제성장이 하락할 것임을 의미한다. 대개 기대 경제성장이 장기적으로 우상향할 것이라는 점에서 장기금리가 단기금리보다 높아야 하지만 그 반대의 경우 장기 기대 경제성장이 높지 않다는 의미를 반영한다. 투자자들 입장에서는 기대 경제성장에 대한 불확실성에 대해 헤징하기 위해 단기채권에 대한 수요가 증가하게 되고, 장기채권에 대한 수요는 감소하게 된다.

단기채권 수요가 증가하면 단기채권 가격이 올라가고, 단기채권 금리는 하락한다는 것을 의미한다. 장기 경제성장이 불확실하고 우하향할 것으로 전망한다면 장기채권에 대한 수요는 하락할 것이고, 채권 가격은 하락한다. 따라서 불확실한 장기채권 매입에 대한 보상은 금리를 올려줌으로써 가능하다.

이 같은 상호작용이 일어날 경우 장기금리는 단기금리보다 올라가면서 수익률 곡선이 우상향하게 된다. 이 과정이 시차를 두고 10개월에서 13개월 후 경기침체를 거쳐 다시 정상적인 채권시장 가격으로 복원된다고 본다.

둘째, 동시에 이와 같은 채권 금리정책의 변화를 통해 미 연준은 자본시장에 금리 인하의 신호를 보내게 된다. 여기서 미 연준이 단기금리를 얼마나 빠르고 깊게 떨어뜨릴 것인지가 중요하다. 또한 시장은 미 연준의 단기금리 인하 속도와 깊이를 긍정적으로 평가하지만, 단기금리가 떨어진다는 것은 경기가 둔화 혹은 침체기를 지난다는 점을 시사한다.

일반적으로 정상적인 상태에서 경기가 좋을 때 단기금리보다 장기금리가 높게 나타난다. 기대 인플레이션을 낮추어야 한다는 의미가 강조되기 때문이다.

셋째, 미국경제가 인플레이션을 잡기 위해 일면 통화정책을 강조하면서 금리 인상을 지속적으로 추진하지만 실업률은 3.5% 수준으로 자연실업률 수준에 가깝다. 더욱이 노동시장이 견조하다는 시장조건은 미 연준으로서는 당혹스럽기도 하다.

일반적으로 인플레이션과 경제성장의 균형성은 '필립스 곡선(Phillips Curve)'으로도 설명된다.[13] 실업률과 인플레이션은 서로 반대 방향으로 움직인다는 점, 단기금리보다 장기금리가 낮지만 점차 단기금리를 낮추고 장기금리를 올리기 위한 미 연준 정책이 성공적인 경기회복 신호를 보낸다면 기업 투자가 본격화될 수 있는 자본시장의 충분조건을 충족시키게 된다.

넷째, 가장 단순한 논리로 금리가 올라가면 경기는 둔화한다. 따라서 5%대의 미 연준 금리가 적어도 1년 정도 유지될 경우, 미 경제가 침체국면에 진입한다는 사실은 매우 명확하다. 하지만 침체국면을 극복하기 위해 다시 금리를 낮추게 되는데, 이는 단기금리가 낮아지면서 장기금리는 올라가는 추세를 만들어낸다.

경기침체를 둘러싼 혼재된 신호와 해석들

이와 같은 4가지 원인으로 인해 경기침체가 향후 1년 정도 이후부터 본격화될 것이라고 보지만, 이견도 적지 않다. 실제로 미국 소비자 심리와 생산자물가, 물가 압력과 관련된 다양한 경제지표들은 혼재된 신호를 보내고 있다.

예를 들어 미시간대학교에서 집계한 2023년 8월 미국 소비자심리지수는 71.2로 전월 71.6 대비 소폭 하락했으나, 예상치 71.0을 상회했다. 현재 상황 평가지수는 77.4로 2023년 7월 76.6 및 예상치 76.9보다 개선되었다. 2021년 1월 이후 최고치를 경신한 것은 눈에 띄지만, 반면 소비자기대지수는 67.3으로 7월 68.3 및 예상치 68.1을 하회했다는 점은 향후 미국 경기에 대한 소비자 우려가 아직도 뚜렷함을 제시하고 있다.

한편 1년 기대 인플레이션은 3.3%로 높은 원유 및 식료품 비용에도 불구하고 7월 3.4% 대비 소폭 하락하면서 2년래 최저치를 경신했다. 5~10년 기대 인플레이션도 2.9%로 7월 3.0%에 비해 다소 둔화된 것도 사실이다. 미시간대학교 조사 관계자는 단기 기대 인플레이션이 3개월 연속 뚜렷한 하락 안정세를 보이고 있으며, 물가 안정에 대한 소비자들의 신뢰가 강화되었다고 평가한다.

생산자 측면에서도 이 같은 물가 안정세는 강화되었다. 2023년 7월 생산자물가지수(PPI) 상승률은 보건 등 일부 서비스 부문의 강세 주도로 전월 대비 0.3%, 전년동월 대비 0.8% 상승하며 각각 예상치였던 0.2%와 0.7%를 소폭 상회했으며, 근원 생산자물가는 전월 대비 0.3%, 전년동월 대비 2.4% 상승하면서 2023년 1월 이후 최대폭 상승을 보이고 있다.

기대 인플레이션이 하락했다는 점은 긍정적이다. 하지만 생산자물가 상승은 향후 소비자물가 및 개인 지출 물가지수 등에 반영될 것이기 때문에 물가 압력이 여전히 통화긴축정책 방향으로 잠재하고 있다는 점을 알 수 있다.

미국 소비자물가 상승률이 예상치를 하회함으로써 2023년 9월 금리 동결에 대한 기대감은 클 수 있다. 하지만 미 연준이 경기침체를 유발하지 않고 인플레이션을 누그러뜨릴 수 있다는 기대감에 대해서는 긍정적 견해와 부정적 견해가 상반되게 존재한다.

어쨌든 2023년 8월 소비자물가 결과는 연준의 의도에 부합하며, 동시에 9월 연방공개시장위원회(FOMC)에서 금리 동결 가능성을 높게 하고 있다. 하지만 근원 소비자물가가 여전히 높은 수준이기 때문에 미 연준의 고금리 장기화 기조는 상당기간 유지될 가능성이 높다고 보는 게 합당하다.

아울러 미 연준의 금리 인하 선회를 기대하기에는 아직 상당한 괴리가 있다는 점에서 현행 5.25~5.5%의 미 연준금리는 2024년 1월까지 지속된 후 2024년 3월 -0.25%p의 금리 인하를 시작으로 완만한 하락세를 보일 전망도 존재한다. 이 시나리오에 따르면 2024년 말 미 연준 금리는 4.0~4.25% 수준에 이를 것으로 보인다.

무디스는 왜 은행 신용등급을 강등했는가?

2023년 8월 초 무디스의 은행 신용등급 강등은 은행들이 주식보다 채권에 대해 왜 더 불안해하는지를 잘 보여준다. 즉 주식시장에서 지역 은행들의 주가 하락은 단지 채권시장에서 벌어질 심각한 사태 가능성 시나리오에 대한 경고성 시그널로 받아들여지기 때문이다.

금리가 더 오르면 이들이 가지고 있는 채권 가격은 하락할 것이고, 2023년 3월 실리콘밸리 은행(SVB) 사태는 마치 2007년 부동산 담보대출 은행의 파산 이후 2008년 리먼 부도 사태와 같은 본격적인 대형 투자 은행으로 불씨가 옮겨붙을 수 있다는 우려를 가질 수 있기 때문이다.

따라서 무디스가 27개 지역 은행에 대한 신용 평가에서 10개 은행의 신용등급을 하향 조정하고 부정적인 전망을 내놓은 사실은 향후 예금으로 자금을 조달하는(단기 이자율은 낮게, 장기 대출 금리는 높게) 은행뿐만 아니라 채권을 판매할 때 매우 중요한 가치 기준의 혼란을 야기할 수 있다. 그 이유는 3가지로 정리할 수 있다.

첫째, 무디스의 신용등급 강등 배경에 나타나 있듯이 앞서 지적한 상업용 부동산 위험에 주목하고 있기 때문이다. 즉 팬데믹 이후 원격 근무로 전환함으로써 상업용 부동산 대출에 대한 예금 비용 상승과 위험이 존재한다.

둘째, 2023년 2분기 수익 보고서에서 많은 지역 은행들이 대출에 의한 자본 유출을 중단 또는 축소함으로써 미래 금융기관의 수익 감소가 예상된다.

셋째, 2023년 말 혹은 2024년이 되어야 이자수입의 반등이 가능할 것이라고 보고 있다. 하지만 이러한 추정 역시 미 연준의 금리 인하 조치를 가정한 것으로, 다만 아직 그 가능성은 그다지 높지 않을 것으로 보고 있다.[14]

앞으로 다수의 은행이 실적 압박에 직면하면서 자본 확충에 어려움을 겪을 수 있다. 경미한 수준이지만 경기침체가 발생할 경우, 상업용 부동산 등 은행 보유 자산에 건전성 문제가 발생할 수 있다고 본다.

하지만 이러한 평가 결과는 은행 시스템의 정상 작동이 어렵다는 의미라기보다, 미 연준의 금리정책이 자칫 시장의 경기 변화 흐름을 급격한 침체국면으로 빠뜨릴 경우 벌어질 불확실성의 시나리오 중 하나라는 점에서는 지속적인 관심을 가져야 한다. 월가의 탐욕은 오바마 전 대통령 재임 당시 '월가를 점령하라'는 시대적 요구에도 결국 개혁에 실패했을 만큼 쉽게 무너뜨리기엔 간단치 않기 때문이다.

미국경제에 대한 낙관론 vs. 비관론[15]

미국경제에 대한 지나친 낙관론을 경계해야 한다. 조금만 좋은 지표가 나오면 미국경제가 좋아지고 있다고 하고, 조금만 어두운 글로벌 경제의 그림자가 드리우면 미국경제도 불확실하다고 하는, 이른바 '줄타기 분석'을 경계해야 한다.

2023년 상반기가 지나는 시점에서 미국경제에 대한 기대감은 일단 뚜렷한 희망 없이 침체적인 분위기 속에서 낙관적인 분위기로 변화했다. 희망고문일 수도 있다. 하지만 경제지표상으로는 비교적 낙관론을 이끌 만하다. 인플레이션은 하락했다.

소비자물가 상승률 추세가 여전히 지속되고는 있지만, 일시적인 기저효과가 반영된 것으로 볼 수도 있다. 미국은 여전히 일자리를 늘리고 있지만 노동시장 과열 우려를 일으킬 정도로 빠르지는 않다. 임금은 소비재 가격보다 빨리 상승하고 있지만, 높은 인플레이션에 대한 우려를 다시 일으킬 만큼 빠르게 상승하지는 않는다.

요약하면, 경제는 좋지만 너무 좋지는 않다. 무슨 의미일까? 일자리 붕괴와 임금 압박을 초래할 수 있는 불경기 가능성은 몇 년 만에 낮아진 것 같다는 이야기다. 하지만 이런 내용이 우리들에게 어떤 의미를 갖는지는 좀 더 설명이 필요할 수 있다.

미 연준의 역할과 목표를 정확히 이해해야 한다

첫째, 미국의 중앙은행인 연방준비은행(Federal Reserve)은 2022년부터 경기와 이로 인한 인플레이션을 억제하려고 노력해왔다. 연준이 할 수 있는 정책이 바로 통화긴축 혹은 양적긴축정책이다. 금리를 올리는 방법이다.

그럼에도 불구하고 돈을 빌릴 때의 비용을 올리기 위해 미 연준이 취한 각 단계는 다양한 시장과 다양한 정책상에 명시 혹은 암묵적 위험을 수반했다. 즉 경기침체를 유발하는 정도까지 지나치게 나아가지 않은 것이다. 기준금리의 수위 조절이 명시적 조치라면, 미 연준 의장 파월의 입은 미 연준이 생각하는 기준금리의 실질적 수준을 예측하는 암묵적 시그널이 된다.

미 연준이 경기침체 없이 물가를 진정시키는 승리를 선언하기엔 아직 너무 이른 시기이지만, 경제학자들은 이제 경제가 '연착륙'을 달성하게 될 것이라는 낙관적인 견해를 더 가지게 되었다. 불경기 없이 가격이 안정될 것이라는 기대감이 늘고 있다. 하지만 문제는 이러한 시그널이 과장된 게 아닌가 하는 의구심이 든다는 것이다. 따라서 지금은 미국경제를 관찰·진단하는 데 있어 '균형 잡기'가 중요하다. 미국경제에 실질적으로 무슨 일이 일어나고 있는지 이해하기 위해서는 먼저 미 연준의 역할을 살펴봐야 한다. 미 연준은 물가를 안정시키면서 실업률을 낮게 유지하는 이중 목표를 가지고 있다. 이러한 2가지 목표는 앞서 살펴본 '필립스 곡선(Phillips Curve)'의 내용처럼 서로 상충된다.

예를 들어보자. 만약 사업주들이 빠르게 일자리를 늘리고 있다면, 모든 새로운 직책을 채울 충분한 노동자가 없을 수 있다. 이를 알고 있는 사업주들은 높은 급여를 제공해 지원자들을 유인할 것이다. 이러한 고임금 압력을 극복하기 위해 기업들은 재화와 용역의 가격을 인상시키려고 할 것이다.

이것은 다시 강력한 경제가 높은 가격, 즉 인플레이션으로 이어지는 여러 가지 방법 중 하나가 된다. 이러한 이유로 전통적으로 좋은 경제 뉴스가 인플레이션 기간에는 나쁜 뉴스가 될 수 있다. 미국이 많은 일자리를 늘리고 있다고 하면 그것은 노동시장 과열일 수 있으며, 임금 상승과 재화 및 용역 가격 상승을 초래할 수 있다.

최근 미 연준의 목적은 다소 이상하게 들릴 수는 있지만 경제가 너무 좋아지거나 계속해서 좋아지지 않도록 하는 것이었다. 경기가 과열될 때, 연준은 금리를 인상해 대출과 투자를 제한함으로써 최종적으로 인플레이션을 늦추려고 한다. 하지만 너무 빠르고 강하게 시장 금리 규제와 유동성 긴축을 시행하게 되면 경제가 오히려 불경기

그림 9. 미국의 시간당 임금 소득 및 소비자물가의 변화 추세

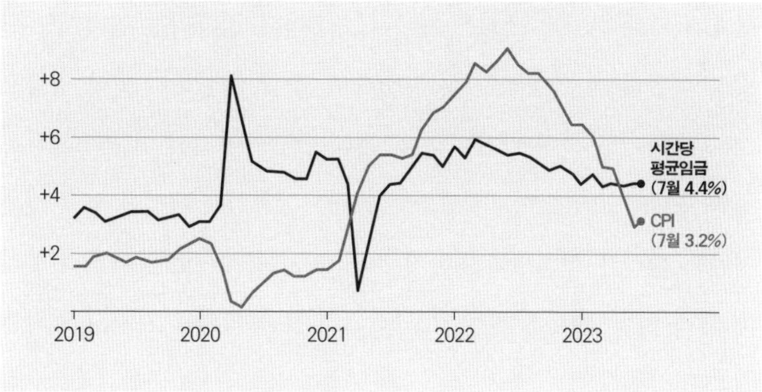

주: 임금 소득 자료는 계절적 변동요인 조절치.

자료: 미 노동부, 뉴욕 타임스

로 빠질 수도 있다.

미 연준과 각국의 중앙은행들이 이와 같은 물가 조정 시나리오를 신뢰하는 이유는 1980년대 오일쇼크와 공급측면의 충격으로 고질적으로 높은 인플레이션에 몇 년간 시달린 후에 찾은 해법 중 하나였기 때문이다. 당시 많은 경제학자들이 물가를 낮추기 위해 이와 같은 통화긴축정책을 반복해야 할 필요성이 있다고 우려한 바 있다.

그러나 지금까지 경제는 이러한 우려에도 불구하고 더 나은 균형을 찾은 것처럼 보인다. 소비자물가 상승률의 하락 추세는 물론 실업률 하락세가 2023년 1월 이후 지속되고 있기 때문이다. 실업률은 3.5%로 하락해 사실상 사상 최저 수준에 가까워졌다. 하지만 여기서 아직 문제인 것은 임금 상승이 다시 인플레이션을 능가하기 시작했다는 점이다.

따라서 미 연준의 고민, 즉 물가 안정과 실업률 안정이라는 2가지 목표가 미래 번영의 보장은 아니라는 점이다. 경제라는 생태계는 굉장히 복잡한 정글 구조를 하고 있으며, 종종 예상하지 못한 방향으로 전환되기도 하기 때문이다. 인플레이션은 여전히 연준의 2% 목표를 초과하고 있으며, 미 연준의 공개시장회의에 나타난 정책 결정자들의 생각은 현재 3% 초반의 소비자물가를 2%로 떨어뜨리기 위해 금리 인상 시기에 대한 로드맵을 더 늦출 의지를 가지고 있다는 것을 시사한다.

일부 경제 전문가들은 낙관론과 비관론 사이에서 줄타기를 할지 모르지만, 당부간 우리는 더 지켜보며 참아야 할 것 같다. 인내의 시기에 이 책에서 아직 다루지 않은 중국, 러시아-우크라이나 전쟁, 중국-대만 문제 등 비경제적 변수들과 미래 4차산업혁명과 밀접한 산업구조의 전환이 숨가쁘게 국가 간 물밑 경쟁과 제재 속에서 이루어질 것이다.

미국경제의 평온함을 기대하기엔 아직 이르다

둘째, 미국경제의 개선 조짐은 분명히 존재하지만 아직 확정적으로 단언하기는 어렵다. 미국경제와 시장 연착륙 전망은 경제지표상으로 2023년 초보다는 좋아 보이지만, 아직은 이렇게 말하기가 쉽지 않다.

일단 2023년 8월 중 연중 최대 행사인 와이오밍주 잭슨홀에서 연례 여름 회의를 가졌던 미국 연준의 주요 정책 결정자들 앞에 놓인 미국경제와 시장 상황은 상당히 좋아 보였다. 하지만 미국경제와 시장에 대한 이 같은 평온한 전망이 오래 지속될 것이라고 자신감을 갖기엔 여전히 멀었다.

미국경제의 여러 가지 불안 요인에 대해 이야기하기 전에 몇 가지 긍정적인 점들에 대해 요약해보자. 단, 장단기 금리의 역전에 따라 향후 1년 이내 미국경제가 침체국면에 진입할 가능성이 매우 높다는 점은 항상 유의해야 한다.

먼저, 미국의 주식시장은 아직 2022년 최고점보다는 낮지만 매우 가까워졌다. 물가 상승률은 1년 전보다 훨씬 덜 심하고, 경제는 놀랍게도 강세를 유지하고 있으며, 실업률은 다행히도 낮게 유지되고 있다. 심지어 미 연준은 경직된 금리 인상에도 불구하고 미국경제를 놀랍게도 부드럽고 다소 안정적인 착륙 지점으로 이끌어낼 수도 있을 것으로 보인다.

하지만 물가가 급등하면서 미 연준이 1년 반 전후로 통화긴축 캠페인을 시작한 이후로 고물가 문제는 지속되고 있다. 러시아-우크라이나 전쟁이 2023년 말경 탈출구를 갖게 되고, 또 다른 세계경제의 실질적인 한 축인 중국경제의 디플레이션이 극심한 공황사태를 촉발하지 않는다면, 고물가 문제와 금리 인상 문제는 2024년의 어느 시점에 멈출 수 있다. 하지만 이 같은 글로벌 경제의 평온함을 기대하고 안심하기엔 아직 이르다.

밀턴 프리드먼의 말처럼, 어차피 화폐정책의 영향은 장기적이고 변동이 크다. 그리고 파월 미 연준 의장도 이 말을 자주 강조하고 있다. 지금까지 단기 기준 연방기금 금리를 5%p 인상했는데, 이 정도 금리 인상이 되면 언젠가는 경제성장이 일반적으로 둔화되기 마련이다.

앞서 장단기 금리의 역전 현상이 발생하면 10~13개월 이후 경기 침체가 발생할 확률이 100%라고 지적한 바 있다. 미 연준의 전통적인 정책 결정에서 나오는 속담 같은 이야기 중에 "연방준비제도(Fed)는 무언가 경제에서 또 다른 고장이 발생될 때까지 금리를 인상한다"라는 말이 있다.

2008년 서브프라임 모기지 사태 당시도 마찬가지다. 일이 터지고 난 후 금리를 떨어뜨렸다. 최근 이미 일련의 지역 은행 파산 사례가 있었지만, 거시경제에 미친 영향은 현재까지는 미미하다. 어쩌면 미 연준은 '또 다른 고장'이 발생하지 않은 것으로 판단하고 있는지도 모른다.

시장은 정보를 정확하게 내놓지 않는다

셋째, 현재 미국경제에서 우리가 거시적·미시적 경제지표로 보고 있는 것은 매우 놀라운 긍정적인 뉴스들이지만, 항상 시장은 모든 정보를 정확하게 내놓지 않는다는 사실을 명심하고 주의 깊게 관찰하는 것이 필요하다.

피터슨국제경제연구소 소장이자 영국 중앙은행의 환율 결정 화폐 정책위원회의 전 위원인 애덤 포즌(Adam Posen)의 말처럼, '미국경제에서 보이는 것은 밝음, 경기침체를 극복한 듯한 놀라움'이지만 근본적으로 아직은 더 주의 깊게 관찰해야 한다.

우리나라의 1998년 외환위기 때도 그랬고, 2008년 미국발 서브프라임 경제위기 때도 그랬다. 2006년부터 미 의회가 그렇게 추적하고 경고음을 냈지만, 미국경제의 지표상으로는 시장의 부실화 혹은 버블 붕괴가 이미 시작되고 있음을 감춘 채 즐겁게 춤추고 논 사실이 있기 때문이다.

시장이 정직하지 않을 경우, 버블이 붕괴되는 순간 수많은 중산층이 무너지게 된다. 미 상원과 하원 경제 관련 상임위원회에서 2년 전부터 서브프라임 문제를 다루었지만, 이를 무시했다는 것은 그나마 시장 정보가 투명하게 전달되는 미국과 같은 자유시장경제질서의 원칙국가에서마저 시장경제의 디폴트(default)는 그 자체가 매우 공포적이라는 의미가 된다.

경제에서 놀랍도록 평온한 상황은 미 연준이 매우 민감한 시기에 성장을 제한하고 있다는 데 역설적인 관찰과 진단이 필요하다는 의미다. 이는 이자율을 올리고 자산 규모를 축소하는 양적 긴축 때문이다.

월가나 미 일부 경제 전문가들이 성급하리만큼 금리 인하 가능성을 제기하고 있다. 하지만 미 연준의 정확한 판단은 아직까지 긴축

통화정책과 버블형성 가능성에 대한 선제적 차단 대응을 거두기에는 매우 부족하다는 점에 주목할 필요가 있다.

또한 미국경제는 여전히 여러 가지 문제점에 노출되어 시달리고 있다고 보아야 하며, 팬데믹 이후 노동시장 충격으로 인한 영향도 무시할 수 없다. 더구나 러시아-우크라이나 전쟁으로 인한 상품 부족 및 원자재 조달 문제로도 충격을 받고 있다. 미국 소비자에게 중요한 밀가루 가격은 변동하고 있으며, 유가는 다시 상승과 소폭 하락을 반복하는 등 불안한 모습이 여전하다.

일부는 러시아 원유 및 가스 공급 제한, 일부는 사우디아라비아 및 기타 OPEC 플러스 협회 회원국에 의한 석유 생산 감축으로 인한 것들이다. 이들 국가들은 이 틈을 타서 화석 연료의 불안정하고 불안전한 수급에서 더 많은 이익을 얻기 위한 시장 가격정책을 유지하려 들 것이다.

게다가 중국의 경제 둔화가 전 세계 경제에 부담을 주고 있다. 물론 그럼에도 불구하고 중국 제품의 가격 하락은 미국 및 기타 세계 지역에서 조금이나마 물가 하락에 기여할 것으로 예상된다.

미국 정치의 양극화는 불안 요소다

넷째, 미국의 정치적 양극화는 국가의 재정 광풍을 어둡게 만들고 있다. 이것은 신용평가사인 피치가 2023년 8월에 미국 국채 등급을 하향 조정한 핵심 메시지라고 봐야 한다.

미국이 2023년 5월에 채무 불이행 직전까지 정부가 필요한 자금을 조달하지 못했던 것은 정부가 필요한 돈을 모으지 못했기 때문이 아니라, 미 의회가 바이든 정부가 그렇게 하기를 허락하지 않았기 때문이다. 미국 정치의 불안정과 불확실성이 경제 불확실성의 중요한 변수가 되고 있고, 미국 정치의 양극화는 2024년 대선을 앞두고 더 치열하게 나타날 전망이다.

우리가 이미 목도하고 있듯이 2023년 9월 미 의회가 긴 여름휴가 기간을 끝내고 재개되면서 9월 30일 2024년 예산 마감일 전에 연방 예산에 대한 합의에 도달해야 할 시간이 실질적으로 몇 주밖에 남지 않은 시점인데도 겨우 부채 상한에 합의한 사실에 주목하지 않을 수 없다. 하지만 2023년 11월 17일 예정인 미 의회에서 연방 예산 통과가 무난하게 진행될 것으로 보이진 않는다. 미 의회 상하원에서 2024년도 예산안에 대한 합의가 교착될 경우 임시 지출 합의를 논의하겠지만, 일부 정부 부처의 셧다운이 발생할 가능성도 매우 높은 상황이다.

동시에 조지아 주에서 기소된 트럼프 전 대통령이 공화당 차기 주요 대선 후보로 나선 대통령선거 캠페인의 전망은 최소한 불안할 수 있다. 정치적 스트레스 수준이 다시 상승할 때 주식시장이나 채권시장이 매우 부정적으로 반응할 것이라고 판단하는 것은 결코 놀라운 일이 아닐 것이다.

아직은 조심스럽게 지켜만 볼 때다

투자자로서 미 증시의 불안을 제기할 수 있는 요소들은 앞서 설명한 이유들이다. 첫째, 상업용 부동산 위기, 둘째, 인플레이션을 안정시키려는 노력을 복잡하게 만들 수 있는 노동자 임금 상승의 초기 징조, 셋째, 채권시장에서의 인플레이션 싸움에 대한 회의, 넷째, 아울러 인플레이션이 지속될 수 있는 가능성으로 인해 미 연준이 더 많은 금리 인상을 단행할 가능성과 그 결과 미국경제를 불경기로 몰아넣을 가능성 등이 포함되어 있다.

여기에 추가적으로 러시아-우크라이나 전쟁과 중국경제의 불확실성도 포함된다. 물론 다수의 미국 투자금융기관들이 중국으로부터 투자자금의 회수 등을 진행했다고 가정하더라도, 중국경제가 미국경제 다음으로 세계경제의 18% 비중을 차지하고 있다는 점은 간과할 수 없다.

이러저러한 이유로 인해 볼터르스 클루버(Wolters Kluwer)가 출판하는 경제학자들의 월간 조사인 '블루 칩 경제지표(Blue Chip Economic Indicator)'는 2023년 8월 향후 12개월 내에 불경기가 발생할 확률을 50%로 추정했지만, 이는 2023년 7월의 전망치인 56%에서 6%p 줄어든 수치다.

그 누구도 정확하게 불경기를 예측할 수 없다. 그러나 노동시장의 실업률이나 취업률 상황을 고려하고, 최근 강한 경제지표들에도 불구하고 2024년이나 그 이후에 불경기에 진입할 가능성이 실제로 존재한다. 이렇게 생각하는 이유는 '역사적'인 미국경제 사이클의 반복 때문이다.

따라서 글로벌 경제와 한국경제를 판단하는 데 있어 다가올 미래에 대한 '무지(無知)'를 기반으로 한다면, 2023년 8월 이후 경기 및 투자 전망은 크게 변하지 않을 수 있다. 오히려 중장기적으로 자신감을 가지고 갈 수도 있다.

신중한 소비자와 투자자들은 항상 개인적인 위험 허용 수준을 충족시키는 자산(주식과 채권 등)의 보유를 수십 년간 유지할 수 있으며, 세계 시장을 반영하는 인덱스 펀드를 통해 투자의 불확실성에 대한 위험을 줄일 수도 있다. 하지만 그 어떠한 방법도 안전하다는 보장은 없으며, 경험상 일어나는 일이 정기적으로 일어나므로 자신이 부채를 가급적 빠르게 청산할 수 있는 현금을 준비해두는 것도 중요한 시기다.

바로 이것이 늘 그렇듯 현금, 금과 은, 주식, 채권 순으로 개인들의 동산 자산을 확보해두길 강조하는 배경이다. 지금은 우리 모두가 빈 잔에 물이 '반이나 차 있다'는 시각으로 경제를 조심스럽게 바라보는 것이 '반이나 비어 있다'라고 보는 긍정적인 관점보다 더 유리한 시점이다.

불행하게도 그 누구도 현재 경제상황이 향후 어떻게 전개될 것인가에 대해 확실히 알 수 없다. 이 같은 불확실한 상황에 대해서는 미 연준 의장과 미 재무장관 혹은 글로벌 중앙은행장 그 누구도 결코 단언할 수 없다.

거대한 중국이라는 용은 '일대일로(一帶一路)'의 길을 따라 승천하기도 전에 고꾸라질 것인가? 중국의 국가 흥망성쇠의 역사를 그 어떤 국가보다 더 자세히 알고 있는 우리로서는 정치와 경제란 그때그때 맞닥뜨리는 문제와 씨름하며 생동하는 역동성을 보여주는 생태계란 점에 동의할 수 있다. 21세기 2008년 급부상한 중국경제는 '새로운 시대'의 주인공 혹은 또 다른 축으로서 '정치·도덕적' '경제·윤리적' 새로운 시대라는 구상에 어느 정도 자신의 역할을 담당할 의지가 있을까? 이 질문에 대한 답을 스스로 입증하면서 동시에 국제사회로부터 충분한 신뢰를 얻어야 할 것이다.

PART 2

중국경제,
다가올 기회와 위기

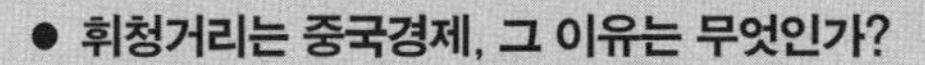

- 휘청거리는 중국경제, 그 이유는 무엇인가?
- 시진핑의 리더십이 흔들리고 있다?
- 미중 간 디커플링이 더 심각한 것이다
- 중국경제에 대한 '관(觀)'과 '진(診)'의 차이
- 중국의 정치불안과 함께 주목해야 할 대만과의 관계
- 중국경제와 중국사회, 스스로 자신감을 잃다
- 시장경제 운용의 실패에 직면하다

1장

중국경제의 거시적 요인

휘청거리는 중국경제,
그 이유는 무엇인가?

불신과 불확실성이 강조될 수밖에 없는 어느 정도 민감한 시기에 중국경제에 대한 경고가 나오게 되면, 거의 대부분 중국의 기업과 개인들은 사실상 불가피하게 그들의 사업을 중단할 가능성이 클 것으로 본다.

Chat GPT에 물어보았다. "왜 중국경제가 비틀거리는가?" 오픈AI가 주는 답은 다음과 같다.

중국경제가 왜 힘들게 되고 있는지에 대한 이유는 여러 가지 복잡한 요인들의 조합으로 설명될 수 있다.

첫째, 구조적 도전(Structural Challenges): 중국경제는 급속한 성장으로 인해 구조적인 도전에 직면하고 있다. 제조업의 과도한 확장으로 인한 과잉생산과 높은 빈집률과 같은 문제가 있다.

둘째, 인구문제(Demographic Shifts): 중국 인구 구조가 노령화되고 있는데, 이로 인해 노동인구의 감소와 경제성장에 불리한 영향을 미칠 수 있다.

셋째, 부채급증(Debt Overhang): 중국은 경제성장을 지속시키기 위해 많은 규모의 대출을 발행해왔는데, 이로 인해 높은 부채비율과 부실채권의 위험이 증가하고 있다.

넷째, 무역분쟁(Trade Tensions): 미중 간의 무역 갈등은 중국경제에 부담을 주고 있다. 무역분쟁으로 인한 수출 감소와 수출산업의 약화가 중국의 성장률을 제한하는 요인 중 하나다.

다섯째, 글로벌 경제 둔화(Global Economic Slowdown): 전 세계적인 경제 둔화가 중국 수출에 영향을 미치며, 내수 소비와 투자에도 악영향을 미칠 수 있다.

여섯째, 개혁(Reforms and Restructuring): 중국은 더 지속 가능한 성장 모델로의 전환과 구조 개혁을 시도하고 있다. 이러한 변화는 시행할 때 일시적인 어려움을 야기할 수 있다.

일곱째, 환경문제(Environmental Concerns): 환경문제도 중국경제의 도전 사항 중 하나다. 환경 오염으로 인한 건강문제와 자원부족 등이 경제 안정성에 영향을 미칠 수 있다.

여덟째, 기술경쟁(Technological Competition): 중국은 미래 경제성장을 위해 기술 혁신에 집중하고 있다. 그러나 기술적인 경쟁과 지식재산권 문제도 경제 안정성에 영향을 줄 수 있다.

이러한 요인들은 중국경제가 어려움을 겪고 있는 이유의 일부일 뿐이며, 상황은 계속 변화하고 있다.

'피크 중국', 중국경제에 대한 우려들

최근 중국은 글로벌 정치, 경제, 외교 등 다양한 분야에서 최고의 주제가 되고 있다. 무슨 의미인가? '피크 중국(Peak China)'은 중국이 경제적 권력의 정점에 도달했다는 격렬한 논쟁의 핵심 개념이 되고 있다는 점을 의미한다.

미국 외교정책연구소(Foreign Policy Research Institute) 아시아 프로그램 책임자인 마이클 베클리(Michael Beckley)는 중국경제가 세계에서 두 번째로 큰 경제이며 여기서 멈추지 않고 향후 미국경제를 반드시 앞질러야 한다는 오랜 역사적 기대에 대해 부정적 시각을 반영하면서 이 용어를 2018년 그의 보고서에서 처음 사용했다.

'피크 오일(peak oil)'에서 힌트를 얻은 듯한 그의 개념 정의는 일반적으로 정치, 경제 및 사회 과학자들은 상승과 하락에 대해 많은 이야기들과 쟁점들을 생산해내지만 상승 중인 국가가 언제 하강하기 시작하는지를 설명하는 데는 다소 소극적이라는 점은 분명하다는 사실을 시사한다. 이러한 현상은 선물과 옵션시장과 같은 파생상품 시장의 가격발견 기능에서도 나타난다. 즉 상품과 자산 현물 가격이 오르면(하락하면), 선물가격도 오르는(내리는) 것으로 추정한다.

현재 '피크 중국'이라는 개념은 중국의 권력과 그 향후 추이에 관한 논쟁에서 널리 채택되고 있다. '피크 중국(Peak China)'이란 용어는 2021년에 미국 정치전문매체 〈폴리티코 유럽(Politico Europe)〉 기사에서 '중국의 국제적인 기반 시설 투자가 기대에 미치지 못하는 결과를 내고 있다'고 주장한 내용으로 처음 주목을 받았다.

2022년에는 미국의 외교 전문 싱크탱크인 〈포린 어페어스(Foreign Affairs)〉가 이 용어를 사용하면서 중국이라는 또 다른 초강대국이 하락세에 있는 것을 반박하기도 했다. 어쩌면 미국으로서는 중국에 대한 정치, 경제, 안보 및 사회적 측면의 도전에 대해 긴장감을 늦추기 힘들다는 간접적인 증언이 될 수도 있다.

그 후로는 시사연구소들이 대거 이 질문을 다루기 시작했다. 정치학자들은 유튜브 등에서도 이에 대해 논의했고, 〈이코노미스트(The Economist)〉가 주목하기도 했다. 미국 일리노이 주 의회에서 중국과의 경쟁에 초점을 맞춘 하원위원회의 민주당 간사인 라자 크리슈나무르티(Raja Krishnamoorthi) 의원은 중국의 경제 엔진이 힘을 잃고 있는 것 같은 '진짜 경고 신호'를 보았다고 언급하기도 했다.[16]

하지만 중국은 '인위적인 정점과 현상 유지' 등에 대한 이야기를 의도적으로 무시하는 듯하다. 중국은 매우 인위적이고 제한된 데이터를 생산하고 있다. 더구나 이 같은 불안전하고 불확실한 데이터에 기반해 중국의 경제 상황에 대한 일반화된 가정을 하는 것은 주의를 기울일 필요가 분명히 있다.

정치 리스크 컨설팅 기업인 유라시아 그룹(Eurasia Group)의 이안

브렘머(Ian Bremmer)는 중국의 최고 절정 시기가 이미 지난 것이라는 주장은 '이념적으로 부담스러운' 것이라며 기본적인 사실들을 무시하는 사람들에 의해 더욱 과장되기도 한다고 보고 있다.

실질적으로 아주 많은 기업들과 개인들은 중국을 사업 기회의 시장으로 보고 있다. 이런 상황에서 돈을 걸기 원하는 사람들에게 이미 중국이 정점에 도달했다고 확정 짓는 것은 객관적으로 볼 때도 매우 성급한 판단이 아닐 수 없다.

오히려 중국경제의 불확실성, 신뢰도 측면에서 격이 낮은 투명성 등에 대해 중국에서 돈을 벌고자 하는 많은 기업과 개인들이 중국경제가 과연 지속 가능한 경제이며 그들의 사업 역시 지속 가능한 사업인지 판단할 때 '매우 많은 회색 영역이 있다'고 판단하는 것이 더 합리적이고 이해가 쉬울 것이다. 결국 문제는 바로 이 '회색 영역(gray area)'에 있다.

따라서 이러한 불신과 불확실성이 강조될 수밖에 없는 어느 정도 민감한 시기에 중국경제에 대한 경고가 나오게 되면, 거의 대부분의 기업과 개인들은 사실상 불가피하게 그들의 사업을 중단할 가능성이 클 것으로 본다.

폴 크루그먼(Paul Krugman) 교수도 중국경제의 미래에 대한 생각이 예전 같지 않다.[17] 2020년 이전만 하더라도 중국은 뚜렷한 성장의 시기를 맞고 있었다. 1979년 시장 개방 이후 기적적인 두 자릿수 성장을 통해 세계경제에서 극빈 국가가 경제대국으로 변모되어 국내총생산(GDP)은 어떤 측정 기준에 따르면 미국보다 더 클 수도 있다는 점도 강조된다.

중국의 코로나19 팬데믹에 대한 공격적인 대응뿐만 아니라 세계 곳곳에 인프라 투자를 위한 거대한 '일대일로(벨트 앤 로드 이니셔티브, Belt and Road Initiative)'는 중국의 글로벌 영향력을 강화했고, 심지어 21세기 대국으로서 글로벌 질서의 지배권을 얻기 위한 시도로 여겨졌다. 하지만 중국은 2023년 초부터 사실상 경기하강 국면에 곤두박질치고 있다. '제로 코로나' 정책은 한때 발병 징후가 나타나면 도시 전체를 봉쇄한다는 것이 불가능한 것으로 밝혀졌다.

다소 세계경제와 결이 다른 시장 가격과 리오프닝 정책을 통한 무역확대 정책을 강조했지만, 기대하던 만큼의 수출확대와 내수 진작 등 경기회복 신호를 보이지 않고 있다. 오히려 중국경제는 지금 물가 하락을 경험하고 있으며, 1990년대 일본의 경기후퇴와 '잃어버린 30년'과 비교되는 이야기도 나오고 있다.

중국경제는 현재 정말 망하고 있나?

과연 중국경제가 성장궤도에서 어긋난 것일까? 중국경제는 이러한 궤도 탈선을 곧바로 정상화시킬 수 있을까? 아울러 미국을 비롯한 세계경제는 이에 어떻게 대응해야 할까?

일부 전문가들은 중국의 정점 문제를 현재 지도부의 정책에 돌리고 있다. 피터슨국제경제연구소의 대표인 애덤 포즌(Adam Posen)은 중국이 '경제적 장기 코로나'에 시달리고 있다고 주장한다.[18] 임의의 자유시장에 대한 정부 개입으로 인한 민간 부문 신뢰의 감소가 이러한 문제의 원인이라는 것이다. 그는 이 같은 문제는 이미 팬데믹 이전부터 시작된 문제였지만 팬데믹 이후에 더 심각해졌다고 말한다.

확실히 시진핑의 행동이 예전과 달리 변덕스러웠던 것은 사실이다. 하지만 중국의 문제는 하나 또는 일련의 경제 및 비경제적 요인에 의해 발생한 것으로 보기보다는 더 체계적인 문제점에서 찾아야 할 것으로 본다. 카네기 재단(Carnegie Endowment for International Peace)의 마이클 페티스(Michael Pettis)의 견해가 좀 더 체계적이다. 그는 중국의 문제를 더 체계적인 문제로 보고 있다.

중요한 점은 중국이 다양한 방식으로 민간 소비를 억제하는 가운데 국가가 투자할 수 있는 큰 자본을 가지고 있다는 것이다. 중국 경제는 2023년 기준 15~20년 전에는 '빠른 추종자 전략(fast follower strategy)'을 통해 연평균 GDP성장률이 10%를 상회했었다. 여기서 벌어들이는 해외 자본은 그대로 국고에 저축할 수 있었기 때문에 중앙통제식 경제에서는 크게 어렵지 않았다.

하지만 시대가 변했다. 중국이 부유해짐에 따라 정부도 부유해졌지만, 개인들 중에서도 부유한 사람들이 나타나기 시작했다. 더구나 두 자릿수에 이르는 급성장에 점차 제동이 걸리면서 빠른 생산성 향상의 범위가 좁아지고, 노동 인구가 증가하지 않고 줄어들기 시작한 것이다. 불가피하게 성장이 둔화되었고, 국제통화기금(IMF)은 중국의 성장률이 향후 4% 미만에서 이루어질 것으로 예상하고 있다.

14억 인구를 가진 규모의 중국경제가 4% 성장을 한다는 것은 결코 부정적인 성장을 의미하지 않는다. 웬만한 규모의 경제를 가진 국가경제성장률의 거의 2~3배에 이르는 실질 성장을 의미하기 때문이다. 문제는 이러한 성장세를 더 이상 추락시키지 않고 일정한 성장률을 유지하려고 하면서 중국은 여전히 GDP의 40% 이상을 투자에 재투자를 고려하고 있다는 점이다. 중국의 경제성장세가 둔화될 경우 이러한 투자는 '밑 빠진 독에 물 붓기'가 될 수 있다. 그렇게 되면 중국정부의 돈은 결국 '눈 먼 돈'으로 대우받을 것이며, 수많은 다양한 사례의 '빈 투자'가 발생할 소지가 다분하다.[19] 마치 1995년 일본경제의 침몰 상황과 비슷하다.

이처럼 다가올 문제들은 지난 10년 이상 동안 허구가 아닌 잠재된 지연뇌관으로 보였으나, 중국은 거대하게 부풀려진 부동산시장을 만들어 중국경제에 도사린 대부분의 거짓과 허구를 숨길 수 있었다. 문제는 이러한 전략이 지속 불가능하다는 것이다. 과거 시진핑의 경제정책에서 나오는 실수들은 임기응변적으로 피해나갈 수 있는 것처럼 생각될 수 있었겠지만, 기본적인 개혁이 이루어지지 않는 한 중국의 현재 상황과 같은 경기둔화 내지 부동산 및 증시 버블 붕괴는 시간 문제에 불과하다.

그래서 중국은 현재 망하고 있는 것일까? 피터슨국제경제연구소의 애덤 포즌이 주장했듯 "중국의 경제적 기적은 끝났다"라고 주장할 수 있을까? 물론 그럴 것으로 예측하지 않는다. 중국은 이미 슈퍼파워이며, 현재 맞닥뜨릴 경기침체 가능성이 중국의 세계 2위 경제

대국으로서의 지위를 끝내지는 않을 것으로 보인다.

더 나아가 중국정부는 지속 가능한 성장을 위한 개혁에 대해 과거와 다른 부정적 시각과 판단을 하기보다 적극적인 개인의 창의력과 기업의 혁신을 강조하는 정책으로 점진적으로 선회할 가능성이 매우 높다. 중국 공산당이 소수 당원들의 배를 채우는 식의 편협한 성장정책을 영원히 계속할 것이라고 가정할 수 없다.

시진핑의 리더십이 흔들리고 있다?

중국을 빈곤국에서 강대국으로 데려간 경제 모델은 망가진 것처럼 보인다. 이러한 변화가 중국인들에게 일상이 되어버렸다면, 과연 중국 공산당 정부가 언제까지 선장, 항해사, 기관사 및 요리사 역할까지 모두 담당할 수 있을지는 그 누구도 장담할 수 없다.

중국의 40년 붐은 끝났을까? 그렇다면 다음은 무엇일까? 중국을 빈곤국에서 강대국으로 데려간 경제 모델은 망가진 것처럼 보인다. 모든 곳에서 고통의 징후가 표출되고 있다.

경제학자들은 중국이 인구 고령화, 외국인 투자와 무역을 위태롭게 하는 미국과 그 동맹국들과의 분열 확대로 이전보다 훨씬 느린 성장의 시대에 접어들었다고 판단한다. 중국경제는 경제성장의 리포맷팅 시기가 아니라 길고도 험난한 어두운 시대의 시작일 가능성이 높다고 본다.

중국의 경기둔화에 정치경제적 요인이 어떤 영향을 주었을까? 중국의 제로 코로나 정책이 종료되고 어느 정도의 시간이 흘렀지만, 중국경제는 기대했던 만큼 두 자릿수의 성장세는커녕 글로벌 경제를 또 다른 위기 시나리오로 빠뜨리지 않을 만큼 회복되지도 않았다.

오히려 글로벌 경제는 중국경제를 보면서 "앞으로 더 많은 터뷸런스(turbulence)가 있을 것"이라는 걱정을 하고 있다. 중국의 수출이 급락하고 있고, 내수 경기를 반영하는 소비자물가도 하락하고 있다. 이 2가지만 놓고 보더라도 중국경제가 디플레이션의 소용돌이로 급속히 빠져들 수 있다는 우려가 나온다.

중국의 근원적인 문제는 무엇인가?

다수의 전문가들은 중국 정치경제와 제로 코로나 정책의 시행에 숨어 있던 정부와 기업, 정부와 가계 간의 '보이지 않은 전쟁'의 결과로 해석하기도 한다. 예를 들어 제로 코로나 정책은 중국인들에게 그들의 생계와 자산에 대해 매우 불안한 느낌을 주기에 충분했다.

중국경제가 더 이상 공산당 중앙통제식 경제가 아닌 이상 사람들은 정치경제적 상황이 불확실할 경우 내구재 구매, 소기업 투자 같은 것을 회피하고, 자산을 부동산과 같이 어느 한 특정 자산에 묶어두는 것을 피한다. 오히려 유동성을 확보하기 위해 은행 저축 등과 같이 더 안전하고 유동적인 것들을 선호하기 마련이다.

중국경제를 놓고 경기침체와 디플레이션 원인을 찾는다면 이 같은 설명이 가능하다. 하지만 보다 근원적인 문제는 따로 있다.

정치, 경제, 외교, 안보, 환경, 문화 전반에 걸친 21세기 세계질서와 관련해서 미국은 새로운 '뉴 노멀(New Normal)'을 제시하는 데 지금까지는 실패했다. 혼돈의 시대가 시작된 것이다.

이러한 혼돈의 상황을 중국은 과연 어떻게 해석하고 있을까? 근대 이후 유럽과 미국이 세계질서의 중심에 서면서 보였던, 중국으로서는 매우 치욕스러운 '청나라 말 세계관'을 '글로벌 패권'을 움켜쥘 수 있었던 절호의 시기로 해석했다면 중국 지도자들의 역사적 해석과 진단이 잘못되었다. 18~19세기 글로벌 경제의 50% 이상을 중국경제와 인도경제가 담당했는데, 당시 청나라는 시대의 변화를 제대로 읽어내지 못했다. 아편전쟁, 청일전쟁, 국공합작 등을 거쳐 1949년 10월 1일 사회주의 중국이 탄생한 것이 역사에서 어떤 의미를 갖는지 중국인 스스로가 이해하지 못하는 듯하다. 1976년 독일과의 수교를 비롯한 본격적인 개방 정책의 의미에도 덩샤오핑의 철학이 계승되지 못하는 듯 보인다.

카를 마르크스의 『자본론』에서도 분명하게 지적하고 있다. "생산이 없으면 분배가 없다. 따라서 지속 가능한 생산을 위해 지속 가능한 투자가 전제되어야 한다."

우리는 마치 사회주의는 단지 공동생산과 공공분배의 원리를 가지고 있다고 생각한다. 하지만 틀렸다. 자유시장경제체제에서는 분배를 '시장(market)'이라는 개인과 기업이 동등한 자격으로 참여하는 시스템을 강조한다면, 사회주의경제체제에서는 분배를 정부, 즉 공산당이 중앙 계획 경제를 통해 실현하는 것만이 차이점이다.

이 양극단의 경제분배 시스템의 중간적 형태를 보이는 경제가 독일경제인데, 이를 '사회적 시장경제(Social Market Economy)'라 부른다. 정치적 이념은 이같이 파생한다. '철혈 수상' 비스마르크의 국민연금, 의료보험, 산업재해보험 같은 정책은 보수가 보여준 진보적 정책이다. 따라서 보수도 진보도 국가 발전과 생명력 유지라는 궁극적 목적은 같이하되, 다만 분배의 공정성(justness), 공평성(reasonableness), 합리성(reasonability), 현실성(affordability)을 달리 정의할 뿐이다.

시대 변화에 대한 중국의 부정주의와 오독

21세기 이후 세계 지정학적 환경 변화의 핵심은 '부정주의(Denialism)'에 있다. 이는 무슨 의미인가? 중국이 2008년 미국발 서브프라임 경제위기 이후 급부상하면서 2010년 일본을 제치고 세계 2위 경제대국으로 나선 것이 역사의 순환 바퀴에서 늘 '옳고 당위적인 것'으로 인정되지 않는다. 국가의 흥망성쇠의 역사가 이를 입증하고 있다.

따라서 만일 중국이 미국과 같은 대국(大國)과 강국(强國)의 헤게모니(hegemony)를 쟁취할 수 있다고 믿고 있다면, 이는 청나라 말의 '시대변화를 제대로 읽어내지 못한 실수'를 똑같이 반복하는 것이다. 달과 태양이 서로 태양이라고 주장하면 다툼이 날 수밖에 없다. 하지만 '하나는 달이고 하나는 태양'이라는 입장에서 밀당을 합리적으로 할 수만 있다면 이는 '밝을 명(明)'을 만들 수 있다. 서로 태양이 최고라 생각하고 태양이 자신이라 주장할 때 늘 문제는 일어난다.

자신이 아무리 태양이라는 주장을 하더라도 결국은 주변에서 인정하지 않을 경우 더 큰 소란이 불가피하다는 점을 간과해서는 안 된다. 따라서 2050년 미국의 군사력을 따라잡을 것이라는 국가 지출규모가 "인민 생활 수준의 향상"이라는 덩샤오핑의 '흑묘백묘(黑猫白猫)' 논리에 배치된다는 점도 인정해야 한다.

미국이라는 상대가 존재하기에 중국이라는 제2의 경제가 존재한다는 점은 한편으로 인정하면서도 또 다른 한편으로는 인정하기 어려운 대목이다. 바다 기온의 기록적인 높은 온도, 남유럽 전역에 걸친 산불과 폭염, 캐나다와 하와이 등에서의 산불, 그리고 다른 지역에서의 돌발 홍수와 기상 이상은 비극적인 기후 변화의 우려를 불러일으키기에 충분하다. 엘니뇨와 라니냐 같은 기상 변화를 글로벌 지정학적 정치경제 지형의 변화에 비유해 설명해보자. 세계정치 기후가 올라가고 있으며, 상승하는 지리정치적 온도는 '그린피스(Greenpeace, 유엔이나 글로벌 인구 같은 제3의 절대적 이해관계자)'가 걱정하는 것보다 더 빠르게 영향을 미칠 것으로 예상되며, 더 많은 파괴를 초래할 수 있다. 지리정치적 기상 이변(글로벌 정치질서의 변화)에 대한 부정주의(자신의 힘을 절대적으로 과시하거나 인정받으려는 시도)는 그린란드의 녹는 빙하보다(21세기 글로벌 뉴 노멀의 부재) 각 국가별 안보 상황에 대해 더 긴급한 위험이 된다.

오바마 전 대통령은 비록 테러와의 전쟁 중 오사마 빈 라덴을 처벌하는 데 성공했지만, 그 밖에 미국의 이해관계가 대변되는 정치 기후 변화에 대해 가장 큰 부정주의자였다. 그 틈을 타서 중국, 러시아, 이란 및 그들의 위성국가들로 구성된 반미주의 국가들과 테러 단체들이 저항을 강화하고 정책을 조정하기 시작했다.

그들의 전략은 대개 지연 전략과 매끄러운 협상, 일종의 위장술인 사과로 시간을 최대한 끌기도 했었다. 마침내 러시아는 우크라이나를 침공하고 중동으로 다시 진입했으며, 중국은 러시아의 우크라이나 침공을 우회적으로 지지하고 있고, 이는 자신의 대만 정책에 대한 하나의 방어적 기제로 사용하려는 의도가 다분히 숨어 있다는 의구심을 갖게 하기에 충분하다.

미국이 이러한 부정주의에 잠시 헤매고 있을 때, 자신들은 막강한 군사력을 동원해서 언제든지 다시 자신의 권한을 되찾고, 글로벌 외교적 솜씨를 통해 과거 동맹관계를 회복시키고, 대서양 관계를 복구하면 모든 것이 잘될 것이라고 믿었던 것은 아닐까? 만일 푸틴 러시아 대통령과의 이해관계를 구축해 러시아를 안심시키고, 핵 협약에 재참여해 이란마저 핵무기 개발 의도를 포기하도록 한 후, 중국의 날개를 주의 깊게 자르면서 양국 간 협력할 분야로 글로벌 거버넌스와 21세기 글로벌 경제 및 산업구조와 같은 현실적인 문제에서 베이징을 협력하도록 초대하겠다는 것이었다면, 이러한 부정주의는 미국의 21세기 리더십의 부재를 나타낼 뿐이다.

이렇듯 미국의 입장에서 중국, 러시아, 이란, 북한 등이 자신의 의도를 따라오기만 하면 작동할 수 있을 것이라 믿는 전략은 지극히 주관적이고 자기중심주의적이다. 로마의 멸망사에서는 그러한 주관적 낭만주의가 로마 스스로 만들어낸 독이 되어 국가멸망을 초래했다.

21세기 초입의 글로벌 뉴 노멀은 이러한 섬세함과 미려함을 요구하지 않을 수 있다. 혼돈의 시기나 빅뱅의 시기엔 질서 자체가 매우 투박하고, 애초에 러시아, 중국, 이란, 북한 등은 미국이 원하는 방향대로 하지 않을 것이기 때문이다.

평화적으로 미국의 의사에 동조하기보다 러시아는 우크라이나를 침공하고 아프리카에서 영향권을 구축하는 노력을 2배로 늘렸다. 이란은 바이든 대통령의 핵 협약 재개 제안을 무시하고 지역 패권과 핵무기 획득을 강화하고 있다. 그리고 중국은 미국의 압력에 대응해 러시아와 이란과의 결속을 강화하면서 대만에 대한 압력을 높이고 있다. 이를 뒤집어 살펴보면 중국의 21세기 시대변화에 대한 부정주의와 오독(誤讀)을 이해할 수 있다.

최근 지리정치적으로 중국은 이전에 경험하지 못한 기록적인 폭염과 같은 것을 경험하고 있다. 중국이 중재에 나선 러시아-우크라이나 전쟁은 해결될 기미를 보이지 않는다. 다만 미국이 나서서 나토 회원국 가입을 간접적으로 조건부로 제시한 내용이 더 설득력을 갖는다. 중국이 중재에 나선 사우디아라비아와 이란 간의 평화협정으로 원유가격이 안정되거나, 공급 감축이 급격히 일어나 유가 변동에 호재가 될 것이라는 기대와는 거리가 멀다.

러시아는 북한과 경제적 협력을 강화하고 한국, 일본과 알래스카 주변에서 중국과 함께 해군 연습을 벌이고 있지만, 주도권은 러시아가 갖는 양상이다. 20년 이상 정성을 쏟아온 아프리카에서 중국의 위상도 녹록지 않다. 니제르 사헬 지역에서는 친서구주의 대통령이 쿠데타를 통해 정권을 잡았다.

중국을 이끄는 시진핑 주석의 문제

시진핑 주석의 기본적인 문제는, 중국을 포위하려는 미국과 서방국들이 의도적으로 온도를 올리는 전략이 작동하고 있다고 믿는다는 것이다. 2024년 미국과 일본, 한국에서 대선과 중의원 및 총선거가 다가오고 극단주의적 정치 정당의 대립과 고립주의가 증가함에 따라 중국은 미국이 전 세계적으로 현재 세계질서에 대한 경찰국가로서의 역할에 대한 비난에 직면하거나, 이러한 국제 정치 질서의 압박 아래에서 미국을 비롯한 동맹국들 간에 균열이 생길 것으로 희망하고 있지는 않을까?

짧은 시간 내에 미국은 중국이 도전하는 지정학적 정치지형의 변화 시도에 대한 심각성을 알아차리고 사우디아라비아를 소외시키는 것을 되돌렸으며, 중동에서의 입장을 재정리하기 시작했다. 나렌드라 모디 인도 총리도 초청했다. 아프리카 니제르의 쿠데타에도 적극적으로 개입한 듯하다. F-16 같은 무기에 대해서는 다소 초기보다 소극적으로 움직이고 있지만 여전히 우크라이나를 지원함으로써 불필요한 나토 회원국들 간의 분열에 대응하고 있다.

하지만 이에 비해 미국이 가장 신속하게 움직이는 지정학적 정치 및 경제정책과 전략이 존재한다. 반도체법, 인공지능 및 양자컴퓨팅 등 미래 4차산업과 관련한 기술 분야에 있어 중국의 아킬레스건을 확실하게 붙잡아 옭아맨다는 전략이다. 오펜하이머[20]의 세상보다 낭만적이고 평화주의를 선호하되, 필요에 따라서 미국은 아직 자신들에게 도전하는 그 어떠한 힘과 기술력에 대해 하나의 목소리로 주시하면서 그에 대한 억제력을 가지려고 한다.

중국이 이러한 점을 간과했다. 우크라이나 충돌을 훨씬 압도하는 새로운 전쟁, 미국 군대가 직접 전투에 참여하며 전 세계적으로 파괴적인 충돌로 이어질 수 있는 전쟁은 아직 불가피하지 않다. 시진핑 주석의 가장 큰 도전은 지리정치적인 것이지, 기상학적인 것이 아니다.

시진핑 주석의 가장 중요한 임무는 중국 인민을 신속하게 급증하는 글로벌 경쟁체제 관련한 위험에 대비시키는 것이다. 그리고 그는 신속하게 움직여야 한다. 재차 언급하지만 시대의 변화를 제대로 읽고, 생산이 분배보다 선행함을 명심해야 한다. 글로벌 온도는 계속 상승하고 있다.

여전히 의문이 있긴 하지만 2015년경부터 시진핑 주석의 임기 시작 이후 이미 진행 중이던 중국경제에서 더욱 크고 빈번한 국가 개입의 경향이 뚜렷한 것은 사실이다. 예를 들어 앞서 살펴본 중국의 제로 코로나 정책은 일반 중국인들에게는 생계와 자산에 대한 불확실성을 느끼게 한 반면, 이미 서방 세계의 기업 형태를 갖추고 마치 블랙스완처럼 되어버린 앤트(Ant)나 알리바바(Alibaba) 등을 단속하는 것과는 매우 다르다는 점이다.

이미 이러한 변화가 중국인들에게 일상이 되어버렸다면, 과연 중국 공산당 정부가 언제까지 선장, 항해사, 기관사, 요리사 역할까지 모두 담당할 수 있을지는 그 누구도 장담할 수 없다. 비록 2050년 중국 공산당 건국 100+1주년에 이르러 중국이 미국의 경제 및 안보 등 모든 것을 숫자로 능가한다 하더라도, 그러한 중국의 위상이 21세기 글로벌 질서에서 '오직 유일한(The one and the only)' 국가일 것이라는 점은 국민을 자극하기 위한 단순한 정치적 선전(political propaganda)이나 구호(political rhetoric) 그 이상은 아니라는 판단이다.

미중 간 디커플링[21]은 심각한 문제다

향후 미국과 중국의 관계가 과연 어떻게 전개될지는 정치, 경제, 안보 등 다양한 측면을 고려해 평가할 필요가 있지만, 여기서는 '중국의 위기'라는 주제를 정치경제와 안보적 관점에서 정리해보기로 한다.

미중 간의 '분리(Decoupling)' 가능성이 왜 심각한 문제인가? 미국과 중국 간의 분리 가능성이 글로벌 경제질서에 심각성을 더하고 있는 이유는 다음과 같다.

첫째, 경제적 갈등의 완충지역이 사라지면 미중 간 갈등은 더욱 심화될 수 있다. 무역 관세 부과, 기술전쟁, 지식재산권 침해 등 경제 분야에서의 갈등이 두 나라 간의 긴밀한 경제 관계에서 중요하다.

둘째, 기술 경쟁의 공정 및 효율성이 악화될 가능성이 높다. 양자 컴퓨팅, 6G 네트워크, 인공 지능, 우주항공, 로봇, 드론 및 무인 자동차, 바이오 제약 등 미래 지향적인 기술 분야에서의 경쟁이 두 나라

간의 분리 가능성을 증폭시키고 있다.

셋째, 미국과 중국은 이념 및 정치 체제에서 큰 차이를 가지는 이상 정치외교적 불확실성을 더욱 악화시킬 수 있다. 빈번하게 발생하는 글로벌 정치질서 지형 변화와 잠재적 갈등 요소에 대한 양국 간 이해관계의 충돌은 경제 및 사회질서의 변화에 악영향을 줄 가능성이 크다.

넷째, 중국의 군사력 증강과 영토 확장 정책 등은 미국 및 그 주변 국가들의 안보에 대한 우려를 증폭시킨다. 중국의 일대일로 정책에 대응해 미국은 중국의 포위전략을 통해 중국의 영향력을 제한하려는 시도를 강화하고 있다. 이 같은 경쟁은 결국 무력충돌로까지 이어질 가능성을 가정한다.

다섯째, 중국은 경제 및 금융 시스템상 2차 세계대전 이후 미국 중심의 자본시장 질서에서 분리하고자 하는 전략에 초점을 두고 있다. 이런 디커플링 결정이 옳은가? 향후 미국으로서도 자국의 기축통화 지위를 잃거나 중국의 위안화와 동등한 지위를 갖게 된다는 것은 글로벌 리더십으로 묘사되는 미국의 질서 헤게모니 상실을 가져오는 가장 치명적 사건이 될 가능성이 높다.

여섯째, 미국 중심의 국제 기구 및 협력체제에서 분리하고자 한다. 현재 중국은 세계무역기구(WTO)뿐만 아니라 RCEP, TPP 등과 같은 지역경제협력체제에서도 중국은 미국의 협력체제로부터 분리하고자 한다. 따라서 양국 간의 대립으로 인해 국제 기구에서의 협력이 어려워지고 있다. 국제 협력의 어려움은 기후변화, 전염병 대응, 테러리즘 대응 등 글로벌 이슈에 대한 협력을 어렵게 하고, 국가 간 사회적 비용이 급증할 가능성이 높아지고 있다.

더 큰 문제는 향후 미중 간의 관계가 앞으로 어떻게 발전할지 예측하기 어려운 상황인 점이다. 향후 미중 간의 관계가 어떻게 전개될지는 정치, 경제, 안보 등 다양한 측면을 고려해 평가할 필요가 있지만, 여기서는 '중국의 위기'라는 주제를 정치경제와 안보적 관점에서 정리해보기로 한다.

미중 모두의 이해관계에 맞지 않는 '분리'

기업들이 중국 진출을 고려할 때, 미국과의 지정학적 경쟁에 휘말리는 위험보다는 게임에서 뒤처지는 것에 대한 우려가 더 큰 경향이 있다. 중국의 광대하고 숙련된 인력, 현대적인 물류 및 낮은 제조 비용에 대한 접근성의 혜택은 2022년 팬데믹으로 인해 산업 공급망이 계속해서 붕괴되던 가운데도 미중 무역을 기록적 수준으로 추진하는 데 도움이 되었다.

이제 세계경제 최강국인 미국과 중국 간의 '분리' 현상이 예측되기 시작한 것은 지난 10년 동안 이런 징후가 여러 방면에서 나타나고 있기 때문이다. 트럼프 정부 이후 미국정부 관계자들은 중국과의 무역에서 '리스크 감소(Derisking)'라는 단어를 자주 언급하지만, 이는 동일한 현상을 놓고 다른 의미의 목표적인 접근 방식을 의미한다.

먼저 '분리(Decoupling)'란 어떤 의미일까? 개인의 인간관계를 놓고 비유해보자. '분리(decoupling)'는 '짝(partners)'을 이룬다는 말의 반대말이다. 즉 무역 파트너들도 헤어질 수 있다.

예를 들어보자. 영국은 브렉시트(Brexit)를 통해 유럽 연합과 헤어졌다. 러시아-우크라이나 전쟁에서 모스크바에 대한 제재는 많은 국가들이 러시아 수출을 포기하도록 만들었다.

중국과 미국의 경우 분리는 급격한 이혼으로 끝나는 '전부 아니면 아무것도 아닌(All or Nothing)'과 같은 의미로는 보이지 않는다. 대부분의 전문가들은 미중 간에 있어 '분리'란 그동안 집중되었던 상호 간의 의존성을 조금씩 해제하는 방식을 의미한다. 즉 서서히 경제적 상호 의존도를 감소시키면서 일어나는 느리지만 일관된 과정이 될 것이라는 의미다.

중국은 전통적으로 세계의 공장으로서 역할을 하고 있고, 미국은 최대 소비 엔진으로서의 역할을 하고 있다. '분리'는 미국 혹은 중국 모두에게도 국가의 이해관계에 맞지 않다.

여기서 물론 미국은 국가의 이해관계를 기업 측면에서 먼저 들여다볼 것이고, 기업의 시장 기능과 가계의 역할에 대해 상대적으로 이해도가 낮은 중국은 공산당의 이해관계 측면을 중시할 것이다. 이러한 분리 현상이 본격화될 경우, 선제적으로나 사후적으로 '중재자(mediator)'들이 나타나거나, 아니면 전통적인 동맹국을 찾아 더욱 동맹결의를 강화하기도 할 것이다.

아울러 이 틈을 타서 개별 국가의 이익을 얻어내려는 시도도 등장할 것이다. 미국이 일본과 전기차를 만드는 데 필요한 광물에 대한 협정을 체결한 이유도 이와 같고, 시진핑이 지난 2023년 4월에 프랑스 대통령 에마뉘엘 마크롱을 만난 이유 중 하나도 여기에 있을 것이다.

미중 간의 분리가 시도된 근본적인 원인

그렇다면 상호 간의 이해관계 측면에서 반드시 옳다고만 할 수 없음에도 불구하고 '분리'를 시도하는 근본적인 원인은 무엇일까?

중국은 2001년 세계무역기구에 가입했으며, 이는 자유시장에 대한 열기가 뜨거웠던 시기다. 2022년 약 6,900억 달러 규모의 상품거래를 포함한 미중 무역 파트너십은 양측 모두에게 큰 이익을 제공하며 지난 20년 동안 글로벌 경제성장의 핵심 역량이 되어왔다. 중국경제의 고성장은 인접한 14개 개도국들의 경제성장에도 큰 영향을 주었다. 이른바 '골디락스(Goldilocks)' 경제라 불리던 지난 20년간의 경제활동의 프레임도 미중 간의 파트너십에서 출발한다.

하지만 세계화에 대한 신뢰는 2008년 금융위기의 충격과 2012년 시진핑의 주석직 승계과 함께 약해지기 시작했다. 그리고 2017년 도널드 트럼프가 "미국을 다시 위대하게 만들다(The Great America Again)"라는 슬로건을 내세우며 백악관에 입성하면서 더욱 갈등이 심화되었다. 그는 중국의 불공정한 경제정책을 비난하며 무역전쟁을 시작했고, 중국 제품에 관세를 부과해 중국과의 무역 적자 균형 잡기를 시도했다.

미국과 중국 간의 긴장관계는 시간이 흐름에 따라 어떻게 변하고 있는가?[22] 트럼프 전 대통령의 후임자인 조 바이든 역시, 당초 예상과 달리 트럼프의 대중국 정책을 일관되게 유지하고 있다. 어떤 면에서는 트럼프보다 더 단호하고 강력하며, 실질적인 대중국 견제정책을 유지하고 있다. 바이든은 2023년 8월 10일, 미국의 일부 중국 반도체, 양자컴퓨팅 및 인공지능 기업 등 3개 첨단 기술 분야에 대한 투자를 제한하기 위한 행정명령에 서명했다.

한편 바이든 정부의 핵심 사업인 3,700억 달러 규모의 저탄소 경제로의 전환을 주도하는 기업을 지원하기 위한 계획은 리튬, 코발트, 니켈 및 마그네슘과 같은 원자재에 대한 중국의 시장 점유율을 제약하기 위함이다. 이들 광물 원자재들은 전기 모터와 배터리의 핵심 재료들이다. 아울러 500억 달러 규모의 CHIPS 및 Science Act는[23] 반도체와 같은 고기술 장비의 생산을 미국 내 각 지역으로 재배치하고 중국의 접근을 제한하는 새로운 규칙을 포함하는 목표를 가지고 있다.

흥미로운 점은 이러한 조치가 미중 양국 간 무역거래에 상당한 긴장을 가져올 것이 분명함에도 미국은 단순히 이러한 산업 재배치와 행정명령 등이 단지 미국의 국가 이해관계 증진을 위한 것이라는 점을 강조하고, 불필요한 오해에서 비롯될 수 있는 경제협력의 긴장관계를 완화시키기 위해 바이든 정부와 미국의 오랜 전통 우방국가 연합인 유럽 연합(EU)은 이러한 전략을 반복해 '분리(Decoupling)'가 아닌 '위험 완화(Derisking)'로 부르고 있다는 것이다.

중국정부로서는 이 같은 단어 차이는 단지 말장난에 불과하다는 불쾌감이 뚜렷하다. 하지만 미 재무장관 재닛 옐런은 "우리 경제의 완전한 분리는 양국 모두에게 파국적일 것"이라며 미중 간의 지속적인 경제협력이 글로벌 경제성장과 개도국 경제발전에 핵심 요소임을 부정하지 않고 있다.

미중 간의 분리가 초래한 여러 문제들

그렇다면 미중 간의 긴장관계 하에서 어떤 거래가 영향을 받고 있을까? 간단히 말하자면, 관세 및 수출 통제가 도입된 제품들이 해당된다. 트럼프 행정부 당시 부과되기 시작한 중국산 수입품에 대한 관세는 여전히 유지되고 있으며, 바이든 행정부는 고급 반도체 및 그것을 만들기 위한 소재, 부품 및 장비들의 판매를 규제하는 쪽으로 대중국 제재의 목표를 잡고 있다.

이러한 조치의 영향력은 예측할 수 없을 만큼 상당할 것으로 추정된다. 왜냐하면 관련 산업 전반에 걸쳐 심각한 대중국 제재 조치로 인식될 수 있기 때문이다.

반도체는 사실상 '무기(Arms)'다. 산업뿐만 아니라 군사적 시설 및 장비 일체에 반도체가 들어가지 않는 첨단 무기는 있을 수 없다. 따라서 중국 군사 기술 접근을 제한하는 조치는 미사일에 사용되는 칩을 포함하고, 가정용 세탁기의 생산과 질적 개선에도 영향을 미칠 수 있다.

워싱턴의 피터슨국제경제연구소(PIIE)의 채드 바운(Chad P. Bown)은 2021년 발표한 보고서에서 미국의 일부 수입품이 중국으로부터 분리되는 동시에 다른 품목들이 새로운 최고치에 도달하고 있다는 결론을 내놓았다. 그의 연구에 따르면 2022년에 아직 25% 관세가 부과된 중국 수입품은 거의 25% 감소해 무역전쟁 이전의 수준보다 낮아졌고, 반면에 트럼프 시대의 관세가 적용되지 않은 상품들은 42% 수입이 늘어난 것으로 조사되었다.[24]

이와 같은 결과는 비록 초기 예상과는 다른 이유와 결과라 하더라도, 역사는 아마도 2020~2021년 동안 미국과 중국의 무역 관계에

그림 10. 미중 간 무역정책과 관세 부과에 따른 수입량 변화 추이

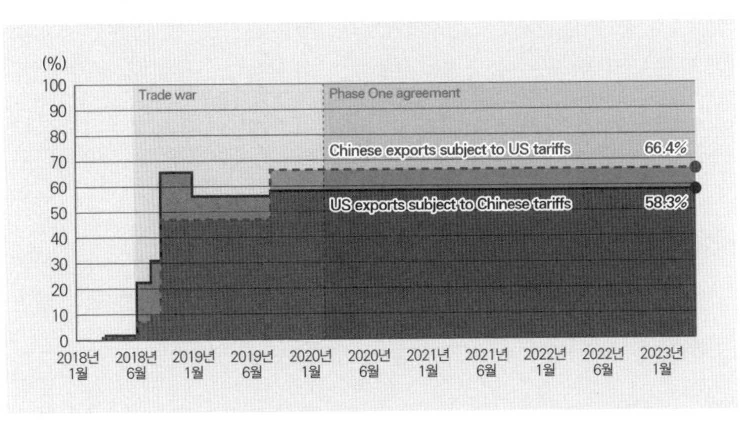

자료: 채드 바운, 미중 간 무역전쟁 및 시간별 대중국 수입품에 대한 관세 부과정책의 변화

상당히 중요한 역할을 한 것으로 판단할 것이다.

과연 무역 데이터 전반에 '분리현상'이 뚜렷하게 나타나고 있을까? 비록 초기 기대와는 다르게 역사는 2020년부터 2021년까지의 미국-중국 무역 관계에서 '첫 번째 단계(Phase One) 협정'이 꽤 중요한 역할을 했을 것으로 평가된다.

아무래도 이 첫 번째 단계 협정의 가장 큰 성과는 미국과 중국 사이의 무역 긴장을 중단시켰다는 점이었을 것이다. 이 협정이 체결되기 전 18개월 동안 미국과 중국은 서로의 수입품 절반 이상에 대해 새로운 관세를 부과했으며, 양자 간 관세는 평균적으로 약 20%로 증가했다. 그러던 차에 이 협정은 그러한 관세를 종료하지는 않았지만 상황이 더 악화되는 것을 막았다. 그 이후 2020년부터 2021년까지 새로운 관세는 부과되지 않았다.

둘째, 첫 번째 단계 협정은 2022년 미국 대통령 선거에도 영향을 미쳤을 것이다. 하지만 이는 초기 기대와는 다른 이유였을 것이다. 2020년 초에는 무역 데이터에서 나타났듯이, 중국은 추가로 2천억 달러 규모의 미국 수출품을 구매하는 약속을 지키는 데 충분한 구매 이행을 하지 못하고 있었다. 따라서 첫 번째 단계 조치는 11월 대통령 선거를 앞두고 대선 캠페인에서 트럼프가 크게 강조할 수 있는 내용이 아니었을 것이다.

바이든 행정부로서는 이 협정이 2021년 1월 취임하면서 다행스럽게도 중국에 대한 즉각적인 무역 정책 결정이 필요하지 않았다는 점도 의미가 있다. 당시 바이든 신임 행정부는 무역팀을 구성하고 이 협정을 평가하면서, 유럽 연합(EU)과 기타 동맹국들과 종전에 존재하던 양자 간 불만을 해결한 다음 중국에 대한 무역 정책 접근 방식을 결정할 수 있었던 시간을 벌어주기엔 충분했다는 점에서 유리하게 작용했을 것이다.

바이든 정부가 지금과 같은 대중국 견제 정책을 새로운 단계로 업그레이드하고 더욱 실질적인 제재조치들을 발제하기까지는 시간이 걸렸다. 아마도 팬데믹 때문에 더 오래 걸렸을 수 있지만, 지금 우리가 바이든 정부 때도 보고 있는 '트럼프가 시작한 첫 번째 단계 협정'의 연속성이 이를 뒷받침해주고 있다.

2020년 1월에 첫 번째 단계 협정이 체결된 이후로 상황이 크게 변한 것은 분명하다. 먼저 코로나19 팬데믹이 경제와 무역 환경을 변화시켰고, 미국에서 행정부가 새롭게 바뀌었지만 대중국 정책은 더욱 강화될 조짐을 보이면 보였지 향후에도 완화될 가능성은 그다지 없어 보인다.

물론 완화되기 위한 절대적이며 상대적인 조건들은 매우 강한 조건들임이 분명하다. 미국의 국가 이해관계를 절대 건드려서는 안 된다는 대전제가 붙어 있기 때문이다. 어쨌든 이 모든 것을 고려할 때, 현재 중국-미국 무역 관계에서 이 첫 번째 단계 협정이 어떤 역할을 하고 있는지는 현재 중국경제의 침체 가능성을 놓고 볼 때 중국의 대응 전략에 주목할 필요가 있다.

아직 중국의 전략적 대응조치 등 분명한 변화는 보이지 않고 있다. 하지만 적어도 미국 바이든 정부에 있어 미국경제 및 산업 전반에 걸친 세부 사항에 대한 더 깊은 탐구로 일부 증거가 나타나고 있다.

2023년 3월 뉴욕대학교 스턴 경영대학과 대형 소포 배송 거대 기업인 DHL의 공동 보고서에 따르면,[25] 미국과 중국 간 무역 관계는 '일반적인 분리 현상(general pattern of decoupling)'을 나타내고 있다고 한다.

동 연구에 따르면 2022년에 중국에서 수입된 상품의 비율은 전체 미국 수입의 16.6%로 감소했으며, 이는 트럼프가 무역전쟁을 시작한 2017년의 21.6%에서 5%p 내려간 수치다. 2022년에 미국에서 중국으로 수출된 상품의 비율은 전체 미국 수출의 7.3%로 감소했으며, 이 또한 2017년의 8.4%에서 1.1%p 내려간 수치다.

하지만 이 보고서는 연구 결과가 '글로벌화의 종료'와 '세계 경제의 경쟁 블록'으로의 분리를 선언하기에는 아직 너무 이른 시기라고 결론 내리고 있다. 오히려 미국을 비롯한 최대 경제국 중 몇몇은 다른 협력자를 찾거나 자국 내 투자를 통해 관계 변화를 도모하고 있는 것으로 요약하고 있다.

중국을 대체할 국가를 찾기란 쉽지 않다

미국-중국 긴장 외에 무엇이 분열을 주도하고 있을까? 이 질문에 대한 답 중 일부는 코로나19 대유행에 따른 세계경제의 반응으로 정리될 수 있다. 즉 글로벌 무역활동의 한 구성 요소로서 공급사슬이 중단되었으며, 이로 인해 전 세계에 걸친 민감한 공급망이 혼란스러워지고 여러 지역에서 완성품 생산이 몇 달 동안 마비되는 상황이 연출되었다.

그 결과 글로벌 대기업들은 더 견고한 공급망을 구축하기 위해 재고를 늘리거나 더 안전하게 의존할 수 있는 공급망을 마련하고, 원자재 및 부품 조달 소스(source)를 다양화하려는 노력을 더욱 기울이게 되었다. 일부 글로벌 대기업들은 중국 내 공장이 해당 기업의 유일한 공장인지 확인하거나, 필요에 의해 중국에서 완전히 철수하고 베트남, 멕시코, 터키와 같은 국가로 생산거점을 재설정하는 변화를 시도했다.

하지만 궁극적으로 이들 대기업들은 중국이 제공하는 방대한 생산 능력과 상대적으로 낮은 비용은 물론이고, 잠재적인 규모의 시장(economies of scale)으로서의 장점을 대체하기는 어려울 것으로 보인다.[26] 왜 그럴까?

애플(Apple Inc.)과 같은 글로벌 미국 기업은 아이폰의 일부 조립을 인도로 이동시키고 있지만, 현실적으로 아직은 중국의 값싼 노동력과 이에 상응하는 노동의 질 등 생산 생태계를 대체할 수 있는 국가경제를 찾는 일이 불가능하기 때문이다. 중국은 거대한 조립 공장으로 흐르는 수백 개의 작은 공급업체를 보유하고 있으며, 이로 인해 애플은 글로벌 수요뿐 아니라 중국 내 수요에 대응하기 위한 규모와 유연성을 확보하고 있기 때문이다.

또한 최근 〈파이낸셜 타임스(Financial Times)〉 기사에 따르면 중국은 적어도 2016년부터 2021년까지 해안 항만 인프라 구축에 최소 400억 달러를 투자해 해양 운송 거대 국가로 성장하려는 노력을 기울였다.

중국은 1만 4천 개 이상의 20피트 컨테이너를 운반하는 선박을 서비스하는 76개 항구 터미널을 보유하고 있다. 동남아시아 지역의 잠재적 경쟁자들의 항만 시설을 모두 합쳐도 31개밖에 되지 않는다고 볼 때, 중국의 물류 이동 역량은 다른 경쟁국가에 비할 바가 되지 못하는 것도 사실이다. 따라서 중국에서 제조설비를 이동한다는 것은 궁극적으로 상품 수입업체에 높은 비용을 초래할 것이고, 이는 기업의 수익 마진을 떨어뜨리는 결과로 이어질 것이다.

어느 나라도 중국만큼 수요에 앞서 해상 인프라를 구축하고 있지 않다. 그러므로 어디에서든지 재원을 조달하는 비용은 다른 국가의 운송 네트워크의 비효율성과 비슷한 이유로 수송 프리미엄을 포함할 것이다.[27]

다시 말해 중국과의 분리는 궁극적으로 기업과 소비자에게 비용을 발생시킬 것이 분명하고, 이는 기업 수익과 소비자의 효용 극대화 측면에서 가격에 대한 압박으로 작용할 가장 근본적인 요인으로 고려해야 한다.

국제통화기금(IMF)은 '브렉시트(Brexit)' 및 러시아-우크라이나 전쟁과 같은 충격을 동시에 고려했을 때, 미중뿐만 아니라 글로벌 경제 전반에 걸친 경제적 분리(economic fragmentation) 추세가 세계경제 전체적인 생산력에 대한 장기적인 비용을 세계 경제 GDP의 최대

7%까지 상승시킬 수 있을 것으로 예상한다.[28]

과연 중국과 미국 모두에게 '디커플링(Decoupling)'의 의미가 궁극적으로 정치, 경제, 사회적으로 어떤 결과를 초래할지는 좀 더 오랜 기간 사회활동의 변화 추이를 지켜봐야 할 것이다.

요약하자면, 첫째, 미국과 중국이 서로 다른 정치체제를 가지고 있다는 점, 둘째, 경제 시스템 역시 중국은 혼합경제 형태로서 중앙 공산당 정부가 시장 경제에 상당한 간섭이 가능하다는 점, 셋째, 그 결과 중국 내에서 점차 시대변화와 함께 나타날 경제, 사회 및 문화적 내부 갈등과 관련한 지연뇌관을 어떻게 순차적으로 제거할 것인가의 문제점, 넷째, 미국과 서방 선진국들이 과연 중국이 글로벌 경제에 체계적이고 질서 정연하게 경쟁자로서 부상하기까지 기다려줄 것인지, 즉 중국을 건전한 무역 파트너로 인정할 것인지의 문제는 위안화의 기축통화 위상, 대만, 티벳, 신장-위구르 및 내몽골과 동북 3성 등 다양한 문화 국가로서의 조화로운 정치력 구축 과정을 지켜볼 것이라는 점이다.

미 합중국의 탄생은 1776년이었고, 현대 유럽 연합(EU)의 모태는 1948년 브뤼셀 조약(Brussel Treaty)이라 할 수 있지만 유럽사에서 그 시작점을 찾자면 1648년의 베스트팔렌 조약(Peace of Westphalia)까지 거슬러 올라갈 수 있다는 점에서 중국의 향후 내치의 변화가 가장 중요한 국제협력의 변수가 될 전망이다.

미국과 서방세계는 어쩌면 1987년 6월 12일 미국의 레이건 대통령이 G7 정상회담 직후 서독을 방문한 자리에서 언급했던 "고르

바초프 대통령, 이 장벽을 무너뜨리시오(Mr. Gorbachev, Tear down this wall)"와 비슷한 연설을 통해 중국정부로 하여금 "중국정부는 더 이상 기업과 가계의 역할을 억제하지 말고 시장 경제로의 전환 장벽을 무너뜨리시오"와 같은 연설을 그 누군가는 하게 될 것으로 생각하고 있지는 않을까?

중국경제에 대한
'관(觀)'과 '진(診)'의 차이

유라시아 그룹(Eurasia Group)은 중국 부동산 위기가 정치 부문으로 확대될 위험을 강조하고 있다. 시진핑 정부가 경제 부진을 회피하려 내부 압박과 해외도발을 강화할 것이라고도 보고 있다. 중국이 '대마불사(大馬不死)'의 함정에 빠진 것은 아닌가?

"중국경제가 중진국 함정에 빠졌다." 세계경제는 이미 중국경제의 성장 없이는 '지속 가능한 성장'을 시도할 수 없는 구조가 구축되었을까? 1995년 일본의 '잃어버린 30년'이 시작되기 전의 모습이라거나, 지난 40년간 급성장에 따른 불가피한 경제성장 둔화라는 점을 지나치게 강조하는 것은 오히려 미국과 유럽 선진국들의 대중국 견제 정책에 치우침으로써 자칫 미래의 글로벌 경제 성장 구조를 제대로 이해하지 못하는 '대마불사(大馬不死)'의 함정에 빠진 것은 아닌가?

따라서 중국경제에 대한 판단은 중국의 역사, 정치 및 경제제도의 효율적 구조 전환, 사회 민주화 운동의 시기적 발생 가능성과 강도

등에 대한 깊고 다중적인 연구가 선행되어야 한다. 중국의 역사와 철학, 사람들의 생각하는 방향 등에 대한 이해도가 상대적으로 우리나라가 미국과 유럽, 일본보다 더 앞서 있을 수 있다면, 이에 대한 인문 사회과학적 연구를 보다 강도 있게 다뤄야 할 시기가 아닐까?

중국경제, 현재 어떤 상황에 처해 있나?

중국의 시장경제는 완벽한 자유시장경제체제는 아니다. 따라서 중국경제의 이중적 구조에 따른 경제위기 가능성이란, 다름아닌 중국 공산당 중심의 혼합형 경제 시스템과 어느 정도 자유시장과 기업의 자유경쟁 원리에 익숙해져가는 시상 거버넌스 간의 괴리 가능성을 말한다.

먼저 경제정책의 관점에서 중국경제에 대해 간단히 정리해보자. 중국 중앙은행인 인민은행이 금융기관들에 대출을 확대할 것을 요청하면서 기존 대출의 축소를 피해야 한다고 강조하는 가운데, 지방정부의 부채 해결과 시스템 위기 완화에 나설 것이라고 발표한 바 있다.

아울러 부동산 관련 신용정책의 조정과 금융비용 축소를 유도하겠다는 계획도 준비하고 있다. 상업은행들은 적절한 수준의 이익 마진을 유지해야 하며, 이를 통해 지속적인 경제 지원 제공에 나서야 한다고 강조하고 있다. 이는 최근 대출금리가 하락하자 상업은행들의 수익성이 악화되고 있는 상황 인식에서 나온 지침으로 보인다. 하지만 금리를 재차 인하하더라도 예상보다 하락폭이 작게 나타나면서, 서구 투자가들과 신용평가사들은 중국 중앙은행이 보다 적극적인 통화팽창정책을 서두를 것을 주문하고 있다.

우선 예상보다 빠른 주택 시장 악화로 인해 2023년 중국의 경제성장률 예측이 당초 5.5%에서 4.5%로 하향 조정되고 있다. 이 같은 중국의 경제 성장률 하향 조정에는 부동산 개발업체인 헝다그룹의 파산 신청[29]과 비구이위안 등의 실적 악화가 중요한 변수로 작용하고 있다.

홍콩 항셍지수는 비구이위안 주식을 항생 지수 산정에서 제외하기로 결정했다. 물론 이 같은 조치는 비구이위안의 부실 문제로 항셍지수가 과도하게 하락하는 현상을 막기 위한 조치로 해석될 수 있다. 아울러 중국 위안화의 약세가 지속되고 있음에도 수출 감소와 미 연준의 고금리정책은 중장기적으로 중국경제에는 악재임에 분명하다. 따라서 아무리 중국정부가 자본시장 투자자 신뢰 제고를 위한 시장친화적 개혁안을 발표한다 하더라도 안정적인 시장 환경의 변화 없이 시장을 되살리고 투자 심리를 끌어 올릴 기반은 턱없이 부족하다는 점에 주목한다.

장기적 경기침체 우려에도 불구하고, 중국정부의 미흡한 경기부양책은 외관상으로는 중국 중앙정부 당국이 국가 안보 우선 기조 등에 기인하는 것으로 평가된다. 실제로 정부는 경기둔화의 단초를 초래한 미국과의 갈등을 적극적으로 해소하려하기 보다 오히려 국가

안보를 이유로 미국과의 갈등 관계를 지속하고 있다.

중국정부가 경기부양책에 대한 소극적인 태도를 보이고, 경제발전과 국가안보 균형을 동시에 강조한다는 점은 실무자들에게 있어 상당한 정책 혼란을 야기하며 명확한 정책 시행을 어렵게 하기에 충분하다. 중국정부는 공산당 체제 전복을 두려워하는 분위기 속에 지나친 친기업·친시장적 정책을 개방하기에는 아무래도 무리가 될 듯 보인다.

다른 한편으로는 중국의 디플레이션이 세계경제에 미칠 영향이 예상보다 크지 않을 것이라는 전망도 은근히 강조하고 있다. 중국경제는 지난 2023년 7월 소비자물가지수가 전년동월 대비 0.3% 하락하면서 디플레이션 우려가 증가하고 있지만 이러한 영향이 미국 등 여타 주요국에도 큰 영향을 줄 것인지는 미시수다.

미국의 경우, 제품 판매가격에서 운송비와 광고비 비중이 더 크기에 환율 상승에 따른 중국 수출제품의 가격하락 영향은 제한적이다. 유럽의 경우는 중국 경기둔화로 천연가스 등 원재료 수급과 관련한 경쟁이 줄어들 것이기 때문에 소비자물가 안정에 호재로 작용할 가능성이 있다고 본다.

글로벌 경제에서 중국경제의 비중이 워낙 크기에 중국의 경기둔화를 간과할 수는 없다지만, 단기적 측면에서 중국과 여타 주요국 모두는 중국의 경기둔화를 충분히 감내할 수 있을 것으로 평가하고 있다.

중국경제의 3가지 핵심변수가 불확실하다

중국경제의 위기 문제는 다음과 같은 3가지 핵심 변수의 불확실성에 기인한다.

첫째, '과도한 부채 문제를 어떻게 해결한 것인가'이다. 중국의 과도한 지방 및 부동산 개발업체들의 부채 문제는 코로나 팬데믹 이전 건설 부문의 과도한 투자 증가에 기인한다. 특히 지방정부의 취약한 재정 여건은 중국경제의 성장동력이었던 '부동산시장에 대한 무차별 투자'가 원인으로 지목되고 있다.

이를 해소하기 위한 방안 중 구제금융 방식은 과거 미국 등 선진국 사례에서와 같이 더 많은 부채 위험을 초래할 우려가 있다. 따라서 부채상각이 더 나은 선택일 수 있으며, 소득분배의 효율성을 위해 부유층은 일정 수준에서 희생도 감수할 필요가 있다는 지적이 나오고 있다.

중국이 최근 발표한 가장 우려스러운 두 번째 경제 데이터의 흐름 중 하나는 '주식시장에서 거품을 어떻게 연착륙시킬 것인가'의 문제다. 홍콩에서 거래되는 중국 주식 지수는 2023년 8월 기준 9% 이상 하락했다. 항생지수 역시 비슷한 규모로 하락했다. 상해와 심천에 상장된 가장 큰 회사를 추적하는 CSI300 지수는 약 5% 하락했다. 일본의 노무라 경제연구소는 중국경제는 아직 오지 않은 최악의 상황으로 임박한 하향 나선형 주가 하락에 직면하고 있다고 주장한다.

셋째, 중국 전국 70개 주요 도시 중 49개 도시에서 주택가격이 하락하고 있다. 중국 부동산시장의 침체는 곧바로 대출과 관련된 금융기관들의 부실 문제로 이어진다. 중국의 중앙은행인 인민은행이 주요 금리를 최저치로 인하하고 있다지만, 비평가들은 금리 인하 수준이 충분히 대담하지 않다고 평가한다. 우리나라의 영끌·빚투와 같이 중국의 청년층도 주택시장과 증시에 과감한 투자를 해왔지만, 경기둔화와 실업률 증가는 이들의 부채 상환에 심각한 악영향을 줄 수 있었기 때문이다.

중국의 꿈, 사라져가고 있나?

이 같은 상황에서 중국경제에 대한 해외 금융기관들의 평가는 매우 박하다. 어쩌면 '이때다' 싶어 중국경제 성장에 대한 평가절하는 물론이고 매우 복잡한 구조적 난맥상들까지 한꺼번에 전략적으로 지적당할 수 있다.

먼저 중국경제의 성장률 전망에 대한 해외의 시각부터 살펴보면 다음과 같다.

일본의 노무라 경제연구소는 2023년 중국 경제성장률 전망치를 4.6%로 종전대비 0.5%p 하향 조정하면서 2024년 전망치는 3.9%로 이전 수준을 유지했다. 2023년 크레딧 스위스를 인수해 스위스 최대 은행이 된 UBS 역시 2023년 중국 경제성장률 전망치를 4.8%, 2024년 전망치를 4.2%로 하향 조정하면서 장기간의 심각한 부동산 경기침체를 그 이유로 들었다.

특히 부동산 관련해 2023년 부동산 착공이 2022년에 비해 -25%나 줄었고, 부동산 투자 역시 -10% 감소했으며, 달러/위안화 환율은 2023년 말 7.15, 2024년 7.0을 전망하고 있다.

한편 골드만삭스는 중국의 시스템 리스크는 낮지만 거시경제 변동성이 잦아들 때까지 불안은 지속될 전망이라며, 중국 정책당국의 보다 강화된 대응 방안이 필요하다고 강조하고 있다. "리스크가 낮지만 정책당국의 강화된 대응이 필요하다"고 강조하는 것은 결국 시스템 리스크, 즉 중국경제의 이중적 구조에 대한 시장친화적 경제로의 전환을 강조하는 것과 다를 바 없다.

여기에 〈월스트리트 저널(Wall Street Journal)〉은 중국의 40년 호황을 이끈 경제발전 모델이 망가져 "중국의 꿈이 사라지다"라고 단언적으로 지적한다. '중국의 꿈(中國夢)'은 시진핑 주석의 정치적 언어이니, 지난 3년 임기 동안 시진핑 주석의 업적이 사실상 무효함을 주장하는 공격적인 내용이다. 그 밖에 위험신호가 도처에 존재하고 있으며, 그 예로 경제부진, 지방정부 불안, 부채문제, 부동산 위기 등 위험이 산재해 있다. 따라서 향후 중국경제 성장 속도가 훨씬 둔화될 가능성도 제기되고 있다.

유라시아 그룹(Eurasia Group)은 중국 부동산 위기가 정치 부문으로 확대될 위험을 강조한다. 시진핑 정부가 경제 부진을 회피하려 내부 압박과 해외도발을 강화할 것이라고도 보고 있다.

중국의 정치불안과 함께 주목해야 할 대만과의 관계

대만과의 충돌을 확대하는 위험을 감수할 전략적 전개가 시작된다면, 중국은 우선 미국 내의 민간 인프라에 대한 사이버 행동을 통해 통신과 군사 작전에 필요한 물자의 흐름을 방해할 수 있는 방법으로 사용할 것이다.

독일 제국의 첫 수상인 비스마르크는 바이에른을 침공해서 병합시키자는 대신들의 주장을 반대한다. 전쟁으로 바이에른을 병합시킬 수는 있지만, 이것은 하수라는 것이다. 전쟁으로 바이에른을 병합시키면 어쩔 수 없이 힘에 굴복은 하겠지만, 시민들의 마음속엔 프로이센에 대한 증오심이 더 커질 것이다. 결국 이는 종국적인 프로이센의 통일에 전략적 실수가 된다고 본 것이다. 평화적 통일이 완벽한 통일이라는 것이다.

중국은 대만을 무력 침공하지 않는다고 전제하는 것이 옳다. 하지만 미국경제와 중국경제간의 시나리오를 구축하는 데 있어 무력 침공도 하나의 가능성으로 참고하기로 한다.

중국 군은 공산당의 군대다. 따라서 공산당 중심의 정치질서나 시진핑 체제의 불안감이 고조된다면 중국의 대만 침공이 거의 확실시된다. 그 한계점은 지난 1987년 천안문 사태와 2014년 홍콩의 우산 혁명 등에서 여실히 나타났다. 즉 중국 공산당에 저항하는 민주화 사태가 더 이상 지역적으로 확산되지 않고 제한적으로 해법을 찾아내는가에 달려 있다는 점이다. 만일 그렇지 못한다면 내부의 불확실성과 불안정성은 반드시 밖에서 전쟁을 통해 그 해법을 찾으려 할 것이다.

이러한 시나리오 선상에서 중국 공산당과 시진핑 등 정치 시스템은 보다 명시적으로 대만 통일이라는 '꿈을 좇으며' 대만의 방어력을 면밀히 조사 중에 있다. 매일 중국 인민 해방군은 대만 해협에 일단의 압박을 가하면서 점점 다양한 종류의 비행기와 함선을 배치하고 있는 상황이다.

대만을 '되찾아야 할 영토'로 보는 중국

2023년 8월 11일자 〈뉴욕 타임즈〉는 지난 1년 동안 중국이 대만에 대한 군사적 압박을 점진적으로 강화해왔다는 사실을 집중 취재한 기사를 실었다. 중국은 전투기, 드론, 폭격기 및 기타 비행기를 더 멀리, 더 많이 파견하면서 대만 주변에 점차 위협적인 존재를 과시하고 있다는 것이다. 중국 해군 함선과 공군 전투기는 대만의 영해와 하늘에 더 가까이 다가가며 섬의 경계를 살피고 있으며, 군사 비행기와 함선을 약화시키려는 시도를 하고 있다.

중국은 대만의 동쪽 해안과 서태평양을 마주보며 과거보다 더 자주 작전을 수행하고 있는데, 이러한 중국 군의 군사활동 증가는 대만의 영토 방어에 중요한 역할을 담당하는 해역 지배와 해안선 정찰을 강화하려는 의도를 나타낸다. 이 해역에서 중국 군과 미국과의 충돌 가능성은 늘 중국의 대만 침공 시나리오의 촉발점이 된다는 점에서 경보 시스템의 핵심 전력이 된다.

중국은 대만을 '잃어버린 영토'로 보고 평화적으로라도 통일해야 한다고 주장하지만, 필요하다면 무력으로도 침공할 가능성이 있다. 정치적 제스처도 보다 명시화되고 있다.

2023년 8월 18일 중국 군용기 42대 중 26대가 대만해협을 침공했다. 미국이 한미일 정상회담 직후 대만 인근에서 무력 시위를 벌인 중국을 겨냥해 강경한 입장을 내놓았다. 중국의 이번 무력 시위가 최근 라이칭더(Lai Ching-te) 대만 부총통의 미국 방문을 겨냥한 것이라는 시각도 나왔지만, 이 시점은 캠프 데이비드에서 한미일 정상들이 정상회담을 개최한 직후이기도 하다. 이는 중국의 불쾌감을 다시 한 번 군사적인 위력으로 표시한 것이다.

자주 대만 해협의 중앙선을 넘어서는 중국 군의 전술적 목표는 몇 년 전까지 해도 비공식적으로 두 지역 간 경계선이었던 것을 사실상 지우려 한다는 점이다. 이로써 대만은 중국 군의 기습 공격에 대응할 시간을 충분히 갖지 못할 수도 있다. 중국 군의 대만 해협에서의 군사 훈련은 2022년 8월 당시 미 하원 의장인 펠로시가 대만을 방문한 이후로 눈에 띄게 증가했다.

이를 두고 중국은 내정간섭이라고 판단한다. 중국은 대만 북쪽, 남쪽 및 동쪽의 수역에 미사일을 발사하고 중앙선을 넘어 비행기를 파견하는 일련의 생사 훈련을 실시했다. 향후 이러한 훈련의 목표는 대만 주변을 봉쇄할 능력을 강화하는 데 있다는 분석에 힘이 실린다.

현재 중국이 대만 주변에 파견하는 군용기는 공중급유기, 잠수함, 잠수전을 위한 헬리콥터 및 대규모 군용 드론을 포함한다. 중국 나름대로는 러시아-우크라이나 전쟁과 2차 세계대전 당시 미국의 필리핀 재점령, 한반도에서 일어난 6·25 전쟁, 베트남 전쟁 등에 대한 전략 연구가 한창일 수 있다. 어쩌면 공군과 해군을 통합해 육해공 및 상륙작전 부대 등 내부의 연합작전 능력을 제고하려는 노력도 동시에 진행될 것으로 보인다.

문제는 중국으로서 짊어져야 할 국제사회로부터의 외면과 비난 등 제재조치들이다. 하지만 중국이 글로벌 생산 거점과 소비 시장으로서 그 가치를 지속하는 이상, 중장기적으로 이는 시간이 지나면 다 해결되는 것들이기에 크게 문제가 되진 않을 것이다.

실질적인 무력침공의 시그널은 전자전의 시작일 수 있다.[30] 일종의 군사적 정찰 활동의 강화는 전쟁의 서막에 해당된다고 볼 수 없지만, 사이버 전쟁의 시작은 반드시 그렇지만은 않기 때문이다.

중국의 사이버 작전은 어떻게 전개될까?

워싱턴 디시의 국제전략연구소(CSIS, Center for Strategies & International Studies) 제임스 앤드루스의 분석을 요약하면 다음과 같다.

중국 군이 괌의 핵심 인프라를 사이버 정찰 대상으로 삼는 것에 대해 주목해야 한다. 물론 인민해방군(PLA)은 자연스럽게 자국 방어를 위해 사이버 정찰을 실시하고 있다고 볼 수도 있다.

실제로 중국은 오바마 행정부 이전이나 그 이전부터 미국의 핵심 인프라 네트워크의 취약점을 찾아내기 위해 미국에 대한 사이버 정찰을 실시해오고 있다. 군사적 관점에서 보면, 이는 잠재적인 적대국을 대비해 목표를 식별하고 사이버 공격을 준비하기 위해 중국으로서는 당연히 실행해야 할 정찰 임무이기 때문이다.

하지만 중국 군의 괌 미국 기지에 대한 전술 활동에서 놓치면 안 되는 중요한 대목은 어쩌면 중국 군의 괌 핵심 인프라 정찰이 주요 대상이 아니라는 사실이다. 대만과 관련된 미군의 지원을 제공하는 주요 대상은 미국 본토에 있기 때문이다. 중국이 그런 대상에 대한 대규모 사이버 정찰을 실시하고 있다는 점에 주목할 필요가 있다.

대만과의 충돌을 확대하는 위험을 감수할 전략적 전개가 시작된다면, 중국은 우선 미국 내 민간 인프라에 대한 사이버 행동을 통신과 군사 작전에 필요한 물자의 흐름을 방해하는 방법으로 사용할 것이다. 중국의 공격적인 사이버 작전 사용 결정은 감지 및 속임수 등의 전술적 가치보다는 대만에 대한 본격적인 침공과 함께 미국을 비롯한 다국적 군의 보복을 관리하려는 전략 및 전술적 대응태세 강화의 차원이다. 따라서 중국은 광범위한 사이버 방해 전술을 사용하지 않는 대신 휴민트(HUMINT, Human Intelligence)와 같은 아날로그식 스파이 활동을 강화할 수 있다.

사이버 공격을 어떻게 어디에서 사용할지에 대한 결정은 중국의 대만 침공 작전의 진전정도에 따라 구체화될 가능성도 있다. 예를 들어 만일 대만 침공이 성공하지 못한 경우에 보다 공격적인 사이버 작전으로 이어질 수 있을 것이다.

중국의 결정은 자원 제약에도 영향을 받을 것이다. 즉 사이버 공격은 특정 취약점에 맞춰져 있으며 성공 가능성이 높지만 개발에는 일반적으로 몇 개월의 시간이 걸리기 때문이다. 여기엔 숙련된 인적 자원이 필요한데, 심지어 중국도 여기엔 한계가 있을 수 있다.

따라서 만일 중국이 사이버 전쟁을 시작한다면, 이 2가지 전제조건을 가지고 사이버 공격의 군사적 장점과 대만 침공으로 인한 글로벌 정치외교적 전선의 확대 및 충돌 사이에서 균형을 생각하며 사이버 공격의 우선순위를 결정할 수밖에 없을 것으로 보인다.

미국과 러시아가 적국에 대한 공격을 시작할 때 사용했던 적국의 핵심 인프라에 대한 공격을 우선시한다는 점을 고려할 때, 중국 역시 대만의 핵심 군사 및 민간 인프라 시설에 대해 정찰활동을 강화하지 않는다면, 일단 그러한 시설은 공격대상이 아니라는 점을 드러내는 것이다. 아울러 적대국에 대해 공격하려는 의도가 사실상 존재하지 않는다는 것을 나타낸다.

중국의 전략 지원군은 2015년에 창설되었으며 우주, 사이버, 전자 및 정보 작전 능력을 두루 갖추고 있다. 공개된 중국 군의 군사 문서에 따르면, 정보화 전쟁의 중심적 역할, 미국과 중국 간의 어떤 충돌에서도 사이버 영역의 중요성을 매우 비중 있게 다루고 있다. 동시에 이러한 목적에 병행해 우주, 사이버, 전자 및 심리학 영역에서 우위를 확보하기 위한 전략도 명시하고 있다.

당연하게도 이러한 사이버 전략의 목적은 상대국의 운영 능력을 분열, 마비 또는 파괴하는 데 있다. 따라서 중국은 대만 침공에 앞서 혹은 병행해 미국의 핵심 민간 인프라에 대한 공격을 고려했을 가능성이 높다고 봐야 한다.

미국 핵심 인프라 시설 공격 분야는 크게 3가지 범주다. 첫째, 발전 시설이다. 둘째, 전력 및 정보망의 송배전 및 송신소, 원유 및 천연가스 파이프라인 등과 철도 시설이다.[31] 셋째, 정밀 유도 탄약 및 군용 항공기의 제조를 지원하는 물류 및 통신 네트워크다.[32]

이 가운데에서도 가장 핵심적인 공격 대상은 해군 및 공군 기지가 위치한 도시 및 지역(캘리포니아, 하와이 및 워싱턴 주)의 통신 시스템을 포함한다. 모두 사이버 혼란(cyber disruption)의 합리적이고 실질적인 효과가 나타날 수 있는 대상들이다. 즉 중국의 선제적인 사이버 공격의 대상은 바로 미국의 태평양 림(Pacific Rim)에 위치해 있는 것으로 판단된다.

이들 대상 목표에 대한 사이버 혼란은 구체적인 군사적 이득을 제공하며, 정보 시스템 및 고급 무기와 같은 군사 대상에 대한 중국의 사이버 작전과 병행되어 진행될 것이 분명하다고 할 수 있다. 물론 중국 군의 결정은 핵심 인프라에 대한 사이버 공격으로 얻게 되는 상대적인 군사적 이득과 미국의 강력 대응이나 충돌이 확대될 가능성을 모두 고려한 후에 이루어질 것으로 보인다.

중국경제와 중국사회, 스스로 자신감을 잃다

미국이 21세기 뉴 노멀을 제시하지 못한 결과 지금의 혼란이 야기된 측면을 인지한다면, 중국으로서는 더 대국(大國)다운 모습을 보이기 위한 전략을 모색하는 것이 옳다. 중국의 자신감 상실도 상실이지만, 국격의 하락이 더 큰 문제가 될 것으로 예상된다.

중국의 회복세가 약해지며, 세계 경제에 위기 신호를 보내고 있다. 중국에 어떤 문제가 있는 것일까?

열린 사회라고 하지만 사실상 닫힌 사회가 중국인 듯하다. 물론 열린 사회의 적들이 닫힌 사회의 적들보다 더 위험하고 덜 위험한 것은 없다. 다만 다양한 불안 요소들이 열린 사회에서 닫힌 사회보다 더 빈번하게 이동할 수 있다는 가정이 옳을 것이라 추측할 따름이다. 하지만 닫힌 사회에서 그들의 '적'은 자유에 대한 구속이고, 시대변화에 대한 역행이 인지되는 순간 폭발할 수 있는 대중의 목소리다.

중국경제와 중국사회의 문제점은 인구 구조부터 지정학, 무역까지 여러 답들이 있을 수 있다. 하지만 가장 핵심적인 문제는 다름아닌 가계 재정이다.

중국 국민들의 삶이 어려워지고 있다

개인의 살림살이가 어려워지고, 이 같은 목소리가 점차 확산되기 시작하면 정치적 탄압은 한계를 맞이할 수도 있다. 특히 더욱 중요한 점은 중국의 코로나19 비상사태가 풀린 이후에도 시민들의 삶이 계속해서 개선될 것이라는 기대감이 실망감으로 바뀌면서 중국 공산당에 대한 신뢰가 흔들리기 시작했다는 것이다.

그런데 왜 중국 가계, 즉 개인들의 삶을 살펴봐야 할까? 중국은 중앙 및 지방정부 부문을 비롯해서 국영기업 등에서 심각한 부채와 생산성 문제를 안고 있다. 그간 중국 공산당의 철저한 감시와 관리에도 불구하고 이러한 문제는 수년간 누적되어 왔다는 점에 주목해야 한다.

중국경제 발전의 시작은 중국 공산당원과 국가였다. 그러나 점차 민간기업의 시장활동이 강화되고 이를 통한 중국 국민들의 소득 수준이 향상되는 과정을, 중국은 지난 40년간 비록 느리지만 원만하게 경제발전을 해온 성과라고 주장할 수 있다. 세계경제 2위로 도약한 성과를 2008년 북경 올림픽을 통해 자축하기도 했다. 미국과 서구 유럽이 서브프라임 모기지 위기와 재정부채 위기로 흔들릴 때 그 반대급부적 경제발전과 성장을 과시할 수 있었던 중국이었고, 중국 국민들은 자신들이 세계 최고가 될 것임을 의심치 않았을 것이다.

최근 중국경제의 불확실성 증가를 틈타 미국 등 서구 일부 유럽국가들로부터 위기 확산에 대한 풍문들이 퍼지고 있다. 그런데 과연 중국경제의 침체와 둔화가 미국과 서구 일부 유럽국가들에겐 기회가 될까?

최근 수출이 감소하고 있지만 중국은 이전에도 무역 침체를 견뎌냈었다. 자체 소비시장 규모라 할 수 있는 '경제규모(economies of scale)'가 무려 14억 시장이다. 게다가 민간 제조업과 기반 시설 투자는 사실 꽤 잘 유지되고 있다고 봐야 한다.

최근 경기 후퇴에서 실제로 새롭고 주목할 만한 것은 소비자 가격, 소비, 서비스 부문 투자 및 부동산 투자가 예외적으로 약해진 조합이다. 더 중요한 이슈는 이 모든 체력 약화의 모습이 가계를 향해 달려가고 있다는 사실이다.

개인과 가족들의 소비와 위험 감수 의지가 줄어들면 대개 자기 보호적 기제로 경제 및 사회적 활동이 위축되거나 변환되고, 그 결과 순차적으로 경제의 다른 부분에도 전이되기 시작한다. 바로 이것이 중국경제 생태계에 일대 경고음들이 켜지는 이유다.

가계와 개인들이 소극적 경제활동을 한 결과는 직접적으론 소비에, 간접적으론 투자에 영향이 나타난다. 왜냐하면 지난 40년간 중국경제 발전에 있어 내수시장은 주로 부동산 대출을 통한 부동산 개

그림 11. 중국의 가처분 소득 대비 소비자 대출 비중(단위: %)

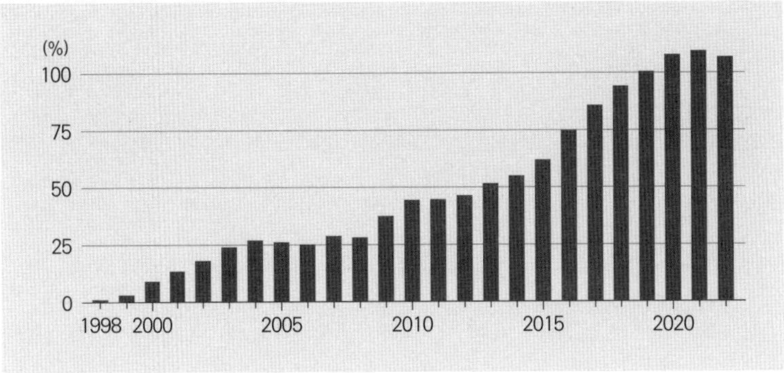

주: 중국 인민은행 및 통계국 인구 및 일인당 가처분 소득

자료: CEIC, Census and Economic Information Center

발업자들의 건설 부문이 기업과 지방정부의 거버넌스에 도움이 되었기 때문이다. 어느 신흥국 혹은 개도국에서나 경제발전 초기에는 부동산 개발 붐이 발생한다. 선진국에서도 부동산시장이 주요 내수 확대의 변수임은 이미 잘 알려진 사실이다.

문제는 부동산 정책에 연관된, 소득, 소비 및 유동성 공급 정책들이 통화 및 재정 정책에 의해 어떻게 완급을 조절하고, 시장에서 지나친 거품을 생산할 때 이를 어떻게 규제하고 관리 및 감독할 수 있는가 하는 시장 시스템이다. 그러나 중국정부는 이를 극복할 수 있는 거시경제 및 미시경제의 시장적 기능에 대한 이해도가 높지 않아 보인다. 만일 부동산시장 거품이 붕괴되면, 이는 곧바로 금융경제로 파급되고, 실물경제 전반으로 빠르게 전이된다는 것은 이미 경험으로 알고 있다.

중국 가계의 부채 축소 배경

두 번째 경제지표는 가계 부채다. 중국 가계 부채, 특히 모기지 부채는 지난 10년간 급속하게 증가했다. 처분 가능 소득 대비로는 어떤 분석가들에 따르면 이제 2009년 이전 미국 수준에 접근하고 있다. 그러나 종전의 금융위기 때 미국과 중국 간에는 중요한 차이가 있다.

2008년 서브프라임 모기지 사태 당시 미국과 달리 중국은 '모기지 연체'라는 쓰나미를 마주하고 있지는 않았다. 중국 가계 부문은

그림 12. 중국의 고정자산에 대한 투자의 전년대비 변화 추세

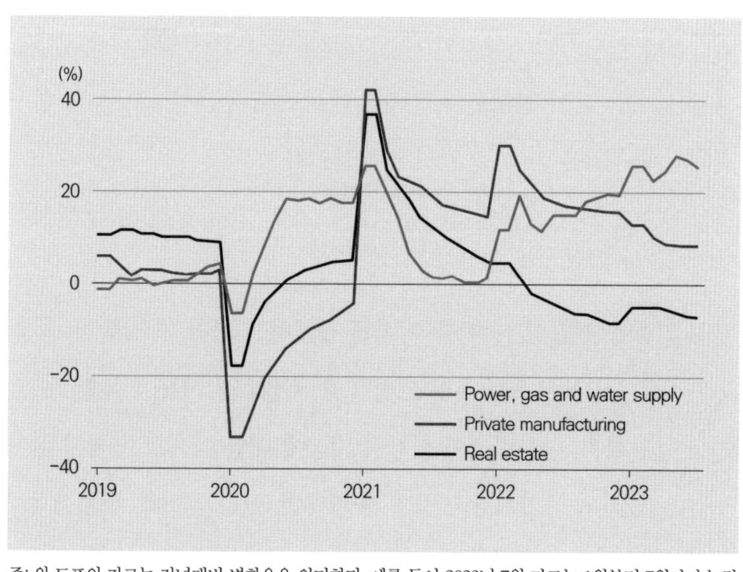

주: 위 도표의 자료는 전년대비 변화율을 의미한다. 예를 들어 2023년 7월 자료는 1월부터 7월까지 누적 자료를 전년대비로 전환한 값이다.

자료: CEIC

우선 모기지 부채를 빠르게 상환하면서 각자의 재정 상황에 대해 디레버리징으로 적절히 절충하고 있다고 봐야 한다. 이러한 위험 회피적 중국 가계의 부채 축소 배경에는 여러 가지 원인이 있겠지만, 특히 팬데믹 기간 동안 베이징의 핵심 정책 중 일부가 기여했을 것으로 보인다.

중국정부의 '제로 코로나' 정책이 지속된 지난 3년간 부동산 개발업자들의 레버리지 확대에 대한 감시 및 감독이 강화되었고, 부동산 매매에 있어 선분양제도를 연기함으로써 서비스 부문 일자리가 위축되었다. 이는 중국 가계에 대해 소득 안정 및 부동산 투자에 대한 열기를 다소 누그러뜨리는 데 기여한 측면이 있었음을 의미한다.

둔화되고 있는 중국 가계의 소비 여력

셋째, 중국 가계의 소비 여력이 둔화되고 있다. 중국 가계의 저축 및 부채 상환 문제는 사실상 부동산 개발업자들이 가장 마지막 수혜자인 셈이다. 즉 가계가 아니라 부동산 개발업자들이 역설적으로 주택 구매에 있어 가장 큰 대출자 역할을 하고 있었음을 의미한다.

2021년 현재 중국에서 판매된 주택의 약 90%가 '선분양'이다. 이는 개발업자가 아직 지어지지 않은 아파트에 대한 권리를 개인 구매자들에게 판매한 것이다. 따라서 이렇게 입금된 자금은 다시 지방정부의 토지 매입에 사용됨으로써 가계가 받은 대출금으로 부동산 개

그림 13. 중국 은행기관의 분기별 대출 변화 추이

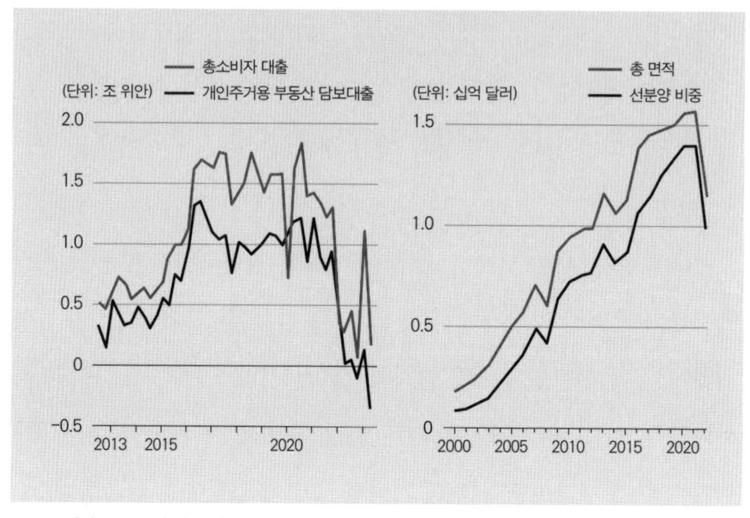

주: 1조 위안 = 1,370억 달러(좌측)

자료: CEIC

발업자 및 지방정부가 돌아가며 승수효과를 통해 부동산시장 거품 형성과 이를 통한 중국 내수시장 활성화에 '장밋빛' 청사진을 갖게 한 것이다.

하지만 이러한 거래가 얼마나 불합리하고 부적절한 거래인지는 과거 미국·일본·한국에서 터진 2008년 서브프라임 사태, '잃어버린 30년', 1998년 외환위기와 부동산시장 거품 붕괴 등의 사례를 통해 쉽게 찾아볼 수 있다. 만일 주택 구매자들이 대출 원리금을 상환하지 않을 경우, 은행이 주택 구매자인 개인의 다른 자산(이 경우에는 부동산 주택)을 대상으로 추심할 수 있으므로 부동산 버블의 붕괴는 금융 및 실물경제 모두에 동시다발적인 악영향을 주기에 충분하다.

예를 들어 2020년 8월 한때 중국정부의 강력한 부동산 개발업체 대출 규제로 자금난에 빠졌었던 헝다그룹(에버그랜드)이 지난 2021년 12월 처음으로 역외 달러 채권에 대한 채무 불이행 사태를 거치면서 2022년 3월부터 주식 거래가 중단되었고, 마침내 2023년 8월 18일 결국 미국에 파산보호신청을 보고했다. 헝다가 개발 및 분양한 주택을 구입했던 구매자들은 2021년 부동산 완공에 대한 의무를 사실상 이행하지 못하게 되자, 시장을 떠나면서 개인 가계는 부채를 청산하기 시작했다. 실제로 개별 주거용 주택 담보대출 잔액은 2023년 상반기에 2000억 위안(약 280억 달러) 정도 감소했다.

고용 시장의 어려움이 계속 진행된다면?

네 번째는 고용 시장의 어려움이다. 코로나19 사태의 지속으로 봉쇄 조치가 강화됨에 따라 부동산시장 위기가 발생하는 동안 경제의 주요 고용 엔진인 서비스 부문이 인터넷 플랫폼 경제에 대한 규제 강화로 이미 상당히 위축되었다. 일부 추산에 따르면 인터넷 플랫폼 시장이 도시 일자리의 약 1/4을 차지한다고 가정할 때 최근 청년 실업이 급증한 원인도 여기에 있다.

중국 서비스 산업은 2012년 이후 2020년까지 순 취업 증가의 대부분을 차지하는 가운데 역시 고학력 졸업생을 대부분 흡수해온 것으로 보인다. 하지만 코로나19 기간 동안 중국 서비스 부문은 2020

년부터 2022년까지 1,200만 개의 일자리를 감소시킨 것으로 추정된다. 그동안 수출이 잠시 이러한 일자리 문제를 해소하는 데 도움이 되었지만, 2023년 초 수출이 감소하기 시작하면서 중국 일자리 부문에서도 상당한 타격을 입을 수밖에 없는 상황이 되었다.

결과적으로 중국은 2023년 2분기에 심하게 상처받은 서비스 및 건설 부문과 급격히 둔화되기 시작한 제조업 성장 엔진으로 인해 일자리 시장은 그 발판을 찾는 데 어려움을 겪었다. 특히 2021년과 2022년의 일자리 시장을 피해 잠시 대학 교육으로 진학한 학생들이 마침내 졸업을 하게 되면서 오히려 청년 실업률을 20% 이상으로 끌어올리는 상황이 되어버렸다.

청년 실업문제가 심각한 것은 미래 경기 전환과 관련한 구조적 문제를 되풀이할 가능성이 높다는 점을 의미한다. 즉 중국의 청년 실업률이 기록적으로 높아지며 새로운 경제 데이터는 기대에 미치지 못하고 있는 가운데, 그동안 글로벌 경제 성장을 견인할 것으로 기대되었던 중국경제 회복이 더디어지거나 아예 급냉할 수 있다는 경고등이 예고되고 있다.

중국의 소매 판매, 공장 생산 및 고정 자산 투자 등 경제지표가 당초 기대에 미치지 못하면서, 중국경제의 잠재적 지연뇌관으로 인식되어오던 부동산 부문 투자 감소가 드디어 헝다그룹 파산신청과 비구위안 등의 부동산 개발업체들의 광범위한 위기로 확산되고 있다.

중국 부동산은 중국 GDP의 30%를 차지하는 사실상 뇌관에 해당된다. 늘 이야기하지만 경제위기는 항상 전조현상으로 나타난다.

그림 14. 중국의 산업부문별 고용

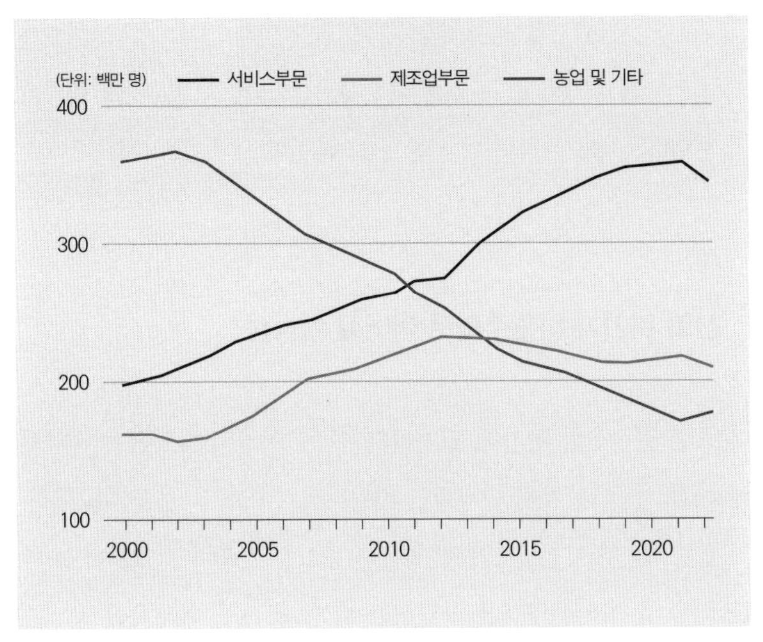

자료: CEIC

2021년 10월경, 중국 화북성 우한 시청 앞에서 우한시 주민들이 자신들이 소유한 아파트 가격이 급락하자 시위를 벌였다. 중국 사람들은 자신들의 재산에 조금이라도 손해가 나기 시작하면 이를 참지 않는다는 속성이 있다. 당시 우한시의 아파트 가격은 평균 약 20~30%에 가깝게 급락했었다. 이때 중국정부의 대응은 간단했다. 시장에서 결정되는 주택가격 문제를 정치적으로 해결했다. 즉 분양가의 특정 비율 이하로 집을 매도하지 못하도록 한 것이다. 하지만 속내는 매우 다급했다는 것을 보여줄 뿐이다. 비합리적이고 비효율적인 시장

간섭으로 인해 잠시 문제를 봉합할 뿐 근본적으로 '실업률 → 수출 → 서비스 산업 성장 → 일자리 증가 → 소득 증대 → 주택 구매'로 이어지는 경제 생태계 내 순환 구조상의 문제를 근본적으로 해결하지 못했다는 점은 지연뇌관으로 남을 뿐이다.

신뢰 위기가 비관주의로 이어질 가능성

다섯 번째는 신뢰 위기다. 일자리와 부동산시장의 타격은 중국경제에 대한 자국 내 자칫 만성적인 비관주의로 이어질 가능성이 있다. 가계는 대유행 이전보다 훨씬 높은 수준으로 저축하고 있으며, 소비를 더욱 늘리거나 주택을 구입하는 데 대해 매우 회의적인 태도를 나타내고 있다.

지난 시장개방 이후 40년간 경험해보지 못한 수준의 경제성장률을 놓고 무엇이 잘못되었는지를 따질 수도 없다. 이는 공산당에 대한 도전으로 간주되기 때문이다. 중국경제에 대한 자신감 감소는 가계 저축의 증가로 나타난다. 미래에 대한 불확실성으로 현금 보유 비중을 대폭 늘린다는 시그널이다.

중국 인민은행이 도시 은행 예금자들을 대상으로 실시한 설문조사에서 약 58%의 응답자가 2분기 이후 예금을 늘릴 것이라고 대답했다. 이는 2022년 12월의 62%에서 약간 하락한 수치지만, 2019년 중반부터는 약 15%p 증가한 수준이다. 이에 비해 소비 증대를 원하

그림 15. 중국 인민은행의 도시 저축자 설문조사 결과

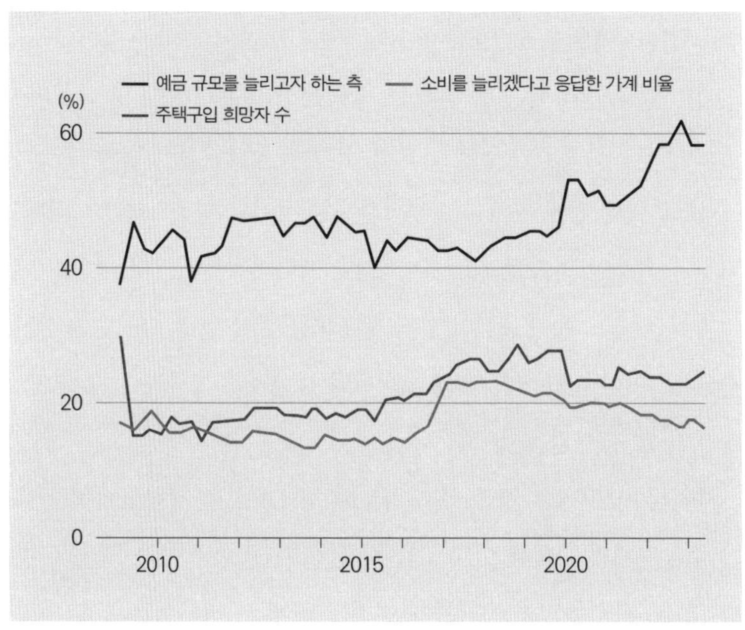

자료: CEIC

는 사람은 24.5%에 불과했다.

각자도생(各自圖生)의 원칙이 중국인들에게 이미 스며들었음을 엿볼 수 있다. 실제 저축 예금의 성장도 여전히 높은 상태다. 연구 컨설팅 기업인 개비칼 드래고노믹스(Gavekal Dragonomics)에 따르면, 3개월 연평균 기준으로 저축 증가율은 15% 이상으로, 이는 팬데믹 이전의 약 10%인 평균 속도보다 빠르다.

세계에서 두 번째로 큰 경제 규모를 자랑하는 중국의 성장 동력이 둔화되고 있음은 명백해 보인다. 수출, 소비, 부동산의 세 축이 무

너져 내리고 있다. 문제는 이것이 일시적인 현상이 아니라 향후에도 중국경제 성장률은 5%안팎에서 이뤄질 가능성이 크다는 것이다.

이미 글로벌 경제는 은행 파동, 불안정한 인플레이션 및 러시아-우크라이나 전쟁으로 인해 글로벌 경제의 불확실성이 더욱 증폭되고 있고, 미중 간에 벌어지는 긴장관계는 적어도 향후 5년간 더 악화되거나 최소한 지속될 가능성이 높다. 게다가 미국 47대 대통령 선거에서 트럼프 전 대통령이 다시 행정부를 장악할 경우의 수를 감안하면, 더 이상 지난 40년간 중국경제의 성장률에 버금가는 경제성장을 기대할 수는 없을 듯 보인다.

하지만 1970년대 중반 이후 글로벌 경제성장을 강력하게 견인했던 중국경제의 둔화를 단지 '일본식 잃어버린 20년'이나 '중진국 함정' 혹은 '사회주의식 중앙통제 경제의 한계'로 정의하는 것은 바람직하지 않다. 다음과 같은 2가지 점에서 미국경제와 중국경제의 확연한 정책적인 차이를 설명할 수 있다.

첫째, 미국은 서브프라임과 팬데믹에 엄청난 통화 및 재정 팽창 정책을 통해 유동성을 공급했지만 중국은 '봉쇄'조치로 일관했다. '인민'을 위한 재정지원이나 자영업자와 중소상공인들을 위한 유동성 확대 정책은 거의 없었다. 2022년의 중국 경제성장률이 3%란 점은 정부 지출에 의존했을 팬데믹 기간 당시 정부 재정 지출이 '인민'을 위한 것이 아니었다는 점을 시사한다. 둘째, 미중 간의 긴장관계를 중국의 외교로 풀어내지 못했다는 점은 과거 덩샤오핑과 후진타오 총리시절의 외교정책에 비해 시진핑 주석의 외교정책이 더 경직

되었으며 글로벌 질서 변화에 순응하지 못한 리더십을 보임을 알려준다.

중국경제의 둔화는 중국의 자신감 상실도 상실이지만, 국격의 하락이 더 큰 문제가 될 것으로 예상된다. 2023년 8월 24일부터 남아공 요하네스버그에서 열렸던 브릭스 회의에서 중국이 사우디아라비아를 회원국으로 적극 초치하고, 향후 브릭스의 역내 통화 논의까지 한 점은 중국의 대외경제 및 외교정책이 얼마나 치밀하지 못하고 투박하게 전개되는지 여실히 드러났기 때문이다. 지역 통화 문제는 그렇게 가볍게 다루어서는 안 되는 문제다.

21세기 글로벌 정치, 외교 및 경제, 사회 등 질서변화에 대응해야 할 과제는 산적해 있다. 중국이 중국 자신을 중심으로 한(이른바 중화사상) 세계질서 재편을 꿈꾸는 것은 자유이겠지만, 분명한 점은 인도와 베트남 등이 미래 아시아 지역경제의 또 다른 축이 될 가능성에 대해서도 중국이 세밀한 전략을 강구해야 할 형편이라는 것이다. 미국이 21세기 뉴 노멀을 제시하지 못한 결과 지금의 혼란이 야기된 측면을 인지한다면, 중국으로서는 더 대국(大國)다운 모습을 보이기 위한 전략을 모색해야 할 것이다.

시장경제 운용의 실패에 직면하다

중국 공산당식 중앙 통제 경제체제하에서 가장 유동성이 풍부하고 통화적 팽창 정책을 쓸 수 있는 기구는 정부다. 하지만 정부의 부채 규모 확대와 규모 불확실성이 존재한다는 점에서 정책적 효율성을 기대하기는 쉽지 않아 보인다.

중국정부가 공산주의 이상을 선호하면서, 자유 시장과 기업을 거부한 대가가 지금 나타나고 있다. 앞서 이야기한 '인민(人民)'이라는 단어에 주목해본다.

중국정부는 왜 팬데믹 기간 동안 미국과 일본 등 서구 선진국들의 통화 및 재정정책과 달리 긴축정책으로 일관했을까? 그 결과는 무엇일까? 이에 대한 답을 하는 가운데 '인민'이라는 단어에 주목하게 된다. 우리가 생각하는 중국의 국민을 뜻하는 단어가 '인민'이 아닐 수 있다. 정연호 전 율촌 북경 사무소 소장의 정의다. 즉 '인민'을 중국 공산당 당원과 공산당을 지지하는 사람들로 정의한다면, 왜 중국이 팬데믹 기간 동안 3조 달러가 넘는 외환보유고와 기축통화 지위를 원하는 위안화의 유동성 공급을 확대하지 않았는지 설명이 된다. 우리가 흔히 쓰는 일반적인 '국민'은 중국에서는 '공민'으로 통용된다. '인민'은 공민 가운데 공산당 당원과 공산당을 지지하는 공민으로 정의한다고 봐야 한다.

그렇다면 왜 중국정부가 재정 및 통화확대를 통해 기업과 공민을 지원하지 않았는지 설명이 가능하다. 팬데믹 기간 동안 대대적인 통화 및 재정 팽창정책을 편 국가경제는 인플레이션을 우려하는 상황이며, 그렇지 못했던 국가경제는 성장률이 급격히 둔화되는 추세를 보이고 있다. 한국경제도 후자에 속한다.

국가부채 혹은 재정부채 규모를 GDP 대비 60% 수준에 맞추어야 한다는 생각은 정답일까? 미국 국가부채는 GDP의 125%를 넘었고, 일본은 250%를 넘었다. 흔히 미국 달러는 세계 기축통화이고, 일본 엔화는 지역 기축통화 지위를 가지고 있으니 가능하다. 하지만 과연 이 하나로 모든 이유가 설명될 수 있을까? 국가 부채가 그렇게 높은데 신용평가사들의 국가 신용등급 평가는 고작 미국의 경우 한 단계 떨어뜨리는 수준에서 끝이 났다. 일본경제의 신용도 하락은 없었다.

중국의 경우 '공민'보다 '인민'이 우선인 경제정책을 펼친다면, 양극화 형태는 공민 대 인민이 될 것이다. 중국 공산당이 북경과 상해 등 주요 도시 약 3억~5억 '인민'들의 민심만 제대로 보존할 수 있다면 나머지 약 10억 공민들의 불만은 정치적으로 제압할 수 있다고 믿고 있을 수 있다. 이것은 극히 위험한 발상이다. 어쩌면 멀지 않은 미래에 3억~5억의 '인민'들에 의한 민주화 요구가 '공민'들의 그것보다 더 강렬할 수 있기 때문이다.

정책적 효율성을 기대하기가 어려운 중국경제

과거 미국, 영국과 유럽 선진국들은 케인스식 정부 개입과 통화당국의 양적완화와 같은 시장 기능 회복에 초점을 둔 다양한 거시경제 정책을 창의적으로 개발하고 실행해본 경험이 있다. 자유시장 이론과 혼합형, 하이브리드형의 경제정책을 무차별적으로 사용하기도 한다. 예를 들어 2008년 서브프라임 경제위기는 미국이 그동안 등한시했던 미시적 금융시장 구조에 대한 또 다른 문제 해결의 접근법을 제시함으로써 과거 '글래스-스티컬 법안(Glass-Steagall Act of 1999)'의 재도입 문제, '볼커 룰(Volker Rule)'[33]과 '도드-프랭크 법안(Dodd-Frank Act of 2010)'[34] 등의 제정과 같은 적극적인 시장 개입 정책이 법안으로 구체화되는 과정을 보여주고 있다.

하지만 중국정부 당국은 중국경제의 금융 및 실물경제 위기가 본격화될 가능성을 두고 이를 분석한 후에 선제적으로 취할 조치들을 구축하는 데 있어 아직은 그 경험이 많지 않다. 바로 이것이 중국경제의 불확실성과 불안정성에 대한 우려가 나오는 이유다. 무조건 중앙 공산당에서 통제하는 식으로 시장경제가 따라갈 것이라는 가정은 현실적이지 않다.

예를 들어 중국의 경제위기가 노동 시장과 디플레이션 가능성 증가로 인해 중국정부의 기준금리 인하 등 추가 정책 완화의 가능성을 열어놓았다고는 하지만, 사실상 통화 및 재정정책 운용에 있어 충분조건이라 할 수 있는 주요 국가경제들과 공동 노력 및 보조를 맞추어온 경험이 미천하기 때문이다. 더구나 현재 중국경제는 미중 갈등의 당사자이기도 하다.

중국경제가 디플레이션의 위기에 완전히 빠져들지 않게 하기 위해서는 어느 정도 자극을 필요로 하지만 중국 중앙은행인 인민은행이 자산 거품 팽창에 대한 우려 때문에 통화 완화 정책에 대해서는 매우 소극적이라는 점이 그러하다. 물론 재정 팽창 측면에서는 상대적으로 유리할 수 있다. 중국 공산당식 중앙 통제 경제체제하에서 가장 유동성이 풍부하고 통화적 팽창 정책을 쓸 수 있는 기구는 바로 정부이기 때문이다. 하지만 이미 중국의 재정 정책은 지방정부와 중앙정부의 부채 규모 확대와 규모 불확실성이 존재한다는 점에서 정책적 효율성을 기대하기는 그리 쉽지 않아 보인다.

시장과의 소통이 미국과는 완전 다른 중국

또 다른 중국경제 당국의 약점은 경기 지표들 간의 상관관계를 종합적으로 들여다보고 이를 분석하고 해석하기 위한 틀의 부재와 통계자료의 정확성에 차이에 있다는 것이다. 무엇보다 통계가 부정확하며, 회계 및 조세 정책의 투명성도 떨어진다.

미국에서 경기 전반이 인플레이션에 갇혀 있는 상황이 지속되는 반면, 중국은 디플레이션 상황으로 곤두박질치는 모양새다. 이에 미국은 연일 미 연준 기준금리정책과 노동시장의 임금 문제를 놓고 고민의 일단을 시장과 소통하고 있다. 하지만 중국경제는 미국과 비슷한 문제에 직면하고 있어도 시장과의 소통은 미국과 정반대의 모습을 보이고 있다.

중국은 실업률이 증가하는 가운데 소비자물가는 하락하고 있다. 이는 미국의 실업률과 소비자물가와의 상관관계와 일치한다. 예를 들어 중국의 청년 실업률을 나타내는 도시 실업률은 2023년 4월에 5.2%로 3개월 연속 하락했으며, 이는 2021년 말 이후 최저 수준이었다. 이후 청년 실업률이 4개월 연속으로 상승하면서 중국경제에는 어두운 그림자가 드리워지고 있다. 이러한 위기 현상은 2023년 7월 24일 북경에서 열린 중국 공산당 중앙정치국 회의에서도 주요 안건으로 언급된다.

중앙정치국이 청년의 취업 안정을 전략적인 고도의 고려 대상으로 승격시킨 점은, 이 주제가 정치적 부담으로 가장 시급한 문제라는 점을 인정한 것이다. 하지만 중국 당국이 2023년 7월부터 청년 실업률을 공개하지 않기로 한 점은 결국 경제 문제는 정치적으로 해결할 수밖에 없다는 단순 해법을 고려하는 것이 아닌가 하는 우려를 가지게 한다.

이미 중국경제의 부의 분배와 기득권은 14억 인구 중 약 7.1%의 공산당원에게 집중된 양극화된 사회임을 시사한다고 할 수 있다. 청년 실업의 문제는 이같이 사회경제적으로 치열한 경쟁에서 이미 자신의 역할과 소득 수준은 한계가 정해져 있다는 인식과 무관하지 않을 것이다. 그렇다면 이러한 문제의식이 자연스럽게 과거 역사의 시대변화 속에 나타난 또 다른 '혁명'의 씨앗이 되고 있음은 분명해 보인다.

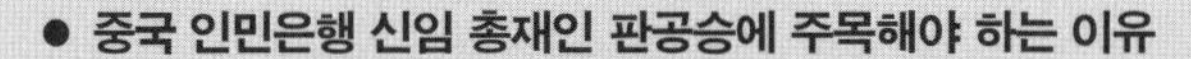

- 중국 인민은행 신임 총재인 판공승에 주목해야 하는 이유
- 중국은 반도체 기술을 과연 확보할 것인가?
- 미국과 중국의 경제 협력은 이제 불가능한 것인가?
- 2024년에 트럼프가 당선되면 미중 관계는 어떻게 될까?
- 중국의 부동산시장과 금융 시스템을 알아두자

2장

중국경제의 미시적 요인

중국 인민은행 신임 총재인 판공승에 주목해야 하는 이유

중국의 거시경제 정책은 결국 세계경제 안정의 핵심 정책이라는 인식을 갖게 함으로써, '국가 신뢰도' 제고와 함께 중국정부에 대한 책임과 권리의 합리적 집행 가능성과 같은 리더십을 엿보게 하는 바로미터(barometer)가 된다.

미국의 금융가는 "이제 중국의 꿈이 사라졌다"며 혹평한다. 미국의 은행과 자산 관리자들은 중국경제의 성장 둔화로 세계경제 질서에 긴장이 고조되는 동안 아이러니하게도 자신들의 사업을 확장하기 위해 고군분투 중이다.

우리가 알기로는 많은 미국 및 유럽 선진국 금융기관들이 중국에 이미 진입해 상당한 시장투자와 자산관리를 하고 있을 것으로 여겨지지만, 실상은 그렇지 않아 보인다. 금융 데이터 제공기업인 윈드에 따르면, 헤지 펀드인 블랙록은 중국 내 관리 중인 자산 규모 면에서 거의 200여 개의 중국 뮤추얼 펀드 중 145위를 차지하고 있고,

피델리티 인터내셔널(Fidelity International)과 노이버거 베르만(Neuberger Berman)이 전액 출자한 중국 자회사 역시 자산 규모가 블랙록보다 훨씬 낮은 수준이다.

이처럼 글로벌 투자 기업들의 대중국 진출 및 투자에 대해 소극적인 이유는 중국 금융정책의 정부 개입과 깊은 관련이 있다. 한국경제 역시 지난 '관치금융'의 시기에 많은 대기업들이 상대적인 부를 이루는 데 정부로부터 상당한 지지와 후원을 받았듯이, 중국경제도 중국 공산당이 사실상 '관치금융'을 통해 중국의 많은 기업들을 실질적으로 장악하고 있다고 보는 시각이 합리적일 수 있다.

알리바바(Alibaba)와 앤트(Ant), 화웨이, 샤오미 등 대부분의 디지털 기술 기업들의 지분은 실질적으로 중국 공산당 소유라고 봐야 하지 않을까? 실질적인 주식을 가지고 있지 않더라도, 알려지지 않은 형태로 중국 공산당이 지주홀딩사 형태로 이들 디지털 기업들의 경영과 거버넌스에 직간접적으로 큰 영향력을 주고 있을 것이라 추정해 본다.

판공승이 인민은행 신임 총재로 취임한 배경

중국의 중앙은행인 인민은행의 신임 총재인 판공승(潘功生)은 이전에 3조 달러의 외환보유액을 감독하며 2016년에 통화 하락을 효과적으로 막았고, 중국 재정위기를 성공적으로 처리한 경력을 가지고 있다. 지난 2023년 7월 이후 중국 인민은행의 신임총재로 취임하면서 판공승은 중국경제의 안정을 유지하고 도전에 대응하는 과제를 떠안게 되었다.

과거 중국 재정위기를 다루었던 경험은 중국경제의 안정을 유지하고 혹은 금융 불안을 처리하는 데 가치 있는 큰 경험일 수 있다. 거의 8년이라는 기간 동안 판공승은 세계에서 가장 큰 자금 중 하나인 3조 달러에 이르는 중국의 외환보유고를 감독해왔다. 이제 판공승은 중국 중앙은행을 운영하며 중국경제에서 더욱 강력한 역할을 맡게 될 전망이다.

이토록 민감하고 중요한 시기에 그를 중앙은행장으로 임명한 것은 당초 예상보다 팬데믹 회복은 느리고, 은행 시스템은 부동산 개발업자와 지방정부에 대한 불량 대출로 과부하 상태이며, 중국통화인 인민폐는 15년 동안의 최저 수준에 근접한 상황이기 때문이다. 이러한 경기회복에 대한 역류현상으로 외국 투자자들은 중국에 대한 투자를 재고하고 있으며, 국내 투자자들도 국외로 투자를 빼는 방향으로 유도하고 있다.

한 나라의 외환 보유액은 사실상 긴급 자금으로, 금융 스트레스가 발생하는 경우에 사용된다. 여기에는 중장단기 대외 채무도 포함되어 있지만, 중국의 경우 단기 채무가 차지하는 비중은 2023년 3월 기준 1,399조 달러로 외환보유액의 약 1/3 수준이다.

외환 관리국장으로 재직하던 때에 판공승은 2015년 8월에 수출 강화와 위안화의 국제 사용 확대를 목표로 한 평가절하가 실패한 뒤

위안화를 안정시킨 적이 있다. 중국 가계와 기업, 심지어 다국적 기업이 나라 밖으로 자금을 이동하는 능력에 엄격한 한도를 부과하고 경찰이 이를 시행하도록 해 자금 유출을 차단한 것이다.

당시 판공승의 조치로 자본 유출은 막았다. 하지만 이로써 달러 대안으로서 위안화가 가진 국제적 매력이 크게 손상되고, 2023년 워싱턴에서 중국의 미국 투자를 제한하기 위한 전례가 만들어진 것은 위안화로서는 큰 손실이었다.

그럼에도 불구하고 판공승은 현재 중국에서 고위급 금융 관리자로 인정받고 있다. 부패 조사의 열풍으로 인해 수많은 지도자가 타락한 상황에서 그는 화폐 보유액을 감독하면서 법적 문제를 피하는 능력으로 주목받고 있기 때문이다.[35]

판공승이 신임 총재로 부임한 가장 큰 배경은 아무래도 중국 외환 관리와 환율정책에 있을 것이다. 예를 들어 과거 2015년 중국 인민은행의 외환국은 인민은행이 중국의 통화 가치를 갑작스럽게 평가절하하면서 큰 혼란에 빠진 적이 있었다. 당시 중국은 기술적인 이유로 통화 가치를 낮추었으며, 재정적으로 어려운 상황이 아님에도 불구하고 상해주식시장이 이미 2개월 전에 붕괴되었다. 당시 급격한 환율 변동으로 투자자들의 이탈 가능성이 고조되면서 통화 당국은 심리 및 기술적 안정성을 위해 몇 달 동안 거의 1조 달러에 이르는 엄청난 자금을 풀었다. 이처럼 판공승은 한편으로는 엄격한 자본 통제로, 다른 한편으로는 확실한 환율시장 안정화 정책으로 위안화의 하락을 멈추게 한 전력이 있다.

그림 16. 최근 10년간 중국 위안화의 대미 달러환율 변화 추세(단위: 위안화/달러)

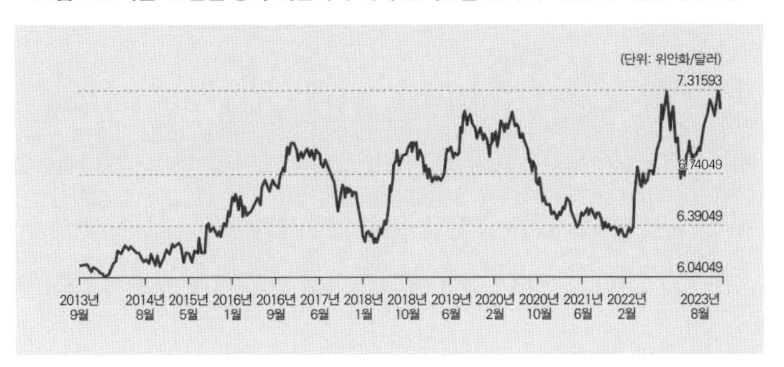

자료: xe.com

이번에 그가 총재로 임명된 배경은 간단하다. 향후 부동산시장의 혼란으로 인해 야기될 중국 내 투자 급락과 증시와 같은 자본 시장의 급속한 붕괴, 위안화의 급속한 평가 절하 가능성에 대비한 수순인 것이다.

최근 중국의 정치국이 위안화의 안정적 가치 유지를 계속해서 강조하는 이유도 여기에 있다. 즉 판공승이 2016년 이후 자본의 대거 이탈을 막으면서 위안화를 지역적으로나마 동남아시아 등지에서 무역거래 결제통화로 만들었고, 이후 기축통화로서의 지위에 한 발자국 더 다가서도록 만들었다는 점을 평가한 듯하다. 하지만 일부 금융 정책 결정자들은 당시 판 총재가 크게 역할을 했다기보다는 중국 정부 자체가 단행한 보다 거시적인 통화 및 환율 안정화 조치의 일환 덕이었던 것으로 평가절하하기도 한다.

미국에서의 판공승에 대한 평가

미국에서 바라보는 판공생에 대한 평가는 일단은 관망세다. 미국은 판공승에 대해 크게 2가지 의문점을 갖는다. 첫째, 그가 중국 내 정치적 기반이 약한 집안 출신이며, 심지어 해외 유학 경험이 없는 국내파라는 점이다. 둘째, 그가 미국과 유연한 정책적 소통이 가능할 것인가에 대해 그다지 긍정적이지 못하다.

대개 중국 통화정책 관료들이나 정책 담당자들은 미국 하버드대학교 출신들이 많다. 판 총재는 2002년부터 2018년까지 중앙은행 총재이자 공산당 비서였던 저우 샤오촨(周小川)처럼 중국 공산당의 엘리트 가문에서 나온 것도 아니고, 지난 5년 동안 중앙은행 총재를 맡았던 이강 총재처럼 미국 대학의 경제학 교수 출신도 아니다. 판공승은 하버드대학교 케네디 정부대학원의 입학 제안을 거절하고 중국에 남았던 국내파다.

이러한 그의 경력을 볼 때 중국은 나름 중앙은행장의 통화정책 역할은 환율 안정 기조에 두고, 외국인 투자와 달러 자본의 해외 유출을 차단하는 데 중점을 두는 정책에 집중할 듯 보인다. 실질적인 재정팽창을 통한 경기 부양책은 이미 앞서 지적했듯이 허리펑(何立峰) 국무원 부총리가 주도할 것으로 보인다. 아무래도 중국식 시장경제 체제하에서 재정정책이 통화정책에 비해 상대적으로 중요한 거시경제 정책으로 이해될 법하다.

다만 문제는 지난 1930년대 대공황과 2차 세계대전, 미국 달러화의 위기와 여러 번에 걸친 신흥국 및 개도국의 금융위기 등을 통한 경험에서, 심지어 1·2차 오일쇼크 이후 '공급사이드 충격(Supply shock)'을 극복하는 과정에서도 결코 재정 및 통화정책이 2개로 분리된 정책이 아니라 하나의 포괄적 거시경제 정책으로 간주되어야 한다는 점이 강조된다.

가계 소비, 수출 및 외국인 투자와 부동산시장으로 돌아가는 중국경제의 특성을 놓고 보면, 결국 이와 같은 두 거시경제 정책의 조화와 균형을 통해 책임 있는 세계경제 2위 국가로서의 합리적이고 투명한 경제질서 안정을 만들어낼 때, 비로소 위안화는 기축통화로서보다 한 단계 높은 위상으로 업그레이드될 것이다. 또한 중국의 거시경제 정책이 결국 세계경제 안정의 핵심 정책이라는 인식을 갖게 함으로써 '국가 신뢰도' 제고와 함께 중국정부에 대한 책임과 권리의 합리적 집행 가능성과 같은 리더십을 엿보게 하는 바로미터(barometer)가 될 것이다.

중국은 반도체 기술을 과연 확보할 것인가?

미 바이든 행정부가 기술을 둘러싼 무역전쟁을 격화시키자 반도체 제조에 사용되는 공정기술, 소재, 부품 등은 물론이고 전문인력의 수급조차 힘들어짐에 따라 공급망 개편과 생산전략의 변경이 불가피해졌다.

글로벌 반도체 기술 경쟁이 본격화되고 있다. 반도체는 무기다. 반도체는 모든 하드웨어와 소프트웨어에 들어가며, 운용하는 데 필수품이다. 메모리와 비메모리가 있고, 부가가치는 전자보다 후자가 훨씬 더 높다. 후자 쪽은 공장을 가지지 않고 설계만 담당하는 팹리스(fabless)가 있고, 여기서 주문을 받아 생산만 하는 파운드리(Foundry) 생산업체가 있다. 대만의 TSMC가 이 같은 파운드리 회사다.

반도체 기술은 세 부분으로 나뉜다. 소재·부품·장비와 제조, 마지막으로 포장 기술이다. 이 가운데 한국 반도체는 제조에 강하다. 소재·부품·장비와 패키징은 일본이 강하다. 2023년 8월 기준으로 삼성전자와 SK하이닉스 등 한국의 반도체 생산이 세계 시장에서 차지하는 점유율은 12.6%로 미국 46.4%, 대만 20.2%에 이어 3위다. 중국은 6.9%로 유럽의 8.9%에 이어 5위다. 이는 메모리와 비메모리를 모두 통합해 추정한 세계시장 점유율이다.

중국 반도체 산업의 탈미국화 전략

중국의 반도체 산업 연구 기관인 JW 컨설팅은 최근 2021~2022년에 시행된 25개 중국 지방 및 지역의 742개 투자 프로젝트를 다루는 보고서를 발표했다. 이 보고서의 발표에 따르면, 중국정부는 2.1조 위안(약 2,908억 달러) 이상의 자금을 반도체 관련 투자로 할당했으며, 이 중 약 1/3은 반도체 장비 및 소재에 투입되었다. 이들 742개의 투자 프로젝트는 패널 디스플레이, 웨이퍼 파운드리, 저장 장치, 통합 디바이스 제조(IDM), 디바이스/칩, 플랫폼/베이스, 반도체 장비, 반도체 소재, 패키징 및 테스트 등 다양한 반도체 관련 투자를 포함하고 있다.

무엇보다 이 통계는 중국 내 반도체에 대한 투자 프로젝트가 매년 증가하고 있음을 보여준다. 2021년에는 142개의 신규 프로젝트와 함께 187개의 프로젝트가 진행 중에 있었으며, 2022년에는 신규 프로젝트 수가 160개로 늘어났고, 진행 중인 프로젝트 수는 352개다. 안후이(Anhui)와 광둥(广东)은 두 해 동안 가장 큰 반도체 투자 프로젝

트 증가를 보인 지방 도시다.[36]

지리적인 요인과 반도체 시장 비즈니스 사이클의 하강과 같은 영향으로 중국의 반도체 산업 개발 중심은 서서히 원재료 부분의 업스티림(upstream)으로 변화하고 있다. 2021~2022년 동안 반도체 소재 프로젝트 176개와 장비 프로젝트 56개가 있었으며, 이 프로젝트들은 25개 중국 지방 및 지역의 총 742개 투자 프로젝트에서 30% 이상의 비중을 차지한 것으로 조사되었다.

하지만 이러한 추세도 2016년부터 2020년까지는 반도체 소재 프로젝트가 40개, 장비 프로젝트가 7개밖에 없었으며, 이는 총 15.6%에 해당하는 것으로 조사되어 중국 반도체 산업에 중대한 변화요인이 발생한 것을 엿볼 수 있다. 그 변화의 양상은 반도체 제조 업체들의 파산과 폐쇄였으며, 이를 경험한 후 중국 반도체 산업은 맹목적 투자의 시기를 지나 좀 더 합리적이고 신뢰성 있는 안정적인 투자, 즉 주로 클러스터 개발에 집중하고 있다.

중국 반도체 산업에서 '기술 혁신의 기초 수준'의 변화와 함께 지역 정부 역시 각 지방에서 주요 반도체 프로젝트의 성장을 가속화하는 정책 개선에 주목하고 있다. 이 산업은 개별적으로 작업하는 마인드에서 다양한 기술 발전의 집합체로서 보다 중장기적 시너지 효과 제고 측면으로 변화하고 있다. 바로 이것이 중국 반도체 산업의 '탈미국화(De-Americanize) 전략'이다.[37] 물론 그 배경의 가장 중요한 단초는 2023년부터 본격화된 미국정부의 대중국 반도체 산업 규제 정책이다.

미국의 대중국 반도체 산업 규제

미국의 대중국 반도체 산업 규제의 주요 부문은 4가지다. 첫째, 인플레이션 감축법(Inflation Restriction Act, IRA), 둘째, 첨단기술 대중국 수출규제, 셋째, 반도체법(CHIPs Act), 넷째, 중국산 통신장비 수입 규제이다. 곧이어 나온 중국의 대응 조치는 중국 상무부와 해관총서(세관)가 수출통제법, 대외무역법, 세관법 등에 따라 갈륨과 게르마늄 관련 품목들에 대해 허가 없는 수출을 막는 것이었다. 그 결과 미 정부가 강력한 규제 정책을 발표한 지 7개월 후 중국 기업들은 국내 공급망에 더욱 집중하고, 중앙정부 및 투자자들로부터 수십억 달러의 자금을 확보하려는 전략으로 전환하고 있다.

예를 들어 2022년 10월, 중국 중부지역에 위치한 주요 국영 기업의 거대한 반도체 공장 건설 계획이 혼란에 빠졌었다. 이 기업은 양자메모리 기술공사(Yangtze Memory Technologies Corporation, YMTC)의 소유로, 시진핑 중국 주석이 중국의 반도체 굴기를 위한 정책 가운데 프론트러너(front runner)로 극찬한 메모리용 칩 제조 회사다. 하지만 미 바이든 행정부가 기술을 둘러싼 무역전쟁을 격화시키자 반도체 제조에 사용되는 공정기술, 소재, 부품 등은 물론이고 전문인력의 수급조차 힘들어짐에 따라 공급망 개편과 생산전략의 변경이 불가피해졌다.

예를 들어 미국 시민권을 가진 몇몇 직원들이 회사를 떠나버렸다. 3개의 미국 장비 공급업체는 거의 즉시 운송과 서비스를 중단했으며, 유럽과 일본도 곧 같은 조치를 취했다. 거의 7개월이 지난 2023년 8월, 미국의 대중국 무역 장벽은 더욱 강화되었다. 서구 선진 기술과 자금이 빠져나가면서 국가 자금이 긴급히 수혈되었지만, 사실 고급의 수익성 높은 반도체 생산은 불가능한 상태가 되어버렸다.

이에 중국은 아직은 미국의 제재 압력이 미치지 않는 해외 중고 부품과 중국 내 장비로 생산을 시도하고 있지만, 이조차 여의치 않을 전망이다. 고품질, 고성능, 고가의 수익성 있는 반도체를 생산하기 위한 국산 대안을 육성하고 있지만 미국의 제재 조치 범위와 강도가 만만치 않다.

이처럼 반도체 산업에 대해 미국이 중국에 강력한 제재 조치를 취하는 이유 중 하나는 워싱턴 관료들이 기술 기업을 이용해 중국이 군비를 강화하려는 것으로 간주하기 때문이다. 즉 [그림 17]에서 보듯 모든 현대 첨단 군사 장비에 반도체는 필수품이기 때문이다.

국가안전보좌관인 제이크 설리번은 최근 워싱턴의 중국 반도체 산업 제재조치는 양국 간 새로운 공감대가 형성되지 않는 가운데 지난 수십 년간 중국과의 경제 협력이 완전히 성공하지 않았음을 언급했다. 따라서 미국은 중국의 이 같은 '기울어진 무역거래와 기술개발에 있어 비도덕적인 거래'에 대해 무엇보다 중국의 가장 첨단 산업으로 간주되는 반도체 산업을 겨냥해 매우 '의미심장한 결정'이었음을 지적하기도 했다.

2022년 10월에 시작된 첫 제재조치 규정에 따르면 미국 기업과 시민들은 더 이상 일정 수준의 정교성을 갖춘 반도체 기술을 개발하

그림 17. 주요 제품의 반도체 수요시장 규모 전망(단위: 10억 달러)

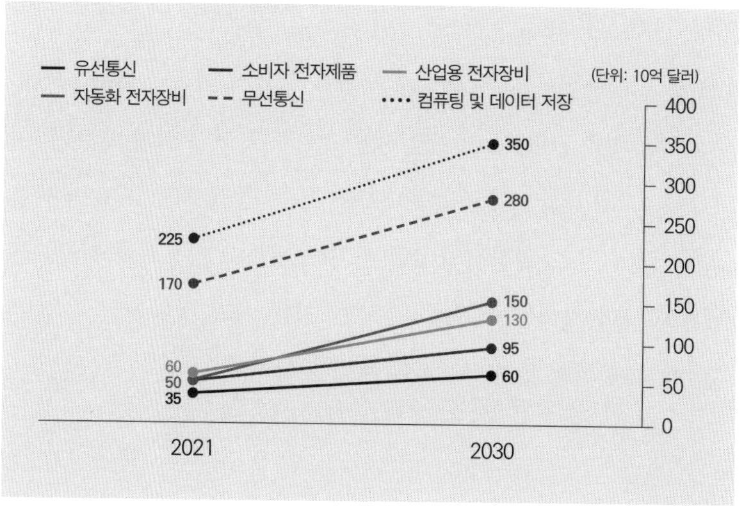

자료: 매킨지 보고서

는 중국 기업을 지원할 수 없도록 했다. 이러한 통제는 중국 통신기업인 화웨이와 같은 특정 기업을 겨냥한 지난 트럼프 행정부의 무역 제한조치 수준보다 강도가 훨씬 세다. 세계 최대 규모의 경제국 사이의 기술분쟁은 여전히 해소되지 않은 상태일뿐더러 더욱 가속화될 가능성이 높다.

바이든 행정부는 미국의 벤처 자본 투자에 대해 중국의 고급 반도체 기업 투자와 진출에 제한할 새로운 규칙을 대통령 명령으로 발표했었다.[38] 2023년 중국의 반도체 부문으로의 외국 투자는 PitchBook의 데이터에 따르면 2020년 이후 최저치인 6억 달러로 하락했다. 향후에도 미 정부는 양자컴퓨팅이나 반도체 제조 장비와 같은 기술 이전 및 수출 등에 대한 더 엄격한 통제 방안을 고려하고 있다.

지금까지 중국의 모든 반도체 생산품 중에서 미국의 통제 대상인 고급 반도체는 Yole Group의 시장 조사 기업의 추산에 따르면 1% 미만이다. 나머지는 기술력이 낮거나, 또는 중간 정도 기술력을 요구하는 반도체로, 일상적인 소비자 전자제품과 자동차에 사용되는 것들이다. 미 바이든 행정부의 제재조치에 거의 영향을 받지 않은 이러한 칩은 현재 투자 급증세를 보이고 있다.

반도체 산업 및 기술 발전을 위한 중국의 전략

그렇다면 중국의 보다 구체적인 반도체 산업 및 기술 발전을 위한 전략은 과연 무엇일까? 중국에서 두 번째로 큰 칩 제조업체인 국유의 반도체 제조국제사업회사(Semiconductor Manufacturing International Corporation, SMIC)와 화홍반도체(華虹半導體)는 각각 중간단계의 수요가 많은 반도체 생산을 확장하기 위해 2022년부터 자금 조달 계획을 위한 상해 증시에서 약 3.3조 원(180억 위안) 규모의 기업공개와 2023년 수십억 달러를 투자할 계획을 발표한 바 있다.

하지만 여기서 우리는 어렵지 않게 중국의 반도체 산업의 한계와 관련 인공지능(AI), 디지털 정보통신 산업, 우주항공 및 드론과 같은 미래 산업에 있어 중장기적 위기요인을 지적할 수 있다. 결국 중국은 다양한 메모리 및 비메모리 반도체를 만들기 위해 필요한 세계적 수준의 기술력과 생산공정 기술 및 장비 등에 접근할 수 없다는 점이 인공지능 및 항공우주와 같은 많은 고급 산업에서의 진전을 저해할 수 있다는 것이다.

이는 중국의 미래경제에 대한 '아킬레스건'이 미국에 잡혔다는 점을 시사한다. 2023년 8월 YMTC는 2027년까지 글로벌 칩 생산의 점유율을 13%로 증가시키는 것을 목표로 미국의 마이크론 테크놀로지(Micron Technology)와 경쟁하는 계획을 세웠다. 그러나 결국 두 번째 공장을 확장하는 데 어려움을 겪던 YMTC는 생산이 감소해 2027년엔 시장 점유율이 3%로 떨어질 것으로 예상된다.

더욱이 미국의 대중국 반도체 산업 기술 제재가 심화되면서 종전

그림 18. 2012~2021년 중국의 반도체 제조 장비 수입 변화 추세(단위: 백만 달러)

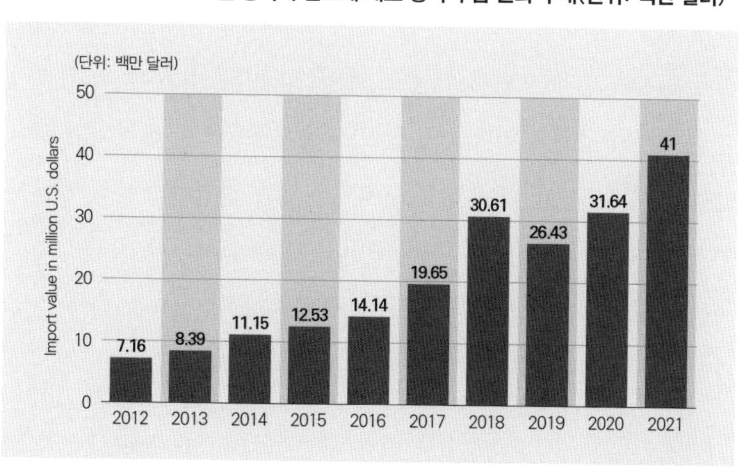

자료: www.statistica.com

에 중국 반도체 산업에 투자하려 했던 글로벌 기업들은 다른 곳으로 방향 전환을 고려하고 있다. 예를 들어 대만의 TSMC는 미국 현지 생산 공장 투자에 수십억 달러를 투자하고 있다. TSMC는 미국의 애리조나 공장에 미국 보조금을 신청하면서 향후 중국 투자를 10년 동안 중단하는 조건에 동의했다.

중장기적으로 중국 반도체 산업은 미국의 제재 및 규제 조치를 피해갈 수 없는 대신 자체 기술 개발과 생산설비 제작 기술을 위해 노력할 수밖에 없다는 점에서 장점을 찾을 수는 있다. 그러나 최고 부가가치 기술과 이를 생산할 수 있는 소재, 부품 및 장비 기술의 개발은 계속해서 뒤처질 수밖에 없을 것이다.

중국은 이를 통해 외국 기업에 대해 새로운 공급망 사슬에서 강한 주도권을 쥘 수 있을 것이라고 기대하지만, 여기엔 중대한 취약점이 누적될 수 있다. 즉 하나의 바구니에 모든 달걀을 담겠다는 생각은 합리적이지 않다.

곧 다가올 미래는 현재 미국 칩 메이커 엔비디아(Nvidia)의 인공지능 분야에 주목해야 한다. 단순한 반도체가 부품으로 장착되는 것이 아니라 기계와 장비 내에서 모든 정보를 신속 정확하게 분석 판단할 수 있는 인공지능 기능은 절대적이다. CPU(Central Processing Units)[39]에서 GPU(Graphics Processing Units)[40], NPU(Neural Processing Unites)[41] 및 TPU(Tensor Processing Units)[42]로의 전환이 불가피하다.

중국의 반도체 산업 굴기는 과연 이루어질까?

중국의 반도체 산업 굴기는 시진핑의 '중국의 꿈(中國夢)' 프로젝트 중 하나다. 세계 최고의 반도체 메이커로서 중국을 글로벌 슈퍼파워로 변신시키려는 그의 꿈을 실현시킬 수 있는 최종 목표라고 할 수 있다.

하지만 이러한 시진핑의 꿈이 이루어지기엔 중국은 문제가 있는 것 같다. 인공지능(AI)과 우주항공과 같은 산업에서 고성능 반도체 칩을 미국의 엔비디아 제품으로 사용해야 한다는 것은 결국 모든 기술적 표준화와 규칙 적용에 있어 중국이 미국의 요구를 받아들일 수밖에 없다는 의미이기 때문이다. 현재로서 이는 중국이 직면한 치명적인 단점이다.

그렇다면 중국의 반도체 산업이 2014년 이후 중국정부의 집중적인 투자를 받아왔음에도 아직도 후진적 제조 및 운영 구조를 가지고 있는 이유는 무엇일까? 그 이유는 다음과 같이 크게 3가지 관점에서 지적할 수 있다.

첫째, 중국 반도체 제조 분야를 살펴보면 중국은 일반적으로 칩 설계에서 좋은 성과를 내고 있다는 점은 매우 긍정적이긴 하지만, 중요한 핵심은 이론적 설계와 실제 내장된 다양한 소프트웨어 간에 코딩과 프로그램 운용을 안정적으로 할 수 있는 반도체를 만들어야 한다는 점이다. 종이 위의 설계 도면은 정말 훌륭해 보이지만, 실제로 사용할 때 AI 시스템을 훈련하는 동안 작동이 '중단(crash)'될 수도 있기 때문이다.

둘째, 이를 만든 후에는 크기와 비용을 고려해 저렴하게 제조되어야 한다는 점이다.

셋째, 가장 중요한 조건으로 '완제품으로서의 신뢰성'이 있어야 한다는 점이다. 가장 큰 문제는 중국이 제조한 반도체 칩이 안정적이냐 하는 것이다. 특히 수천 개의 칩을 동시에 사용해 AI 시스템을 훈련하는 ChatGPT, GPT-4 규모의 AI 모델을 개발할 때 문제가 발생할 수밖에 없다. 하나의 칩이 충돌하면 모든 칩이 충돌하고 다시 처음부터 시작해야 한다. 이러한 시스템은 실제로 훈련을 하는 데 얼마나 오래 걸릴지는 그 누구도 알 수 없다. 일종의 큐빅을 한 면 한 면 같은 색으로 끼워 맞추는 일과 다르지 않다. 만일 3개월이 지나서도 지속적으로 문제 해결이 이루어지지 못한다면 큰 문제이며, 비용 측면에서도 큰 손실이 예상된다.

여기에 한 가지 더 추가적인 위험요인은, 중국도 고성능 반도체 개발이 필요하지만 경쟁사도 가만히 있지는 않는다는 점이다. 경쟁업체들은 혁신을 통해 지속적으로 상대보다 앞서가고 있기 때문이다.

시진핑 주석의 미래 AI를 주도하려는 중국몽에는 어떤 의미가 있을까? 미국의 제재조치로 중국 회사들은 미국 칩을 비축하고 있고, 이는 단기적으로는 그들이 미래를 대비하는 데 도움이 될 수 있겠지만, 문제는 재고가 바닥 났을 때이다. 그들이 반도체 재고를 통해 얻은 시간이 중국 내 고성능 반도체 산업이 더 이상 미국 제품에 의존하지 않도록 중국 안에서 반도체 칩을 생산·제공할 수 있을 만큼 시간이 충분한가이다.

중국 내에서 어떠한 기술을 개발하더라도 정부가 원하는 대로 기술을 개발하게 할 수 있지만, 실제로 이러한 산업에서 일하려면 사람들이 이 분야에서 일하길 원해야 한다. 물론 중국 내 반도체 칩을 개발하는 것이 다시 흥미로운 산업이 되었다는 점은 분명하다.

또한 이전에는 결코 중국산 반도체 칩을 구매하려고 하지 않았던 많은 중국 회사들이 실제로 국내 반도체 칩 업체와 파트너십을 맺으려고 하고 있으며, 중장기적으로 이러한 파트너십과 투자 협력이 이득을 가져올 것이라는 희망을 가지고 있기도 하다. 무엇보다 중국은 반도체 칩 제조에 사용되는 금속과 미네랄 분야 등에서 우위를 지니고 있다.

또 한 가지 언급할 점은 생성적 인공지능(generative AI) 분야다. 이는 현재 가장 혁신적인 칩을 많이 사용하는 AI 기술이다. 그러나 생성형 인공지능이 현재 과대평가되고 있는 점도 사실이다. 비록 중국이 생성적 인공지능 분야에서 선도하지 않더라도, 중국이 갑자기 AI 분야에서 밀려난다는 의미는 아니다. 대부분의 AI 응용 프로그램이 반드시 최고의 칩을 필요로 하는 것은 아니기 때문이다.

문제는 반도체의 안정성과 의존성이다. 하지만 미국의 반도체 산업 제재나 중국의 반도체 칩 자체 개발 불가능성이 중국을 전적으로 'AI 게임'에서 제외시키지는 않을 것이다.

미국의 반도체 칩 규제에 대한 중국의 보복 사례

중국은 지난 2023년 8월 미국과의 기술전쟁 속에서 이스라엘 반도체 메이커인 타워 세미컨덕터(Tower Semiconductor) 인수를 막았다. 중국이 미국과의 기술전쟁 속에서 미국 기업 인텔(INTEL)이 외국 반도체 기업을 인수하려는 계획을 막아선 최신 사례다. 이번 인수합병의 실패는 바이든 행정부가 중국의 칩 산업을 압박해 전략적 기술 개발에 제동을 거는 노력을 강화하는 가운데 발생한 것임에 주목해야 한다.

인텔과 타워 세미컨덕터는 초기에 제안한 거래가 규제 기관의 승인을 받지 못해 중단되었다고 밝혔다. 인텔로서는 이번 중국의 반대로 인해 CEO 팻 겔싱거(Pat Gelsinger)의 구조전환 노력이 복잡해지게 될 수도 있어 보인다.

그는 자체 제품 외에 다른 회사들을 위한 칩 생산량을 증가시키는 것을 포함해 창조적인 전략을 계획하고 있었다. 타워 세미컨덕터를 인수하는 것은 이러한 '파운드리' 비즈니스를 구축하는 데 중요한 역할을 할 것으로 기대했기 때문이다.

타워 세미컨덕터는 이스라엘과 세계 여러 국가에서 반도체를 제조하고 있으며, 현재 주로 저가의 오래전 세대 반도체 생산 계약을 맡아 생산을 진행하고 있는 것으로 알려져 있다. 이에 반해 인텔은 향후 더 고급화된 반도체 칩 제조를 중심으로 자체적인 계약 칩 생산 비즈니스를 확대할 계획이었다.
인텔은 외부 고객을 끌어들이는 동시에 자체 설계한 칩을 내부에서 제조해 대만 반도체 제조(TSMC) 등의 거대 기업들과 경쟁력을 갖추기 위한 목표를 가지고 있었을 것이다. 하지만 이번 거래의 실패로 인텔은 생산설비 구축을 모두 처음부터 혼자서 구축해야 하는데, 이는 초기 투자 비용을 고려할 때 쉽지 않은 사업이 될 것으로 추정된다.
현재 인텔이 가지고 있는 자본이나 인적 자원이 그동안 파운드리 생산 계약을 대만 TSMC에 위탁한 사례로 보아 충분치 않을 것으로 보인다. 당연히 비용/편익 분석에서 상대적인 비용 절감 방향이 이스라엘 타워 세미컨덕터를 인수하는 방향으로 결정된 배경이었을 것이다.
어쩌면 이번 인수 계약이 성사되었다 하더라도 인텔이 쉽사리 단기간에 파운드리 생산 방식을 직접 생산 방식으로 전환하기에는 상당한 시간과 비용이 들었을 것으로 보인다. 인텔은 2023년 초기에 최악의 분기 손실을 기록한 바 있으며(최근 분기에 다소 회복되었음), 배당금을 줄이고 2025년까지 연간 최대 100억 달러의 비용을 절감하기 위해 노력하고 있다.
인텔은 1980년대와 1990년대에 PC 혁명을 주도하는 중앙처리 장치(CPU)를 만들어내면서 실리콘밸리의 거상이 되었다. 초기에는 비메모리 관련 반도체 칩의 회로를 직접 디자인하고 자체 공장에서 생산했지만, 지금은 제조보다 디자인에 집중하면서 생산은 대만의

TSMC와 같은 파운드리 반도체 기업에 위탁생산하는, 일종의 반도체 산업의 특화에 있어 칩 회사들이 회로 디자인 또는 제조 중 하나에 특화되는 경향이 뚜렷하다. 아울러 인텔은 다른 사람이 디자인한 칩을 제조하는 데 큰 비즈니스를 확보하지도 못하고 있다.

국제법에 따르면 특정 기업이 합병을 원할 때 중국 수입을 일정한 양만큼 창출한다면 중국 규제 당국의 승인을 받기 위해 제안된 거래 내역을 제출해야 한다. 중국 규제 당국의 요구사항은 중국 기업을 포함하는 모든 관련 산업 기업들의 인수 및 합병 계약을 맺으려는 글로벌 기업 모두에 적용되며, 또는 중국에서의 사업 활동이 특정 수익 규모의 최댓값을 충족하는 경우에 해당하기도 한다.
이 절차는 반독점 및 경쟁 법률을 포함해 중국 법률 및 규정을 준수하며, 중국의 이익이나 국내 경쟁에 해를 끼치지 않도록 하는 데 그 목적이 있다. 이러한 거래에 참여하려는 기업들은 일반적으로 국제적인 합병 및 인수와 중국 규제 준수에 대한 전문 지식을 가진 법률 사무소로부터 법적 조언과 지도를 구하고 이 복잡한 과정을 효과적으로 해결하기 위해 노력해야 한다. 이처럼 대규모 글로벌 인수합병은 일반적으로 주요 시장에서 여러 규제 기관의 지지를 필요로 한다.
중국에서는 거래가 성사되기 위해선 만일 거래 당사자인 양 회사가 중국에서 매년 1억 1,700만 달러 이상의 수익을 올리는 경우 반독점 및 시장 경쟁에 관한 법률 검토가 필요하다. 인텔과 타워 세미컨덕터는 중국의 시장규제청의 응답을 기다렸지만, 지난 2023년 8월

16일까지 중국은 응답하지 않았고, 결국 다음날 인텔은 이번 54억 달러 규모의 인수 계약을 포기했다.
미국은 2022년 10월 미국의 반도체 칩 기술을 중국과 공유하는 데 대한 포괄적인 수출 통제를 발표했으며, 최근 중국의 칩 부문에 대한 투자 제한을 발표한 바 있다. 반독점법 및 경쟁에 관한 법률 검토는 베이징의 미국에 대한 반격 도구 중 하나로, 미국 기업이 중국의 관할 범위 내에 속하는 거래를 느리게 처리하거나 승인하지 않는 것이 일반적이다. 대규모 반도체 칩의 수입이 대부분 중국 기업을 통해 이루어진다는 점을 고려할 때 미국과 외국기업들로서는 피하기 어려운 규제인 셈이다.

인텔과 타워 세미컨덕터의 인수 계약은 중국이 거부한 두 번째 큰 칩 제조업자 인수합병 거래다. 그 이전에는 퀄콤(Qualcomm)과 네덜란드 반도체 칩 제조사인 엔엑스피(NXP Semiconductors)의 인수 합병 계약 파기가 있었다.
2016년 10월에 이루어진 440억 달러 규모의 인수합병 계약은 2017년 4월 미국 규제 당국으로부터 승인을 얻었지만, 2018년 7월 25일 미중 무역 긴장이 고조되던 시점에 퀄콤은 중국의 승인을 거래 마감까지 얻지 못해 결국 엔엑스피 인수를 포기했었다.
비반도체 칩 인수합병 중에서도 듀퐁(Dupont)은 2022년 11월 1일, 중국 규제 승인이 없어 52억 달러에 달하는 전자 소재 전문 기업 로저스(Rogers)의 인수합병을 포기한 바 있다.
한편 국가 안보 우려를 인용해 중국은 2023년 5월에 미국의 반도체 칩 업체인 마이크론으로부터 특정한 중국 기업들이 메모리 반도체 칩을 구매하는 것을 금지시켰다.[43] 마이크론의 중국 매출은 2022년 현재 30억 달러 규모였다.

타워 세미컨덕터 거래의 규제 문제는 인텔이 미중 기술전쟁 속에서 어려운 처지에 있는 것을 보여주었다. 인텔은 세계의 많은 반도체 칩 기반 장치가 제조되는 중국에서 여러 사업을 하지만, 미국 내 반도체 생산을 늘리고 미국 반도체 제조에 대한 정부 투자를 지원하는 데도 노력하고 있다.
이번 조치로 인해 반도체 부문에서 중국의 규제 당국 앞에서 승인을 기다리고 있는 다른 합병 및 인수거래는 자체적으로 승인될 것이지만, 이처럼 중요한 거래의 실패는 반도체 기술 관련 지정학적 정치외교 관계가 얼마나 복잡하게 얽혀 있는지를 여실히 보여준다. 외교가 경제적 지식과 정보 없이 이루어져서는 안 된다는 그 근본적인 개념이 여실히 드러난 대표적인 사례다. 즉 반도체 생산에 필요한 소재, 부품 및 장비 그리고 제조 등에 대한 다양한 기술과 원재료 수급에 대한 글로벌 경쟁은 단순히 한 국가의 생산 능력 정도와 기술 수준에만 달려 있는 게 아닌 것이다.
산업과 외교는 국가의 핵심 이해관계를 직접 설계하고 집행하는 중요한 요소다. 바로 이러한 점에서 헨리 키신저 전 국무장관의 중국 방문 배경에 기업인들의 지원과 민원 내용들이 포함되어 있었을 것으로 보는 것이다.[44]

미국과 중국의 경제 협력은 이제 불가능한 것인가?

이미 미국은 '미국도 중국도 어느 한쪽의 일방적인 힘에 의해 무역거래가 이루어질 수 없다'는 점을 너무나 잘 알고 있으며, 미국의 이해관계 역시 대중국 무역 및 투자확대가 충분조건이라는 점에 동의한다.

2023년 8월 미 상무부 장관 지나 레이먼도는 중국을 방문해 어려운 경제 문제를 전달하면서 미중 양국 간의 불안정한 관계를 안정화시키기 위한 양국 정부의 노력을 전진시키고자 했다. 이번 4일간의 방문은 수개월 전부터 계획되어 왔던 것으로, 미 상무부는 이번 방문을 베이징과의 소통을 깊이하기 위한 것이라고 밝힌 바 있다.

레이몬도는 러시아-우크라이나 전쟁과 북미 상공에서 감지된 중국의 의심스러운 감시 풍선으로 인해 몇 년간 심하게 어려웠던 미중 관계가 다시 악화된 후에 미국정부 고위직으로는 가장 최근에 중국을 방문한 인물이다. 국무장관 앤서니 블링켄과 재무장관 재닛 옐런은 2023년 여름에 베이징을 방문한 바 있으며, 이어 7월에는 기후 특별 대통령 특사인 존 케리도 잠시 방문한 바 있다.

가장 중요하지만 그 의도가 잘 알려지지 않은 헨리 키신저 전 국무장관의 방문도 2023년 7월에 있었다. 이 점에 대해서는 앞서 설명한 키신저의 중국 방문에서 자세히 다루었으니 참고하기 바란다.

양국 중 그 누구도 양보할 생각은 없어 보인다

이러한 양국 간의 긴장관계 속에 레이몬도 상무장관의 방문은 2023년 11월에 미국 샌프란시스코에서 열리는 아시아 태평양 경제협력체 회의에서 열릴 수 있는 양국 성상 간 회담을 원활히 하기 위한 사전작업일 수 있다.

레이몬도는 아시아 태평양 경제협력체 회의 이전에 중국을 방문한 미 정부측의 마지막 고위인사일 수 있다. 이번 방문에서 레이몬도 상무장관이 전달한 미국의 메시지는 2023년 7월 베이징을 이틀간 방문한 재닛 옐런 재무장관의 메시지와 유사하다. 즉 미중 양국이 함께 협력할 내용이 있으며, 그 기본 원칙은 결코 승자가 전부 가져가는(winner takes all) 룰에 있지 않다는 점을 강조하는 것이다.

이를 시사하기 위해 레이몬도의 방문을 앞두고 미국 상무부는 중국 기업 중 블랙리스트에서 27개의 중국 기업을 제외시키기도 했다. 중국으로서는 이번 미국의 제외 조치가 긍정적이라 평가하는 듯 보인다. 그럼에도 불구하고 양국 간 21세기 글로벌 질서에서 우위 선점을 놓고 어느 한 국가도 양보를 할 생각은 없어 보인다. 여전히 서로 상대국에게 양보를 요구하는 입장이다.

특히 AI와 반도체, 양자컴퓨팅 기술 등은 치열한 양국 간 경쟁의 핵심 항목으로 대두되었다. 모든 기술과 정보 수집 능력을 통해 미중 양국은 서로가 이들 미래 산업의 주요 분야를 선점하려 하고, 최첨단 기술이 서로의 군사 및 안보 관련 주요 시설에 대한 감시 능력을 강화하려는 것을 막으려고 한다. 미국은 자국 기업들이 중국 투자에서 이들 산업분야에 대한 투자를 적극적으로 막으려 하고 있다는 점에서 양국 간 긴장관계는 쉽게 풀릴 가능성이 매우 낮다.

미국 기업들 입장에서도 미국정부가 중국을 상대로 미국의 대중국 무역 및 투자 정책의 의도와 정책의 범위가 어떻게 설정되었는지, 정상적인 비즈니스 활동은 결코 과도하게 방해하지 않을 것이라는 점 등을 정확히 알려주는 것이 도움이 될 것이다.

미국은 이미 중국 기업의 미국 클라우드 컴퓨팅 서비스 접근을 제한하는 조치까지 준비하고 있다는 점도 주목하고 있다. 예를 들어 엔비디아와 기타 기업이 만든 인공 지능 칩이 중국으로 수출되는 과정에 있어 새로운 제한조치를 고려하고 있지만, 사실상 이러한 조치들이 중국에서 큰 이익을 창출하는 미국 기업들로부터 저항에 부딪히고 있다는 점도 설명할 필요가 있다.

미국의 대중국 주요 물자 수출 규제와 관련해 과연 이러한 지연이 단순히 기업들의 요구가 있었기 때문이라고 추정하는 것도 충분한 설득력을 갖지 못한다. 왜냐하면 미국은 한국과 일본 및 유럽 동맹국과의 수출 통제 조치에 대한 협력을 강화하면서, 중국에서 이들 안정적인 동맹국가들로 하여금 중요한 자재와 제품의 공급망을 옮기도록 장려하는 '동맹국 간의 공급망 구축' 확대 정책을 추진하고 있기 때문이다. 예를 들어 지난 2022년 10월의 수출 통제 정책으로 일본과 네덜란드와의 협정을 통해 이들 국가 기업들이 민감한 칩 제조 기계의 중국 이동 및 수출을 제한함으로써 중국이 국내 공장을 업그레이드하기 어렵게 만든 것이다.

문제 해결의 열쇠는 미국이 쥐고 있다

이 밖에도 최근 수개월간 민츠그룹(Mintz Group), 베인 캐피털(Bain Capital) 및 마이크론 테크놀로지(Micron Technology) 같은 미국 기업에 대한 대중국 수출 제한조치도 미국경제 정책 결정자들의 안건 중 같은 내용으로 이해되고 있다. 이러한 조치로 인해 중국은 일부 반도체 제조 물질 및 미국 반도체 업체 마이크론 테크놀로지에서 생산한 제품의 판매 금지 조치를 발표한 바 있다.

미국정부의 대중국 기술 수출 및 공급망 수송체계의 투명성 제고 노력 목표는 분명하다. 첫째, 중국과 모든 주요 기술 거래는 투명하게 이루어질 것이며, 둘째, 수출 통제 이행 정보 역시 양국 간 형평성에 맞는 원칙과 기준으로 이행되길 바라며, 셋째, 미국은 어떠한 수출 통제조치를 시행할 경우라도 이에 관한 정책 배경 및 목적에 대해 충분히 설명할 기회를 가질 것을 강조하고 있다.

이미 미국은 '미국도, 중국도 어느 한쪽의 일방적인 힘에 의해 무역거래가 이루어질 수 없다'는 점을 너무나 잘 알고 있으며, 미국의 이해관계 역시 대중국 무역 및 투자확대가 충분조건이라는 점에 동의한다. 다만 과거 해적판과 같은 불법적인 지적재산권의 도용, 개도국으로서 갖는 기술 개발보다 기술 복사와 같은 불편부당한 움직임에 대해서는 명확한 룰과 책임 소재를 분명히 하겠다는 의지를 표현한 것이다. 하지만 여기에 중요한 양국 간의 이해관계 충돌이 있을 수 있다.

대부분의 무역거래가 국가 안보와 무관할 수 있을까? 결코 무관하지 않다. 미국은 이미 경쟁적 무역거래 개념을 '경제안보(economic security)'로 정의하고 있고, 특히 반도체와 같은 기술 집약 생산품은 그 자체가 국가 안보와 밀접한 상관관계를 갖는다.

결국 미국과 중국 간의 긴장이 현재 기술 시장에 영향을 미치고 있는데, 이러한 상황이 기술 업계와 경제에 영향을 미칠 가능성이 있다. 이는 중국의 대응조치가 미국의 기술 제한조치에 대한 보복이 될 수 있을 뿐만 아니라, 미국 기업이 중국 시장에서 소비재 및 사물인터넷 분야의 제품을 생산하는 데 필요한 부품에 접근하는 것을 제한할 수도 있다는 점에서 중국의 수출, 고용 및 성장에 중요한 변수가 될 수밖에 없다.

중국의 일부 기술 기업은 이로 인해 기술 취약성을 경험할 수밖에 없고, 이러한 상황을 예측하고 대비하는 것이 중요하며, 미국과 중국의 관계가 어떻게 발전하는지 주시하면서 전략을 조정하는 것이 필요할 것이다. 동시에 미국의 중국 기술 부문 투자 제한은 중국이 보복으로 미국 기업이 중국에서 생산된 칩과 하드웨어에 접근하기 어려워지도록 하는 경우, 일부 원재료의 부족으로 인해 미국 기업이 일정 기간 취약해질 수 있다.[45]

결국 문제 해결의 열쇠는 미국이 쥐고 있다. 미국은 특정 중요한 기술을 생산할 능력을 갖추고 이러한 미래 기술의 독점적 지위를 구축하기까지 지정학적·정치적 위험을 제한할 수 있는 능력을 확보해야 한다는 점을 알고 있다. 중국과의 급격한 기술전쟁 및 군사적 경쟁이 2022년 칩스 액트(Chips Act) 채택의 결정적인 이유였다.[46]

2024년에 트럼프가 당선되면 미중 관계는 어떻게 될까?

트럼프가 미국 대통령에 당선되어 그의 두 번째 임기를 시작하게 된다면, 세계경제에 중요한 영향을 미칠 것이다. 미국의 동맹은 붕괴할 것이고, 세계경제는 보수화될 것이며, 민주주의와 인권은 급격히 후퇴할 것이다.

'중국 때리기(China Bashing)'와 '중국 포위전략'은 크게 2가지 방향으로 전개되고 있다. 경제적 측면에서는 '때리기'를 하고, 안보적 관점에서는 '포위전략'을 사용한다. 하지만 궁극적으로 이 2가지는 서로 크게 다르지 않다. 미국적 관점에서 '안보'의 거시적 시각은 경제와 군사적 안보를 모두 포함하기 때문이다.

중국은 이 2가지 형태의 안보에 상대적으로 미국에 취약하다. 그 이유는 3가지를 들 수 있다. 첫째, 동맹의 수가 많지 않다. 둘째, 지금 당장 미국을 따라가기에 많은 경제, 정치 및 사회적 제약이 존재한다. 셋째, 가장 중요한 요소인 국가 신뢰도 측면에서 경제와 군사 안보적으로 중국의 입장이 명확하지 않다. 시진핑의 '중국몽'은 자기 심장의 붉은 피보다 진하다는 공산당의 홍기를 향한 독백으로 끝날 수도 있다.

중국의 향후 대미 전략 변수가 될 트럼프

19세기 중반 이후 그래도 서방 세계 중 미국이 유일하게 친중적이었다. 현재 중국의 금융 및 정부 주요 인사들도 미국 하버드대학교에서 유학한 인사들이 많이 포진해 있다. 미국이 구축한 글로벌 경제 시스템 안에서 중국이 성장할 수밖에 없다는 점은 덩샤오핑의 '흑묘백묘(黑猫白猫)'론에서도 정확하게 인정한 부분이다.

하지만 현재와 미래의 글로벌 경제 성장동력점은 중국을 중심으로 한 동남아시아와 인도다. 현재 추세로 글로벌 경제가 새로운 산업의 출발과 함께 나간다면, 미국도 중국의 위상을 부정할 수 없다. 결국 현재와 미래의 글로벌 경제 성장축은 중국, 인도, 인도네시아, 베트남 등이다.

이런 가정을 전제로 미국의 향후 글로벌 전략은 다음과 같이 3가지로 간단하게 정리할 수 있다. 첫째, 중국과 아시아의 경제성장 속도를 조절하는 것이다. 둘째, 이들 국가경제 시스템을 미국 중심의 산업 표준화와 룰 세팅을 통해 장악하는 것이다. 셋째, 이 같은 미국 전략의 최첨병은 미국 달러를 선두로 내세워 달러의 기축통화 지위를 강화하는 것이다.

강달러 정책은 따라서 미국의 대내외 경제정책의 핵심이며, 신자본주의적 금융산업의 첨단화는 빅데이터와 양자컴퓨터 개발의 목적이다. 이러한 전략을 누가 일관되고 합리적이며 효율적으로 구축할 것인가가 미국 조야의 핵심 이해관계다.

바로 이 점에서 역사가 우리에게 말해주는 것 가운데 중요한 핵심은 과연 트럼프의 재선 가능성은 얼마나 되는가에 있다. 그는 대통령 재임 시에 보여주었던 '너는 해고되었다(You are fired)' 식의 자신이 생각하는 강한 카리스마가 곧 미국의 리더십이라 생각하는 인물이다. 그 가능성은 희박한데, 미국 역사에서 오직 단 한 명의 전직 대통령이 다시 출마하고 선거에서 이겼을 뿐이다. 확률적으로 46대 대통령 가운데 단 1명이다.

조지 워싱턴 초대 대통령에게 영구 대통령직을 권했을 때 조지 워싱턴이 "내가 그러한 선례를 남길 수 없다"며 거부한 점, 그런 결정에 대한 존중과 예우 차원에서 조지 워싱턴이 농장을 가지고 있던 지금의 워싱턴 디시로 수도를 옮긴 점 등을 고려하면, 미국의 2024년 선택은 매우 중요한 의미를 가진다. 미국민 모두가 '중국 때리기'와 '중국 포위전략'에 대한 적극적인 지지를 보인다고 할 수 있기 때문이다.

물론 이러한 관심사는 민주당 후보가 되든, 공화당 후보가 되든 미국의 이해관계 측면에서 분명한 명제다. 그러나 트럼프의 좌충우돌적 리더십은 중국의 향후 대미 전략에 있어 상당한 혼란을 초래할 가능성이 높다는 점에서 재선 가능성과 대중국 정책 변화에 대한 영향력을 평가하는 일이 불가피하다.

트럼프는 2024년 대선에 출마할까?

2024년에 도널드 트럼프가 다시 백악관을 차지하기 위해 출마할까? 앞서 지적했지만 그 가능성조차 워싱턴과 세계를 혼란스럽게 만들 것으로 보인다.

47대 대선 공화당 후보 중 한 명인 크리스 크리스티(Chris Christie)는 만일 트럼프가 다시 대선 후보로 지명을 받을 경우 공화당은 대선에서 패배할 것이라고 본다. 트럼프에 대한 여론 조사 결과를 통해 그의 2024년 재집권 전략을 전반적으로 분석해볼 수 있다. 초유의 대선 결과 조작과 미 의사당 점거를 획책한 사실 등으로 기소되어 재판에 회부 중인 트럼프는 백악관을 되찾기 위해 선거 전략으로 5개의 핵심 스윙 주에 주목하고 있다.

도널드 트럼프가 대선 캠페인을 준비하는 동안 그의 팀은 2020년 조 바이든에게 넘어간 5개 주를 되찾는 선거 전략에 집중하고 있다. 그가 집중하는 5개 주는 2020년에 조 바이든에게 결정적인 선거 당선을 안겨준 애리조나, 조지아, 미시건, 펜실베이니아, 위스콘신 등을 말한다. 이들 5개 주는 총 73개의 선거인단 투표를 가진다.

트럼프는 이들 지역에서 네 차례의 집회를 개최했고, 그를 지지하는 수십 명의 상하원 후보를 지지했으며, 2024년에 이러한 주에서 그의 지원자들을 최고의 직책에 앉힐 수 있는 조직 구성과 공약 개발에 전념하고 있다.

트럼프의 그림자 캠페인 조직은 2020년에 3% 미만의 근소한 차이로 패배한 이들 5개 주에서 트럼프-바이든 매치업을 조사했다. 폴리티코(POLITICO)에 따르면, 이번 조사 결과 트럼프는 애리조나에서 8%p, 조지아에서 3%p, 미시건에서 12%p, 펜실베이니아에서 6%p, 위스콘신에서 10%p를 각각 앞서고 있다고 한다.

트럼프는 공화당이 어차피 자신을 최종 후보로 선택할 수밖에 없는 근거로 이번 여론 조사 결과를 내세우고 있다. 물론 이번 여론 조사 결과는 트럼프 전 대통령이 공화당 내에서 아직도 가장 영향력 있는 인물로, 그가 2024년 대선에 출마한다면 확실히 후보가 될 것이라는 점을 명백하게 보여준다.

트럼프가 대선 출마를 준비하고 있다는 또 다른 신호가 있다. 그의 슈퍼 PAC는 2023년 12월 2일에 예정된 가장 규모가 큰 기부자 모임을 개최할 예정이며, 이 모임에는 미국 최고의 공화당 후원자들이 그의 팜 비치(Mar-a-Lago) 클럽에서 모일 것으로 예상된다.

또한 슈퍼 PAC는 전 미국 국가 정보국 국무장관 릭 그레넬(Ric Grenell)과 전 미국 법무부 장관 매튜 휘태커(Matthew Whitaker)를 포함한 이사회를 확대할 계획이다. 이들은 트럼프의 첫 재판에서 그를 변호한 플로리다 주 법무부 장관 출신 팜 본디(Pam Bondi)와도 함께 일할 것으로 알려져 있다. 트럼프의 또 다른 정치 활동 위원회인 'Save America'는 최근 오랫동안 트럼프 후원자인 린 패튼(Lynne Patton)을 고용해 정치 연합을 구축하는 데 도움을 주었다. 그는 트럼프의 대변인 역할까지 겸하고 있다.

트럼프는 대선 출마를 결정할 경우를 대비해 준비 작업을 수개월 동안 진행해오고 있다. 그의 자문위원들은 공화당이 미 의회에서 하원에서 다수당이 된 것이 매우 유리할 것으로 보고 있다.

트럼프가 다시 당선될 가능성은?

지난 2023년 9월 2일 〈The Wall Street Journal〉이 실시한 여론 조사에 따르면, 트럼프는 공화당 대선 후보 지명 레이스에서 압도적인 선두를 유지하고 있으며, 심지어 공화당 유권자들은 조지아 주에서 트럼프에 대한 4차 형사 소송이 타당성이 없다고 평가하고 있다. 약 절반 정도는 조지아 주 소송이 그를 지지하는 이들로 하여금 그에 대한 지지를 더욱 확고히 할 것이라 믿고 있다.

미국도 이상한 나라가 되어가는 형국일까? 세계가 주목하는 대목이 바로 이 점이다. 모든 불법과 극우주의적 성향의 미국이 향후 중국과 아시아를 향해 무엇을 어떻게 왜 요구하게 될지 등에 대한 불확실성은 지난 트럼프의 재임 기간 보여준 미국인들의 자화상에 대한 불안감이다. 적어도 20세기의 미국은 그렇게까지 돈키호테적이지 않았었다.

2023년 4월에 조사된 조건과 약간 다른, 가능성 있는 후보 목록을 테스트한 〈Wall Street Journal〉의 새로운 조사에서는 후보 지명을 위한 양자 간 대결 구도가 크게 흔들리는 모습으로 변했다. 트럼프는 현재 공화당 기본 선거 유권자들의 59% 지지를 받아 압도적 지지를 받는 후보로 유력시된다. 2023년 4월 이후 11%p 상승한 수치다. 트럼프의 최대 경쟁자인 플로리다 주지사 론 데산티스(Ron DeSantis)와의 격차는 4월 이후 거의 2배로 늘어난 46%p다. 데산티스의 지지율은 13%에서 멈춰섰다. 트럼프에 대한 지지도는 나머지 후보들과 비교했을 때도 이와 비슷하다. 아무도 한 자릿수 지지율을 넘지 못하고 있다.

이번 조사 결과의 흥미로운 점은 트럼프에 대해 진행 중인 다양한 형사 소송 사건이 트럼프에게 불리하게 작용되기는커녕 오히려 그의 입지를 더욱 강화시켜주고 있다는 것이다. 트럼프에 대한 기소 사건 중 2건은 2020년 선거 패배 이후 선거 부정 개입 및 결과 부정 등 그가 권력에 남아 있기 위한 부정적 노력과 관련되어 있다. 그리고 이에는 광범위한 선거 불규칙성에 대한 반복된 거짓 주장이 포함되어 있다.

이것이 의미하는 것은 무엇일까? 미국이 비도덕적이고 비윤리적으로 변하고 있다는 것인가? 사회정의가 미국의 정의, 즉 트럼프식 정의로 변질되고 있다는 것인가? 이 같은 질문을 당황스럽게 하는 것은 트럼프의 기소사건에 대한 공화당 유권자들의 응답 결과다. 공화당 주요 선거 유권자의 60% 이상이 기소사건은 정치적 동기와 타

그림 19. 만일 오늘 미 대선 후보 경선이 치러진다면 누구에게 투표할 것인가?

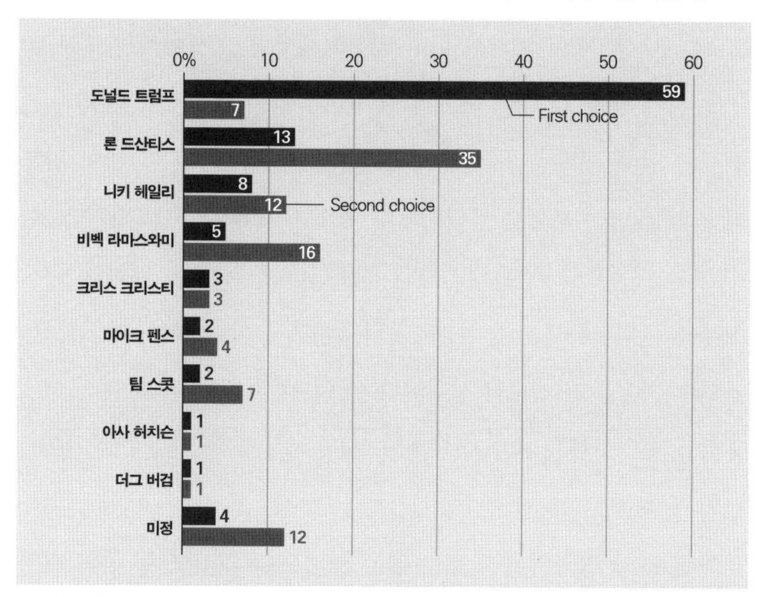

주: 4명의 기타 후보들은 1% 미만의 지지를 보이고 있음.

자료: 월스트리트 저널 전화 및 문자, 웹 조사를 통해 600명의 공화당 대선후보 유권자들을 대상으로 2023년 8월 24일부터 30일간 실시한 설문조사. 오차 범위는 +/- 4%p

당성이 없다고 답했다. 약 78%는 2020년 선거 이후 트럼프의 행동이 정확한 투표를 보장하기 위한 합법적인 노력이었다고 생각했다. 겨우 16%만이 트럼프가 패배한 선거를 공식 인증하기 위해 의회를 차단하려고 불법 시도했다고 생각했다. 약 48%는 이러한 기소사건이 2024년 대선에서 도리어 트럼프를 지지하게 만들 것이라고 했고, 그를 지지하지 않을 가능성을 더 높인다고 본 이들은 16%에 불과했다.

민주당 소속과 공화당 소속 대의원들의 성향이 다를 것이라고 추정하지만, 전통적 미국 공화당의 정치원칙과 정신이 상당히 변화되고 있음을 보여준다. 그 단초는 어디에서 찾을 것인가? 그것은 바로 '분배'로 표현되는 경제 정의 문제다.

주목할 점은 지난 트럼프의 대선 승리 때 보여주었던 '러스트 벨트(Rust Belt)' 지역의 중산층 이하 화이트 컬러들의 정치적 선택이 극단적으로 변화하고 있다는 것이다. 민주당의 개방적인 이민정책의 대선 효과는 차후에 경제적 분배문제와 교차할 때 당초 기대했던 결과와 다른 결과를 도출할 수 있다.

이번 조사에서 전체 유권자들을 대상으로 한 조사 결과는 더 흥미롭다. 전체 유권자를 대상으로 한 조사에서 트럼프는 40%의 확고한 지지율을 보였고, 바이든의 지지율은 39%였다. 소위 극우라 할 수 있는 그린 파티 및 리버테리언은 모두 합쳐서 3%를 차지하고, 부동층의 비중이 무려 약 17%다. 다른 군소 후보군을 제외한 양자 간 대결 구도에서는 트럼프와 바이든이 각각 46%의 지지를 받아 동률을 보였으며, 8%가 부동층이었다.

바이든으로서는 긴장해야 하는 대목이다. 조지아 주가 기소한 트럼프의 대선 결과 불복을 위한 선거결과 조작 압력 사안이 자칫 부동층에게 트럼프가 핍박받는 이미지로 비쳐질 경우, 2024년 대선 결과는 트럼프의 승리로 끝날 가능성이 높기 때문이다. 바이든은 대선 승리를 위해선 다음과 같은 2가지 숙제를 안고 있다.

첫째, 부동층과 온건 공화당 유권자들에게 트럼프의 이러한 불법성을 합리적이고 투명하게 법에 따라 조사하고 판단한다는 게 미국의 가치라는 점을 어떻게 호소할 것인가이다. 둘째, 그의 건강 문제다.

물론 실질적인 대선 이슈는 경제정의와 이민자 정책에 초점이 맞추어져 있다. 경제 정의는 국내의 양극화 심화와 대외적으로 '기울어진 운동장'에 대한 복원 등에 주목한다. 기울어진 운동장의 반대편에는 중국과 아시아 국가들이 있다. 1950년대 흐루쇼프의 말을 소환하면, 유럽과 러시아는 미국의 궁극적 적이라 할 수 없다.

트럼프가 재선에 성공하면 벌어질 일들

트럼프가 만일 재선에 성공한다면 과연 그가 추진할 정책들의 면면은 무엇일까? 이에 대해 간략히 정리해보자. 그가 첫 임기 기간 동안에 보여주었던 다양한 정치·외교·경제 정책들이 더욱 강화될 것이 분명하다. 트럼프의 첫 대통령 임기 때 보여주었던 정책들을 간단하게 재정리해보자.

먼저 그는 자신을 배신할 수 있는 사람들을 가려낼 것이다. 그의 예측할 수 없는 성격과 세계관을 지지하며 충성하는 사람들로 각료와 백악관을 가득 채울 것이다. 미국 국민들과의 소통은 자신이 가장 잘 이해하고 있다고 믿을 것이다.

또한 트럼프는 모든 언론과 인사권 행사에서 충성을 요구할 것이다. 트럼프는 다음과 같은 2가지 유형의 충성자가 있다는 점도 알고 있다.

첫 번째 유형의 충성자는 트럼프와 개인적으로 일부 사안에 대해 의견이 일치하지 않는다 하더라도 결코 충성을 저버리지 않는 마이크 폼페이오(Mike Pompeo) 전 국무장관과 같은 사람들이다. 이들은 상원의원 톰 코튼(Tom Cotton)과 린제이 그레이엄(Lindsey Graham), 전 유엔 대사 니키 헤일리(Nikki Haley), 재무부 장관 스티븐 므누신(Steve Mnuchin) 등이다. 트럼프는 이들에게 다시 고위 직책을 주겠지만, 이들은 대통령의 말에 반대하거나 자신의 일정을 추구할 자유가 없을 것이며, 그들의 일시적인 목표가 트럼프와 일치할 때만 가능할 것이다.

두 번째 유형의 충성자는 절대적인 충성자로, 그들의 지위는 완전히 트럼프의 후원에 의해 결정된다. 이들은 리처드 그레넬(Richard Grenell)과 같은 정치 전문가들로, 독일 대사이자 국가 정보국장(Director of National Intelligence)을 역임했었다. 또한 이 그룹에는 은퇴한 군인 및 현재 케이블 뉴스 평론가인 앤서니 타타(Anthony Tata)와 더글러스 맥그리거(Douglas McGregor)와 같은 인물들도 포함된다. 이 그룹에는 극도로 충성하는 그의 가족 구성원들 역시 포함될 수 있다. 제러드 커슈너(Jared Kushner)가 국가 안보 고문이나 국무장관이 될 가능성도 있다. 충성을 다할 수 있는 인사들로 팀을 구축한 후에 트럼프는 다시 국가주의자로서 자신을 앞세울 수 있다.

트럼프가 당선되면 대외정책에서 가장 두드러진 변화가 나타날 것이다. 자신의 첫 임기 동안 어느 정도 세계를 바로잡았지만, 바이든 정부 하에서 다시 비뚤어졌다고 판단하는 대외정책들은 다시 그

립을 강하게 잡으려 할 것이다. 예를 들어 그 스스로가 자주 언급했던 러시아-우크라이나 전쟁의 종식을 위해 우크라이나의 나토(NATO) 가입 문제 등에 대해 반대 입장을 명확히 하면서 노벨 평화상을 노릴 수도 있다. 아울러 나토 방위와 관련한 예산 지출 문제도 당초 그가 통과시켰던 회원 국가들이 자국 방위에 대한 지불 약속을 이행하길 요구할 것이다.

대중국 정책도 더욱 국가주의로 변할 수 있다. 중국과의 대립 시대에 미국의 전략 변화는 불가피하다는 것이 그의 생각이다. 하지만 책임 있는 국가주의자 이론을 뒷받침할 만한 증거는 거의 없다. 트럼프는 자신의 국가안보전략(National Security Strategy)의 핵심 주장, 즉 미중 간 경쟁에 관한 주요 주장을 개인적으로 명확히 한 적이 없다. 그는 여전히 중국과 대만의 대립과 충돌에 대한 이슈보다는 무역과 경제 문제에 대한 관심에 더 큰 동기부여를 느낄 것이다.

트럼프의 행동 예측과 관련한 비교적 정확한 가이드는 항상 특정 이슈에 대한 그의 견해보다는 그의 심리적 상황과 성향, 즉 셀럽으로서의 편집증, 자기 자신이 어떻게 대중들에게 보이는지에 대한 큰 관심, 모든 뉴스의 중심에 자신이 있을 필요성, 아첨에 대한 취약성, 모욕에 대한 분노 등을 참고하면 도움이 될 것이다.

트럼프가 대통령이 된다면 첫 임기에서 보여주었듯 안겔라 메르켈 독일 총리를 비하하고, 북한의 김정은을 다시 대화 테이블에 나오게 하고, 푸틴 및 시진핑과 러시아-우크라이나 전쟁과 반도체 전쟁에서의 미국의 중재와 리더 역할을 어떻게 드라마틱하게 보여줄 것인가를 고민할 것이다.

전면에 내세우는 대외정치적 이슈 뒤에서 트럼프가 무엇을 실리적으로 추구할 것인가는 존 볼턴(John Bolton)의 자서전을 참고하면 도움이 될 것이다. 존 볼턴은 만일 트럼프가 재선에 성공한다면 첫 번째 임기보다 자신의 비즈니스 이익과 연계해 개인적으로 유리한 정책을 추구할 것으로 예측한다.

구체적으로는, 만약 트럼프가 재선에 성공한다면 다음 4년은 과거 4년보다 미국의 외교 정책과 세계 정세에 더 큰 혼란을 야기할 것으로 예상된다. 예를 들어 첫 임기 당시 나토(NATO)에 대한 재정적 독립을 주장한 아이디어를 한 단계 더 업그레이드시킬 수 있다. 즉 트럼프는 나토를 완전히 해체하려 들 것이다. 유럽은 미국이 없이도 개별 국가들과 상호 방위 조항하에 독일, 프랑스 및 기타 선택된 국가를 방어하지 않는 결정을 내릴 수 있다.

이미 트럼프는 자신의 첫 임기 동안 우리나라에서 주한미군 철수를 시도했다. 그러나 그는 북한과의 평화 조약을 체결함으로써 두 번째 임기 동안에 이를 실현시킬 수 있다.

1980년대 외교 정책에 대한 트럼프의 첫 발언은 일본에 대한 비판이었지만, 그는 신조 아베(Shinzo Abe)와의 우정 때문에 장기간의 적대감을 수정했다. 당시 일본 총리가 조심스럽게 육성한 그 우정 때문에 트럼프는 일본에 대한 입장을 조정한 것이다. 하지만 아베가 부재하는 일본에 대해서는 다시 일본 비판과 일본과의 동맹에 대한 의문을 제기할 수 있다.

시진핑은 트럼프의 실제 경쟁자다

중국은 두 번째 트럼프 임기에서 큰 미지수다. 시진핑은 트럼프의 롤 모델이 아니라 실제 경쟁자다. 트럼프는 미국과 세계의 시진핑이 되고자 한다. 따라서 트럼프는 공화당의 외교정책 지도부의 입장을 전면에 내세울 것이다. 공화당 외교 정책 지도부는 미국의 외교 정책을 이끌 핵심 원칙으로 '중국과의 경쟁'을 선호한다. 트럼프는 그러한 입장을 토대로 중동(중국을 배제하려면 참여 유지), 유럽(중국에 대항하기 위해 나토를 활용), 그리고 경제(동맹국들과 무역거래를 확대하면서 중국과 경쟁)에 대한 우호적인 정책 그 이상을 도모하려 들 것이다.

트럼프의 심리적 상황과 성격은 일반적인 미국 대통령의 정책 결정과 이행 과정과는 전혀 다르다. 실제로 트럼프의 생각을 읽어내기란 결코 쉽지 않다.

그는 자신이 타인보다 우월하다는 감정을 가지고자 누구도 생각지 못하거나, 일반적인 생각을 뒤집어놓는 시나리오를 생각할 수 있다. 시나리오의 반대 시나리오를 강화하면서 더 많은 것을 동맹국들과 지역 방위 조약으로부터 얻어내려 할 수도 있다.

트럼프가 정책과 전략을 펴나가는 데는 원칙이란 게 없다. 복싱으로 치면 트럼프는 변칙 스타일의 선수다. 트럼프의 다양한 정책들이 그의 입을 통해 그야말로 마구잡이로 쏟아져나올 때 그것들이 일시적인 변덕인지, 영구적인 변화인지는 알 수 없다. 실제로 앞에서 언급한 외교 및 경제 관련 트럼프의 변덕들은 대부분의 국가들이 트럼프를 상대로 첫 임기 4년 동안 가장 중요한 질문으로 삼아왔기 때문에 재선에 성공할 경우에도 그들의 미래에 대해 매우 중요한 문제일 수밖에 없다.

만일 트럼프가 재선에 성공한다면, 많은 국가 정부들이 2차 세계대전 이후 미국의 지도자로서의 역할이 확실하게 끝났다고 받아들일 것이다. 물론 나라마다 다른 판단을 할 수 있지만, 어떤 동맹국들은 중국이나 러시아와 동맹관계를 맺을 수도 있을 것이다. 더 이상 미국의 리더십이 존재하지 않는 이상 '각자도생'의 정글 생태계가 더욱 빠르게 변화할 것이다.

전 세계 경제는 미국과 중국 간의 경쟁으로 흔들리고 있고, 미국과 유럽 간의 협력관계는 멈춰 서 있다. 트럼프는 "미국 우선"을 외칠 것이며, 공유 문제와 국제연합을 통한 문제 해결에는 관심을 두지 않을 것이다. 특히 글로벌 경제 회복, 국제 기관 복구 또는 위기로 인해 불안정해진 국가들에 대한 원조를 조율하는 등의 정상적인 기대를 다른 나라가 미국에 하기란 어려울 것이다.

트럼프는 만약 재선에 성공한다면 두 마리 토끼를 좇을 것으로 보인다. 첫째, 정부 기관들을 자신의 통제력 아래 통합하고, 공화당 내에서 남아 있는 저항 세력을 제거해 정권을 견고하게 하는 것이다. 둘째, 미국은 더 이상 전통적인 지도자 역할을 거부할 것이다. 즉 무리하게 돈을 마구잡이로 쓰지 않겠다는 의미다. 사업가로서의 대통령 트럼프는 일정한 비용을 투입했다면 반드시 그에 따른 투입 대비 산출이 있어야 하고 그 산출물은 미국을 다시 위대하게 만드는 데

쓰여야 한다고 생각할 것이다.

트럼프의 두 번째 임기 시작은 세계경제에 오랜 영향을 미칠 것이다. 미국의 동맹은 붕괴할 것이고, 세계경제는 보수화될 것이며, 민주주의와 인권은 급격히 후퇴할 것이다.

중국의 부동산시장과 금융 시스템을 알아두자

팬데믹 기간 동안 재정을 엄청나게 풀었던 미국, 일본 및 독일 순으로 경제가 탄탄한 반면, 중국은 고작 GDP의 4.1%, 한국은 3.1%를 풀었기 때문에 팬데믹 이후 국민들이 향후 불확실성에 대한 불안감으로 소비를 늘리지 못한다.

미국경제와 중국경제는 같으면서도 서로 다른 현상과 정책들을 보여주고 있다. 미국경제는 호황에 대응하는 정책들이 나오는 반면, 중국은 불황에 대비하는 정책들이 쏟아져 나오고 있다. 미국경제 통계는 정확하게 현재 경제 상황을 적시하는 반면, 중국경제 통계는 믿을 수 있는지 그 자체가 불확실하다. 하지만 그나마 경제통계라는 것을 통해 일정한 중국경제의 대내외 상황을 엿볼 수는 있다고 가정해보자.

양국이 아무리 다툰다 하더라도 경제적 연결고리가 끊어진 게 아니라 더 단단하게 엮일 수 있다는 점에 우선 주목해야 한다. 중국 부동산시장의 열기가 급냉하고 있다지만, 그 내용은 단순히 중국정부가 금리를 올리고 인플레이션에 대해 강력한 조치를 취했기 때문인 것으로 보기엔 충분하지 않다. 설명력도 떨어진다. 오히려 미국경제와 중국경제의 연결고리를 인정한다면, 미국의 고금리정책에 대한 일련의 전통적인 경제정책의 흐름 속에서 중국경제, 특히 중국의 부동산시장에 대한 현상 분석과 대응책 모색이 필요하다. 미국의 고금리정책과 중국 부동산시장의 냉각 사이에는 중국의 수출과 소비가 밀접하게 관련이 있기 때문이다.

아울러 중국정부의 '성장을 위한 부동산 수급 정책'에 대해서도 한 번은 정리를 해주고 가야 하는 시점일 수도 있다. 김종인 박사와의 대화 중에 재미있는 해석이 있었다. "팬데믹 기간 동안 재정을 엄청나게 풀었던 미국, 일본 및 독일 순으로 경제가 탄탄한 반면, 중국은 고작 GDP의 4.1%, 한국은 3.1%를 풀었기 때문에 결국 팬데믹 이후 리오프닝을 해도 국민들이 향후 불확실성에 대한 불안감으로 소비를 늘리지 못한다. 따라서 저축률이 중국은 세계은행 자료로 2021년에는 46.1%, 2022년에는 47%에 이른다. 이런 경우는 드물다."

미국경제와 중국경제의 결정적인 차이점

먼저 미국경제와 고금리 시대에 대한 간단한 정리를 해보자. 미국의 10년 만기 국채금리가 4%대를 상회하면서 2008년 서브프라임 모기지 사태 이후 최고치다. 미 연준이 2023년 9월은 금리를 동결하며 지나갔지만, 2023년 11월은 12월을 앞두고 금리 인상을 할 것이 분명하다.

최근의 금리 상승은 미국의 양호한 경제성장, 막대한 정부의 차입 부담, 고물가 지속 기대 등에 기인한다. 2024년 미국 대선을 앞두고 민주당과 공화당의 유력 후보인 바이든과 트럼프 모두 확장적 재정 지출을 선호한다는 점 또한 최근의 고금리 상황을 뒷받침한다.

고금리는 비효율적인 투자를 줄이는 등 긍정적 효과와 조달 비용 증가 등 부정적 효과가 혼재하는 상황을 가져온다. 미국정부가 향후 상당기간 동안 재정지출을 강화할 것이라고 보는 이유는 고금리 상황에서 기업들의 투자 비용, 즉 자본 조달비용이 증가할 것이기에 이를 정부가 보조금 형태로 지원함으로써 신기술 개발과 투자에 기업 활동을 장려한다는 의미가 된다.[47] 즉 고금리로 인해 기업활동이 위축될 가능성이 있기에 미국정부는 재정을 투입하는 IRA 법안과 CHIPs 법안 등을 지속적으로 제안하는 것이다. 미국의 민주당과 공화당이 상하원에서 이들 법안과 부채상한법안 등을 놓고 논쟁하는 배경은 건전 재정에 대한 다툼도 있지만, 그보다는 재정 집행에 대한 투명성과 결과에 대한 비교적 예측 가능한 분석을 제고하자는 데 있을 것이다.

이에 비해 중국의 통화 및 재정정책의 인프라는 매우 취약하다. 중국의 경우 거시경제정책은 사회주의 경제시절에 어느 정도 케인지안식 정책이 있었을 수 있으나 미시경제 정책은 전무했었다. 1980

년대 중반 이후 중국 유학생들이 미국에 왔을 때도 미시경제학은 그들에게 무척이나 생소한 과목이었다. 미시경제학의 가장 기본은 가계 효용의 극대화, 기업의 수익 극대화에 있었기 때문이다. 공산당이 '사회주의 낙원'을 외쳤지만 기업과 가계가 경제활동의 또 다른 주체라는 점은 인정하지 않았을 때이고, '생산이 있어야 분배가 있다'는 마르크스의 자본론은 공산당 당원에게는 제한된 언어였으며 (지금도 그럴 것으로 보인다), 또한 거시경제 정책들이 결국 미시경제에 직간접적인 영향을 주고받는다는 점을 이해하지 못했다.

그들이 졸업해서 중국으로 귀국해서 현재의 중국경제 성장의 토대가 되었다 하더라도, 그러한 자본주의 자유시장경제 체제 이론이 시장 전반에 걸쳐 공민 모두에게 퍼져 나갔을 것이라고는 볼 수 없다. 어쩌면 3억~4억 정도의 중국 인민들이 현재 중국경제 전반을 대변한다고 봐도 무방할 것이다.

그렇다면 중국정부가 왜 판공생 신임 인민은행 총재를 외환관리 전문가로 임명했는지 이해가 되며, 여기에는 금리정책과 유동성 관리 측면이 부분적으로 배제되었고, 향후 재정확장 정책은 기대하기 어렵다는 점도 예상할 수 있다.

중국은 1998년 아시아 외환위기 당시에도 홍콩을 통해 본토 유입을 차단하는 정책으로 막았다. 거기엔 정교한 재정 및 통화정책이 존재하지 않았다. 사실 이러한 점이 중국정부로서도 딜레마다. 정교하고 신뢰 가는 통화 및 재정정책을 펼칠 수 없다면 이는 금리, 환율 및 통화 유동성 정책을 신뢰할 수 없다는 의미가 되고, 결국 중국이 그토록 원하는 위안화의 기축통화, 최소한 아시아 지역의 기축통화로서의 지위조차도 보장받기 힘들다는 점을 반증하기 때문이다.

방법이 하나가 있긴 하다. 중국 경제학, 중국 경영학, 중국 정치학 등 중국이 새로운 자신의 사회 및 자연과학의 영역을 확고히 구축하는 것이다. 봉건주의 붕괴 이후 근대 및 현대 자본주의 시대로의 전환과 변화기를 서구 선진국이 거치며 역사적으로 체계화한 교육·인문·예술·문화·정치·경제·행정 등의 모든 사회적 인프라를 학문적으로 논리적으로 검증하고 체계화할 수 있다면 중국식 거시경제·미시경제 정책의 전파가 가능할 것이다.

더구나 미국과 영국에서 수립된 수많은 경제정책들의 이론에 맞대응할 수 있고, 오히려 더 설명력을 갖는다면 21세기 이후 세계경제는 중국 중심으로 재편될 것이 분명하다. 문제는 미국을 비롯한 서구 선진국 그룹들이 그렇게 두고만 있지도, 두고만 보지도 않을 것이라는 데 있다.

중국 부동산 경제에 대한 해외의 부정적 평가들

중국 부동산시장으로 돌아가보자. 중국경제 위기론은 자국경제에 대한 신뢰 위기라는 점을 분명히 하자. 중국인들은 국가의 미래에 대한 믿음을 잃고 있으며, 이 같은 자긍심 하락은 전체 경제를 끌어내릴 수 있다.

물론 시진핑 주석은 중국경제가 견조하며 장기 성장세를 위한 펀더멘털에 변함이 없다고 여전히 강조하고 있다. 하지만 이러한 수사적 표현은 문제해결에 전혀 도움이 되지 않는 공허한 메아리일 뿐이다.

중국경제에 대한 해외의 시각을 간단히 정리해보자. 물론 여기서 해외의 시각을 정리할 때, 중국경제의 침체와 둔화를 노리거나 기대하는 사나운 늑대와 같은 눈빛도 감추어져 있음을 충분히 인지해야 한다. 무조건적인 비관론이나 불신론을 받아들여서는 곤란한다. 중국은 중국 나름의 경제를 지난 50년간 꾸준하게 구축해 온 점도 평가는 받아야 하지 않겠는가.

해외 주요 기관들의 중국 부동산 경제에 대한 부정적 평가들은 다음과 같다.

첫째, 중국 은행들의 실적 악화 및 글로벌 투자 심리 위축을 들고 있다. 따라서 경기둔화보다는 금융위기를 더 경계해야 한다고 강조하고 있다.

둘째, 중국 부동산시장의 더블딥 가능성과 금융시스템 리스크 확대에 대한 우려다. 하지만 중국 부동산시장의 위험이 중국경제 위기나 2008년 글로벌 금융위기 수준으로 이어질 가능성은 낮다고 판단하고 있다.

셋째, 중국의 소극적 경기부양책, 부채에 의존한 경제성장 회피로 중국경제 성장과 경기회복은 불투명하다.

넷째, 중국정부의 주택구매 제한 완화 제안 및 증시 활성화 대책 등에도 불구하고 중국 부동산시장 부진이 장기화될 때 경제성장률이 추가 하락할 가능성이 점증하고 있다. 이 경우 중국 위안화는 4% 추가 하락할 전망도 나오고 있다.

다섯째, 중국정부가 최근 적극적인 재정정책 및 부동산 기업 안정 정책을 발표하고 있지만 시장의 반응은 시큰둥하다. 해결해야 될 지방채(LGFV) 등 그림자 금융의 규모가 이미 중국정부의 해결 범위를 넘어섰다는 판단이 있을 수 있다.

중국경제에 대한 해외 주요 기관들의 시각

해외 주요 기관	전망
노무라	2023년 중국경제성장률 전망치를 4.6%로 잡아 종전대비 0.5%p 하향 조정. 한편 중국경제지표들이 예상보다 부진한 상황을 반영한다고 판단, 내년 경제성장률 전망은 3.9%
UBS	중국경제 성장률 전망치를 2023년 4.8%, 2024년 4.2%로 하향 조정. 깊고 긴 부동산 경기 침체 예상(2023년 부동산 착공은 전년대비 -25%, 부동산 투자는 -10%), 달러/위안 환율은 2023년 말 7.15위안, 2024년 말 7.0 위안
시티	역외 위안화 유동성 흡수 조치만으로는 환율 방어가 역부족
골드만 삭스	중국 시스템 리스크는 낮지만, 거시경제 변동성이 잦아들 때까지 불확실성은 지속될 전망. 중국 정책당국의 보다 강화된 대응 방안이 필요 부동산 부문이 금융부문 시스템 리스크로 확대되지는 않을 전망. 신탁 상품 손실이 유동성 스트레스를 일부 야기하겠지만 관리 가능 수준
블룸버그	시진핑 정부는 과도한 복지주의에 대한 경계 등으로 대규모 가계지원, 재정정책에도 미온적. 정책 방향이 사태 해결을 저해하는 측면
JP모건	거시경제 측면에서 부동산시장이 최대 리스크 요인, 그림자 금융 및 LGFV로 파급될 가능성이 고조. 부동산시장이 더블딥에 빠질 전망
무디스	중국정부의 토지판매 수입 감소는 중국 경기둔화 및 지방정부 재정 악화가 지속될 수 있음을 시사
월스트리트 저널	중국의 40년 호황을 이끈 모델이 망가짐. 위험신호가 도처에 존재. 경제부진, 지방정부 불안, 부채문제, 부동산 위기 등 위험이 산재. 향후 중국경제 성장속도는 훨씬 둔화될 가능성
유라시아 그룹	중국 부동산 위기가 정치 부문으로 확대될 위험. 시진핑 정부가 경제 부진 책임을 회피하고자 내부 압박과 해외도발 강화할 가능성

자료: 국제금융센터, 중국 부동산 사태 및 금융시장 동향, 2023. 8.22~24

앞의 표에서 언급한 몇 가지 사안에 대해 정리해보자. 먼저 JP모건이 지적한 LGFV(Local Government Financing Vehicle) 및 그림자 금융에 대해 정리해본다.

LGFV 문제의 해결, 결코 간단할 수 없다

지방정부 자금 조달 기금(LGFV)은 지방 자금 플랫폼(Local Financing Platform, LFP)으로도 부른다. 지방정부 기금은 중국 지방정부의 자금 조달 메커니즘이다.

LGFV의 문제점에 대한 우려는 2022년 9월 28일 강원도 레고랜드 사태가 이해에 도움이 될 것이다. 정부가 보증한 채권이 정부가 보증을 철회할 때 생기는 파급효과는 지방정부라 하더라도 그 파급효과가 엄청나다. 레고랜드 사태 이후 한국전력, 한국 도로공사, 부산 교통공사, 한국 가스공사, 인천 도시공사 등의 채권 발행 등이 줄줄이 유찰되었다.

일반적으로 부동산 개발 및 다른 지역 인프라 프로젝트를 자금 조달하기 위해 돈을 빌리는 투자 회사 형태로 존재한다. 특수목적 법인(Special Purpose Company, SPC)이라고 하는데, 레고랜드에서는 '강원도 중도개발공사'가 그 역할을 했었다.

LGFV는 은행에서 돈을 빌릴 수도 있으며, '지방 투자 채권' 또는 '지방 기업 채권'이라고 하는 채권을 판매해 개인으로부터 돈을 빌릴 수도 있다. 이러한 채권은 '재산 관리 상품'으로 재투자상품화되어 개인에게 판매될 수도 있다. 물론 금융시장의 발전 정도에 따라 파생상품으로까지 금융상품화할 수도 있다. 2008년 서브프라임 사태가 그랬다.

따라서 중국 내에 사실상 정확한 정보가 없는 상황에서 LGFV의 상품들이 금융시장에는 '그들만'의 파생상품으로 거래가 되고 있는지, 즉 장외거래 시장에서 알 수가 없지만, 만일 거래가 된다면 그 부실의 파급효과는 서브프라임 사태를 초월할 수도 있다.

중국의 지방정부는 지방 채권을 발행할 수 없기 때문에 LGFV는 지방정부가 경제 발전을 위해 자금을 확보하는 독특한 역할을 해왔다. 물론 여기엔 정치적 요소가 짙게 베여 있다. 각 성장(각 성의 행정장관)마다 향후 자신의 정치적 입지 강화를 위해, 경제발전의 업적을 쌓기 위해 중앙 공산당 정부에 보고하는 성장 기여 자료가 중요할 수밖에 없다. 따라서 지방정부 성장들은 이를 위해 이러한 특수목적법인을 통한 자본조달 기금 마련에 서로 혈안이 되었을 수 있다.

특수목적법인이 가장 빠르고 고수익을 낼 수 있었던 부문이 바로 부동산 투자였다. 하지만 만일 충분한 수익을 내지 못해서 지방정부가 채권 상환을 이행하지 못할 경우, 다시 채무 상환을 위해 더 많은 자금을 조달하는 경우가 있을 수 있다. 만일 그러한 수치가 누적되어왔다면, 그 규모가 어느 정도 지방정부가 감당하기 어려운 수준이라면, 과연 중앙정부가 나서서 이들의 채무를 변제하거나 탕감해줄 것인가?

중국정부는 일단 LGFV부실화 대응에는 자신감을 보이고 있다. 2023년 8월 11일 지방정부 자금조달기구(LGFVs) 및 기타 재무제표상에 나타나지 않는 부채 발행(off balance sheet)에 대한 부채 상환을 위해 지방정부가 총 1조 위안(약 1,400억 달러) 규모의 채권 판매를 통해 조달하도록 허용토록 했다.

중국 재무부는 '재무 채권' 프로그램에 관해 각 지역별 할당량을 통보한 것으로 알려졌다. 하지만 경기둔화와 함께 빚더미에 빠진 지방정부는 급속한 성장 기간 동안 과도한 인프라 투자, 땅 매매 수익의 급감 및 급증한 코로나19 비용으로 몇 년 동안 중국경제와 재정 안정에 큰 위험 부담을 주고 있다.

중국정부는 지방정부가 비싼 LGFV 부채를 대체하기 위해 약 3%의 이자율로 채권을 발행할 수 있도록 허용했다. 하지만 일부 도시와 LGFV는 7~10%의 이자를 지불하고 있는 게 현실이다. 이는 파산 위험이 높다는 반증이다.

2015년부터 2018년까지 지방정부는 대략 12조 위안의 채권을 발행해 재무제표상에 나타나지 않은 부채와 교환했으나 부채는 계속해서 증가하고 있다. 2022년 현재 지방정부 부채는 경제 산출의 76%에 해당하는 92조 위안으로 증가했다. 2019년에는 62.2%였다.

문제는 앞으로다. 중국 경기침체, 부동산 부문의 심각한 불황과 함께 LGFV의 재정 상황이 악화될 것이며, 이로 인해 점점 더 많은 부동산 개발사가 채무 불이행을 발표할 것이다. 헝다가 처음이었고, 비구이위안이 뒤를 이었다.

그림 20. 2023년 기준 중국 포춘 500에 포함된 중국 부동산 회사(단위: 십억 위안)

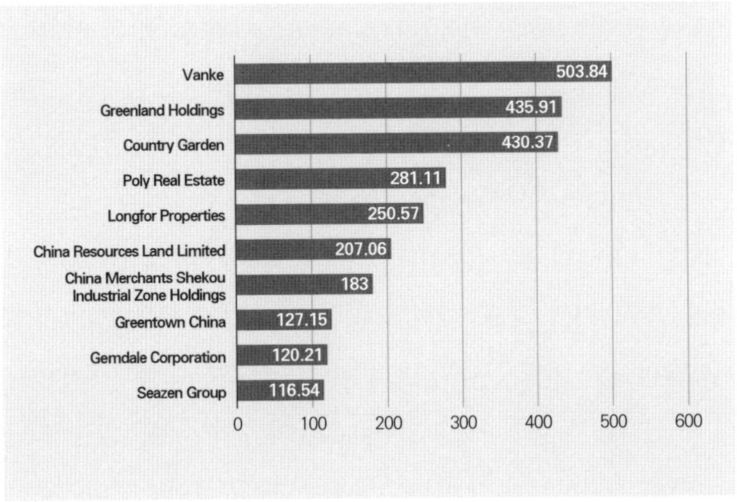

Vanke 503.84
Greenland Holdings 435.91
Country Garden 430.37
Poly Real Estate 281.11
Longfor Properties 250.57
China Resources Land Limited 207.06
China Merchants Shekou Industrial Zone Holdings 183
Greentown China 127.15
Gemdale Corporation 120.21
Seazen Group 116.54
0 100 200 300 400 500 600

자료: www.statistica.com

줄도산 소식은 막으려 하겠지만, 지방정부의 주요 수입원인 개발사에 대한 땅 경매도 팬데믹 지출 대응을 위한 지출 요구가 급격하게 증가한 때와 함께 급감하고 있다는 사실에 주목해야 한다. 블룸버그는 베이징, 상하이, 광동 및 티베트를 제외한 모든 지방 단위 정부가 이 채권을 사용해 '은폐된 부채'를 상환할 수 있을 것으로 보지만, 결코 쉽지는 않다. 중국정부는 고위험 지방 및 도시, 즉 구이저우, 후난, 길린, 안후이 지방 및 톈진 시와 같은 곳에서 추가 지원책을 고민하고 있을 것이다.

이 같은 우려가 처음 세상에 알려졌던 것이 2020년 중국 부동산 위기다. 지방정부가 LGFV와 땅 매매에 의존하는 것에 대한 우려를 고조시켰으며, 당시 지방정부 채권규모는 중국 채권시장 전체의 23%에 달하는 28.6조 위안(약 4.5조 미국 달러)로 추정되었다. 국제통화기금(IMF)은 2018년부터 2023년까지 지방정부 부채가 거의 2배로 증가해 66조 위안(약 9.1조 미국 달러)에 이른다고 추정하고 있으며, 이는 약 18조 달러에 달하는 중국 GDP의 절반에 가까운 규모다.

2023년 8월 현재까지는 어떤 LGFV도 채무불이행을 선언하지 않지만, 일부 지방정부 채무액이 마지막 만료 시기에 지불되었다는 점이 드러나면서 지방정부의 재정과 함께 중앙 공산당 재정까지 압박할 수 있다는 지적이 나오고 있다. LGFV의 수와 부채는 최근 몇 년 동안 급증하면서 부채 상환 능력 및 이후의 채무불이행에 대한 우려가 더욱 높아졌다.

비록 LGFV는 지방정부가 운영하기에 투자자가 그들이 책임을 지라고 요구할 경우 담보로 지정되지 않는 빚은 '기업 부채'로 분류되며, 중국정부는 파산한 LGFV를 구제하지 않을 것을 시사하고 있다. 이 부분은 현실성이 없는 현재까지의 중앙 공산당 정부의 주장일 것으로 판단된다. 부채 상환이나 이러한 최악의 사태가 일어나지 않게 할 자신이 있다는 의미일 수도 있고, 만일의 경우 책임지지 않겠다는 이중적 뜻이 포함되어 있다.

지방정부가 전통적으로 소유한 토지 때문에 LGFV는 땅 매매 또는 임대를 통해 수익을 창출하는 방법을 통해서 채권 상환을 이행하기도 한다. 토지는 채권을 담보로 사용하는 데 사용될 수 있기 때문이다.[48] 하지만 LGFV 문제를 해결하는 게 이처럼 간단할 수 없다.

미국과 유럽의 선진 금융기관들은 이미 이러한 사실을 알고 있을 것이다. 중국경제 정책 리더들이 지방 채무 위험을 해결하기 위한 '여러 조치의 바구니(basket of measures)'를 공개하겠다고 약속했지만 세부 사항은 발표하지 않았으며, 지방 채무의 연쇄적인 불이행 가능성이 금융 부문을 불안정하게 만들고 경기침체 중인 경제에 더 많은 압력을 가할까 우려되고 있는 게 사실이다.

아직 알려지지는 않았지만, 중국정부가 생각하는 조치들에는 채무 스왑, 대출 재기, 일부 지방정부를 구제하기 위한 중앙정부에 의한 채무 발행 등이 포함될 것으로 생각할 수 있다. 문제는 그 규모다. 9.1조 달러의 부실을 어느 정도 유동성을 투입해서 막을 것인지에 대한 구체적인 해답을 찾기가 어렵다. 중국정부가 한번도 해본 적이 없기 때문이다. 약 1조 위안(추정 총 LGFV 부채의 1.5%)으로 99조 위안을 덮을 수 있을까?

추가 조치는 시기적으로 늦을 수 있다. 이미 시장은 혼란에 빠져 있을 것이기 때문이다. 국가에 대한 신뢰의 둑이 무너지면 삽시간에 도시는 물에 잠긴다. 물론 보수 공사를 할 것인지, 재건축을 할 것인지 결정하기까지 기다려줄 수는 있다. 하지만 그 시간이 그다지 길지는 않을 듯 보인다.

미국 서브프라임 모기지 위기도 2006년부터 미 워싱턴 의회의 상하원 주요 경제 관련 상임위원회의 핵심 단골 주제였다. 하지만 미국 정치인들도, 경제인들도 무시했었다. 중국이라고 다를까?

중국 부동산의 지연뇌관인 그림자 금융

중국 부동산시장 위기와 관련한 두 번째 지연뇌관은 '그림자 금융(Shadow Banking)'이다.

당초 그림자 금융은 은행의 전통적인 자금중개 기능을 보완하는 한편 금융산업의 경쟁을 촉진함으로써 효율적인 신용 배분에 기여하는 순기능을 기대한다. 하지만 지난 2008년 서브프라임 모기지 위기에서 보았듯이 느슨한 규제하에서 과도한 리스크 및 레버리지 축적, 은행 시스템과의 직간접적인 연관성 등은 시스템 리스크를 촉발·확산시킨 원인 중 하나로 지목되고 있다.

중국의 그림자 금융 또한 심각하다. 중국의 그림자 금융은 중국경제에 금융 시스템 위험을 가하고 있으며, 경제성장이 둔화되면서 다른 금융 및 실물경제로 전파될 가능성이 높다.

미국은 중국정부의 그림자 금융에 대해 이미 10여 년 전부터 세밀한 모니터링을 해오고 있다는 점은 많은 내용을 시사한다. 자칫 깊게 다루면 왜곡된 '음모론'으로 변질될 가능성이 있기에 이 부분은 독자들에게 맡긴다.

그림자 금융 문제가 어떻게, 왜 중요한 잠재적 지연뇌관인지는 2014년 미국 세인트루이스 연방준비은행의 분석 보고서를 참고할 수 있다.

2008년 금융위기 이후 정부의 경기 부양책으로 인해 발생한 낮은 (때로는 마이너스) 실질 금리 환경은 많은 개인과 투자자들에게 높은 수익과 다양한 자산 포트폴리오를 찾게 만들었다. '그림자 금융 시스템'은 그런 기회를 제공하는 유용한 기구(vehicle)로 받아들여졌다. 굳이 그러한 금융 기구를 이용하지 않는다 하더라도 2008년 이후 급락한 금리를 감안할 때 부동산 개발만 한 수익을 낼 수 있는 자산 투자는 중국에서 찾을 수 없었을 것이다. 미국경제가 거의 부실화된 상태에서 중국이 당시는 대세였기 때문이다.

아울러 2010년 인플레이션을 억제하고 신속한 신용 확장을 제한하기 위해 공식 은행 시스템에 '볼커 룰'과 같은 중요한 규제 정책과 제한 조치들이 부과되었었다. 중국도 예외는 아니었다. 이로 인해 많은 개인과 중소기업들에는 지나친 유동성 공급을 경계하기 위해 대출 심사가 엄격해지면서 신용 공급이 줄어들었으며, 대부분의 대출을 위해 비공식 및 그림자 금융을 찾게 되었던 것이다. 결과적으로 중국의 그림자 뱅킹은 빠르게 성장했으며, 이로 인해 이자율 통제와 신용 규정을 우회하려는 사람들로 인해 증가율이 2011년에는 28%, 2012년에는 42%였다.

그림자 금융은 주로 신용 접근성을 확대하고 저축자들을 더 잘 보상하는 등 경제적 이점을 가질 수 있지만, 그 음성적인 성격으로 인해 시스템이 상호 연결되고 관련 당사자가 높은 레버리지를 가지기 때문에 경기가 급속히 둔화하거나 침체에 빠지면 심각한 시스템적 위험을 초래할 수 있다.

경기가 더 빠르게 하락하고 있는 현재 경제 상황에서 중국 도시들의 장단기적 성장이 둔화될 것으로 예상된다. 예를 들어 원주 지구에서는 지하에서 대출금을 상환하지 못하는 채무자들이 더 자주 발생해 그림자 뱅킹 부문이 붕괴할 것을 크게 우려하고 있다. 중국 동남부 지구에서는 2012년 6개월 동안 80명 이상의 사업가가 지하 대출을 상환할 수 없어 파산 선고를 내리거나 자살한 사례가 늘어나고 있다.

이러한 경우 규제 감독 부재는 잠재적인 시스템적 위험을 악화시킨다. 하지만 중국 내부에서는 그림자 금융의 빠른 성장이 우려되지만 상대적인 위험은 그리 크지 않다고 평가하는 분위기다. 비공식 자금 조달의 다른 출처를 포함해 2012년 말 중국의 그림자 뱅킹 시스템은 국내 총생산(GDP)의 69.3%인 약 36조 위안 규모다.

가장 큰 구성 요소인 신탁 및 자산 관리 제품은 GDP의 28.1%인 14.5조 위안을 차지했다. 같은 기간 미국의 그림자 뱅킹은 GDP의 170%였다. 미국과 대조적으로 중국에서 그림자 뱅킹 시스템 붕괴의 상대적인 영향은 여러 가지 이유로 제한될 것으로 보인다.

투자자들은 2008년 미국 대불황(Great Recession) 이전의 미국과 비교해 안전한 레버리지를 가진다. 첫째, 국영 은행들은 미국 금융기관들보다 더 수익성이 높다. 둘째, 금융기관들은 상호 연결성이 미국에 비해 낮다. 셋째, 경기 호황은 주로 외국 자본 유입이 아닌 국내 투자에 의해 주도되고 있다. 즉 해외 단기 채무나 자본 이동의 노출도가 미국과 여타국가들에 비해 높지 않다. 넷째, 부실이 발생할 경우 그 책임 소재는 분명히 투자자에게 국한된다. 만일 그림자 금융의 부실이 발생하더라도 비은행 기관을 구제하지 않을 것이며, 그 부담은 정부나 세무자가 아닌 국내 투자자들의 몫이라는 것을 분명히 하고 있다. 마지막으로, 중국에서 그림자 금융 열기의 대부분을 차지하는 자산 관리 제품과 신탁은 미국에서 판매되는 혁신적인 금융 제품보다 훨씬 단순하다. 따라서 중국의 그림자 금융 부문 부실과 붕괴는 중국경제 및 세계경제에 제한적인 영향을 미칠 것이다.[49]

미 세인트루이스 연준의 10년 전 평가를 토대로, 2023년 8월 이후 가능한 최악의 시나리오를 가정해보자. 중국에서의 그림자 금융 시스템 붕괴가 2008년 대불황 중 미국에서 경험한 것과 유사한 성격을 가진다고 가정해보자. 아주 간단하게 평면적인 비교를 해본다. 미국에서는 미국의 경기가 대공황 이전의 추세에서 약 -10% 감소했으므로 중국에서는 그림자 금융 시스템의 상대적 크기를 고려하면 GDP 수준이 -4% 정도 감소할 것으로 추정해본다. 중국은 2022년 기준 전 세계 GDP의 약 18%(2014년에는 12%)를 차지하므로 중국의 경제 활동이 -4% 감소하는 것은 세계 GDP의 큰 감소로 이어지게 된다. 2014년과는 다른 시나리오다.

아울러 그림자 금융이 앞서 언급한 LGFV와 연계되어 있으면서 재무제표상에 드러나지 않는 부분이 포함된다면 그 파급효과는 중국 내부 금융산업에 국한되지 않을 것이다. 서구 자본금융이 그렇게 중국 부동산시장 개발에 무관심하게 구경만 하고 있었을 리 만무하기 때문이다.

우려가 현실로 나타나고 있다. 중국의 그림자 금융 부문에서의 위기로 인한 부도 발생이 본격화될 수 있다는 시그널들이 나오고 있다. 중국의 그림자 뱅킹 부문에서 발생한 심각한 위기가 다수의 경기둔화 문제에 시달리는 중국경제에 더 큰 피해를 입힐 위험이 있으며, 동시에 베이징 정부가 재정 자극을 통해 구제할 능력을 의심하는 새로운 보고서가 나왔다.

중국 당국은 국영 중국 건설 은행의 자회사인 시티트러스트(Citic Trust Co.)를 동원해 중앙성 신탁(Central Trust)의 상태를 평가하도록 지시했다. 시티트러스트는 2021년 큰 자산 관리사의 신용평가를 수행하라는 요청을 받았는데, 이는 해당 회사들의 붕괴를 방지하기 위한 대규모 구제 패키지의 시작이었다. 2008년 서브프라임 전인 2006년부터 본격화된 시장 경고의 경험을 뒤따르는 것이다.

중국의 2.9조 달러 규모의 신탁 산업에서 주요한 역할을 하는 중국 중앙성 신탁은 중앙 신탁 엔터프라이즈 그룹(Zhongzhi Enterprise Group)의 자회사이며, 거의 900억 달러의 투자자 자산을 보유하고 있다. 2023년 8월 초에는 여러 투자 자산에 대한 지불 채무 이행을 하지 못하고 파산에 대한 우려를 촉발했다. 중국의 신탁 부문의 재정 건정성에 대한 우려는 중국정부가 경기회복과 경제 성장을 유지하려고 애쓰고 있는 시기에 나타났다.

일부 경제학자들은 특정 종류의 재정 자극 패키지가 필요할 수도 있다고 추측하고 있으며, 중국경제에 대한 전문 지식을 가진 미국 연구 기관인 로디움 그룹(Rhodium Group)의 최근 분석 역시 중국정부가 위기에서 벗어날 수 있는 수단을 사용할 것이라는 낙관론이 생각보다 제한적일 수 있다고 본다.

그림자 금융이라는 용어는 중국경제의 한 부문을 가리키며, 은행 기반 대출의 전통적인 외부 파이프 라인으로부터 자금을 유입시키는 방식을 가리킨다. 앞서 설명했지만 이 회사들은 중국에서 잘 알려진 큰 회사들로, 은행 예금의 공식 이자율이 1.5% 미만인 나라에서 중국 투자자들에게 몇 년 동안 은행 예금보다 훨씬 높은 수익을 제공해왔다. 또한 대부분의 경우 자본 손실의 가능성으로부터 투자자를 보호할 것이라는 안정성을 제공하고 있다.

높은 수익률은 중국경제가 10% 이상의 연간 성장률로 성장했던 시기에 비교적 쉽게 신뢰를 주었지만, 팬데믹 이후 최근 몇 년 동안은 이를 달성하기가 훨씬 어려워졌다. 신탁 부문을 통해 투자된 자산 중 상당 부분은 최근 몇 년 동안 위기에서 위기로 이어진 중국 부동산시장으로 유입되었고, 최근 부동산 개발사들의 연이은 파산과 파산 가능성에 대한 공포는 이들의 재정건전성 문제에 합리적인 불확실성을 갖게 하고 있다.

골드만삭스(Goldman Sachs)의 최근 분석에 따르면 중국의 신탁 부문에서의 손실 규모가 전체의 10%만이라고 가정하더라도 약 1.9조 위안(약380억 달러)에 달할 수 있는 것으로 추정된다.

사실 그림자 금융의 위험성을 감춘다는 것은 어렵다. 종룽신탁

(Zhongrong)이 투자자에게 판매하는 많은 투자 상품은 수입의 안정된 흐름을 제공하는 것을 목적으로 하며, 일부 투자 상품에 대한 배당과 수익은 한 달에 한 번씩 지급되도록 설계되어 있다. 따라서 이들은 심각한 재정 위기를 감추기가 예외적으로 어렵다. 이미 투자 분석가들은 그림자 금융사들이 투자자들에게 지불하지 못한 수십 개의 투자 상품을 확인했다. 특히 그림자 금융의 일부 단기 투자 자산의 인출이 중단되었다고 보도되면서 투자자들이 현금을 찾기가 어려워지거나 불가능해졌다.

위기의 주요 원인 중 하나는 부동산 산업의 어려움이다. 지난 2022년에 종롱신탁은 시장에서 예상되지 않은 회복을 기대하며 여러 가지 문제가 있는 주택 제품에 자금을 투입했다. 이 회사의 자산 관리 총액 중 약 11%가 부동산 사업에 투자된 것으로 추정된다. 중국 금융 그룹인 중앙 신탁 엔터프라이즈 그룹(Zhongzhi Enterprise Group)에 소속된 종롱신탁은 기존에 큰 규모의 부동산 노출이 있었다. 그 지급 누락은 중국의 부동산 위기가 악화되면서 금융 부문에 추가적인 압력을 가하는 지연뇌관이 되고 있다. 2023년 8월 16일에는 상해 상장 중국 생명 보험 회사(New China Life Insurance Company)에 2022년 말 종롱신탁 투자 상품에 140억 위안(19.2억 달러)을 소유하고 있는 투자자가 지급 누락 가능성이 있는지 물었으나, 그 어떤 대답도 듣지 못했다고 한다.[50]

투자자들은 이틀 후 두 상장 기업이 종롱신탁으로부터 만기가 도래한 신탁 제품에 대한 수익금 지급을 받지 못했다고 공개한 후, 상해 및 심천에 상장된 수십 개의 기업에 투자자 관계 플랫폼을 통해 100개 이상의 질문지를 제출했었다. 이 질문 목록은 계속해서 늘어나면서 종롱신탁의 유동성 위기가 생각보다 규모가 크며 지역적으로 광범위하게 퍼져 있다는 우려와 함께 이미 중국경제의 둔화로 압박을 받고 있는 금융 시스템 전반에 전염될 위험을 촉발할 수 있다는 것을 시사했다.

이러한 위기는 감춘다고해서 쉽사리 감춰지지 않는다. 최근 발표된 연례 보고서에 따르면 종롱신탁은 2022년 말 기준으로 7,857억 위안 (약 107.69억 달러)의 자산을 관리하며, 그중 6,293억 위안이 신탁 제품과 연계되어 있다.

그림자 금융 기업들의 '재정적 여유' 부족은 확실하다. 중국정부는 최근 몇 달 동안 경제를 촉진하기 위한 조치를 취하고, 주식시장을 살리기 위한 규칙 변경을 최근에 시행했지만, 일부 경제학자들은 어떤 종류의 재정 자극 패키지가 결국 필요할 수도 있다고 강조한다. 과거에 중국은 대규모 정부 투자를 통해 인프라와 산업을 촉진해 경제 성장을 견인해왔다. 하지만 로디움 그룹의 연구 분석에서는 중국정부가 그런 구제를 제공할 수 있는 능력이 이전보다 제한적일 수 있다고 분석한다.

실제로 중국의 재정 능력은 매우 제한적인 듯 보인다. 전체 국가재정은 투자 주도 성장으로부터의 수입(收入)을 중심으로 구성되어 있으며, 글로벌 경제 경기둔화와 중국의 대외 수출 둔화로 이제 이러한 추세가 끝나가고 있기 때문이다.

미국이 중국을 때리는 가장 섬세한 부분은 금융

미국이 중국을 때리는 가장 섬세한 부분으로 금융 산업과 그림자 금융 및 LGFV와 같은 금융시스템일 가능성이 있다. 조세 수익은 경제 규모에 비해 계속해서 감소하고 있으며, 부동산시장의 하락으로 토지 판매 수입에도 악영향을 미쳤다.

실질적인 재정적자 규모는, 중앙 및 지방정부 예산을 모두 포함할 때 GDP의 6-7% 정도로 보인다. 이 같은 규모의 지속적인 재정적자 규모는 그다지 크지 않아 내부에서 충분한 자금을 조달할 수도 있다. 하지만 그럴 경우, 중국 공산당이 계획했던 전략적 지출에 대한 계획뿐만 아니라 향후 몇 년 동안 성장을 지원하기 위한 재정 보조금 등 경기 촉매제로서의 재정 사용이 제한될 것이다. 따라서 중국 경제의 또 다른 미시적 위험요인이 금융산업 곳곳에 소비 둔화, 수출 부진 및 부동산시장 경기둔화와 맞물려 잠재하고 있음을 경계해야 한다.

미국이 주목하고 있는 부분이 실물에서는 반도체와 AI 및 양자컴퓨팅 등 신기술이라면, 금융부문에서는 중국의 투자자금의 흐름이 부동산 경기에 집중되어 있다는 점이다. 이는 미국과 유럽 선진 경제에서 인류 문명 이후 발생한 15차례 대공황 가운데 대공황에 버금가는 경제위기의 촉발이 거의 대부분 부동산 버블 붕괴에서 비롯되었다는 역사적 교훈에 명시된 내용에 따른 것이다. 아시아 외환위기 당시 한국경제나 그 이전 1995년 일본의 '잃어버린 30년'의 시작

점도 부동산 버블 붕괴였다.

특히 중국의 그림자 금융 부문은 미국과 많은 서구 자본시장 전문가들에게 초미의 관심사였으며, 이에 대한 불확실성은 이들이 알고서도 내버려둔 측면도 존재한다. 그 이유는 너무나 간단하다. 이들이 돈을 버는 데 있어 굳이 중국경제가 부동산 경기의 과열을 통해 내수를 진작하든 말든, 그건 그들의 관심사가 아니기 때문이다. 단지 돈만 벌면 그만인 것이다.

2023년 한국경제는 40년 전 1983년 한국경제와 닮은 꼴이다. 러시아-우크라이나 전쟁은 중동전쟁 이후 불안한 중동정세를 닮았고, 2차 오일 쇼크로 고유가도 비슷하다. 고유가로 빚어진 글로벌 경제는 유동성 부족에 허덕였다. 미 달러화에 대한 불확실성이 커지면서, 1985년 프라자 합의가 있었고, 이듬 해에는 미일 간 반도체 협정도 있었다. 당시 우리나라 외채는 390억 달러 규모다. 4천만 국민을 가정하면 1인당 약 1천 달러의 빚을 지던 시기였다.

당시 외환위기가 코앞이었다. 하지만 한국경제에 순풍이 분 것은 중동건설 붐과 함께 찾아온 유가 급락, 미국경제의 회복 조짐이었다. 결국 미국경제의 회복 없이는 한국경제의 회복, 세계경제의 회복을 가정하기엔 부족하다. 중국경제는 세계 2위로 18%의 비중을 차지한다. 하지만 중국의 경제정책은 미국과 그 반대다. 경기회복과 둔화, 고금리와 저금리, 정부부채 확대와 긴축, 저실업률과 고실업률.

하지만 닮은 꼴도 있다. 상업 부동산시장 불안과 전체 부동산시장 버블 붕괴 가능성, 누가 옳은가? 아니면 둘 다 틀리고 둘 다 맞는가? 한국경제는? 정교하지 못하고, 전략적 유연성이 없이는 21세기 도생은 불가능하다. 행동보다 말이 앞서는 것은 거짓말이고 포퓰리즘이다. 적어도 한국은 60년대와 70년대에는 행동이 말보다 앞섰다. 다들 대학을 나오고, 유학까지 스펙이 쌓이는데, 그런 지도자는 찾기가 더 어렵다.

금리 인하 시점을 가리키는 '피보팅(pivoting)'의 시기가 한국경제가 맞닥뜨린 정확한 위상이다. 올라갈지, 내리막길로 갈지 언젠가는 결정이 나겠지만 우리의 운명을 우리가 책임지지 못한다면 그것이 제일 비참한 시나리오다.

PART 3

2024년 이후 한국경제 빅픽처

시나리오를 쓰기 위한 가정을 우선적으로 점검하다

한국경제의 미래를 두고 8가지 시나리오를 만들 수 있는데, 시나리오 2를 기준 시나리오로 가정한다. 8개의 시나리오는 2023년부터 2028년까지의 연평균 대미 달러에 대한 위안화와 원화의 환율과 대일 엔화에 대한 원화 환율을 각각 나타낸다.

여기서 제시하는 2024년 이후의 한국경제 시나리오는 다음의 8가지 대외 정치경제 환경과 국내 경제 상황을 전제로 해서 예측해보는 것이다.

첫째, 미국경제는 2023년 이후 경기회복에 성공/실패할 것이다. 둘째, 중국경제는 2023년 이후 경기둔화가 심화/회복된다. 셋째, 미국 대선 결과 바이든의 재선/트럼프의 재선이 확실시된다. 넷째, 러시아-우크라이나 전쟁의 종전이 이루어진다/이루어지지 않는다. 다섯째, 미중 간의 갈등 구조가 악화/개선된다. 여섯째, 국제 유가 및 원자재 가격이 하향안정/상향조정된다. 일곱째, 코로나 변이 혹은

2023년 이후 미중 간의 주요 이슈 변화 및 시나리오 가정

<table>
<tr><td rowspan="17">미국</td><td rowspan="2">정치</td><td rowspan="2">대선</td><td rowspan="2">대선</td><td>바이든</td></tr>
<tr><td>트럼프</td></tr>
<tr><td rowspan="7">경제</td><td rowspan="3">통화</td><td rowspan="3">금리</td><td>인상 1회</td></tr>
<tr><td>고정</td></tr>
<tr><td>인하 시작</td></tr>
<tr><td rowspan="2">재정</td><td rowspan="2">재정</td><td>적자</td></tr>
<tr><td>흑자</td></tr>
<tr><td rowspan="2">산업</td><td rowspan="2">IRA, CHIPs, AI</td><td>강화</td></tr>
<tr><td>유연</td></tr>
<tr><td rowspan="8">외교</td><td rowspan="4">대중국</td><td rowspan="2">대만</td><td>적극지원</td></tr>
<tr><td>유연</td></tr>
<tr><td rowspan="2">반도체, AI</td><td>강화</td></tr>
<tr><td>협력</td></tr>
<tr><td rowspan="4">대유럽</td><td rowspan="2">나토</td><td>협력</td></tr>
<tr><td>약화</td></tr>
<tr><td rowspan="2">러시아-우크라이나</td><td>종전/휴전</td></tr>
<tr><td>지속</td></tr>
<tr><td rowspan="15">중국</td><td rowspan="7">경제</td><td rowspan="2">통화</td><td rowspan="2">금리</td><td>인하</td></tr>
<tr><td>고정</td></tr>
<tr><td rowspan="2">재정</td><td rowspan="2">재정</td><td>확대</td></tr>
<tr><td>긴축</td></tr>
<tr><td rowspan="3">산업</td><td rowspan="3">반도체, 부동산</td><td>심화, 버블 붕괴</td></tr>
<tr><td>안정, 연착륙</td></tr>
<tr><td>안정, 현상유지</td></tr>
<tr><td rowspan="8">외교</td><td rowspan="4">대미</td><td rowspan="2">대만</td><td>악화</td></tr>
<tr><td>대화</td></tr>
<tr><td rowspan="2">통상</td><td>긴장 악화</td></tr>
<tr><td>유연</td></tr>
<tr><td rowspan="4">기타</td><td rowspan="2">브릭스</td><td>대미 갈등 단초</td></tr>
<tr><td>유연</td></tr>
<tr><td rowspan="2">러시아</td><td>유연</td></tr>
<tr><td>무관</td></tr>
</table>

또 다른 바이러스 출현으로 팬데믹이 장기화된다/지역병으로 제한된다. 여덟째, 한국경제는 대외 정치경제환경에 유용한 거시 및 미시경제 정책 대응이 가능한 전략적 유연성을 어느 정도 보유하고 있다/없다.

이러한 8가지 가정을 전제로 해서 2024년 한국경제 시나리오를 구성해보도록 한다.

장점이 소진되어가고 있는 한국경제

참고로 한국경제는 1960년대 이후 경공업 중심의 산업화 초기 단계, 1970년대 중화학 공업으로의 이전 단계, 1980년대 디지털 산업으로의 전환, 1990년대 북방정책과 민주화 과정을 지나 1998년 외환위기 이후 지금까지 사실상의 또 다른 산업 생태계 구축과 경제구조조정 및 전환의 기회를 모두 잃었으며, 마침내 2023년 현재는 혼돈의 시대를 지나고 있다. 어쩌면 1960년부터 1990년 초반까지 지난 30년간 한국경제가 이루어낸 경제발전의 결과와 시스템을 이용해 외환위기를 거치면서도 지금껏 생존하고 있음을 분명히 할 필요가 있다.

한국경제가 더 이상 신산업과 경제발전전략을 강구하지 않는다면, 일본식 '잃어버린 30년'의 저성장과 초고령화 사회로의 불황터널로 진입하는 것을 피할 수 없다. 한국경제는 1980년대 이후 산업

인프라 투자와 신기술 개발에 부진했기에 새로운 산업 기술 개발과 경쟁력 제고 측면에서 후발 주자로서의 장점과 이점은 거의 소진되어가고 있는 상태다.

부차적으로 인구의 초고령화, 교육제도의 후진화, 양극화와 사회적 갈등 심화, 성장 정체와 분배제도의 왜곡 등으로 인해 일본식 잃어버린 20년의 초입기에 있다. 2020년 팬데믹 이후 한국경제는 구조적 리포맷팅과 리부팅의 기회를 사실상 잃어버렸다. 경제정의는 관습과 문화 등 전통적 가치의 연계 사슬에서 오랫동안 묻혀지고 쌓여지는 것이다.

저마다 자기들이 잘했다고 외치는 정치적 선전구호는 허구다. 축적된 결과가 결국 입증되기까지 최소 5년 이상의 시간이 걸린다는 것은 이미 1960~1979년 경제개발 계획을 통해 입증되고 목격한 것이 아닌가. 그럼에도 사람들의 기억은 오래가지 않는 모양이다. 광화문 세종로의 종합청사는 1970년대에 지어진 건물이다. 1인당 국민 소득이 1천 달러 미만이던 시절이다. 세종로 종합청사는 1인당 3만 달러가 넘는 한국경제를 그대로 보여주는 국격이고 국력의 표상이다.

과연 한국경제에서 경제정의는 어떻게 찾을 것인가? 지속 가능한 성장을 담보할 수 없는 사회와 국가는 생명력을 보존할 수 없다. 사회주의 중앙계획경제도, 자유시장 경제체제도 우리에겐 허구적 정의이고, 정치적 편가르기의 이념일 뿐이다. 배부르고 등 따신 게 최고가 아닌가.

가난과 궁핍이 해결되면 그 다음 인간이 찾는 본질적 가치가 인권이다. 빈곤과 결핍으로부터의 해방에는 자유적 가치가 포함되어 있기 때문이다.

인권에 대한 내용은 민주주의적 가치와 복합적인 개념으로 이해된다. 보수와 진보의 가치 중에서 과연 어느 이념이 더욱더 인간의 권리를 확대하고 보장하는지는 사실 견주어 우위를 이야기하기가 힘들다. 원래부터 존재하던 인권을 두고 진보와 보수가 서로 자신들이 더 많은 자유와 권리를 보장한다고 하지만, 이 역시 기득권의 가정하에 이루어지는 보편적 평등이라는 허울성의 논리로 보여질 때가 다반사다.

우리는 해외여행이 자유화되었고, 온갖 스포츠 프로 구단이 탄생하고, 세계 모든 음식을 맛볼 수 있는, 24시간 치안이 단단한 나라에 살면서도 미래를 걱정한다. 사회경제적 인프라에 무언가 허구가 있다는 의미가 아닐런지.

2023년 이후 한국경제는 새로운 도약을 준비해야 한다. 일부 전문가들은 실패하면 그 다음 우리 눈 앞에는 깊고 긴 불황과 장기 침체의 터널이 눈앞에 있다고 한다. 하지만 그건 아니다. 우리를 일본과 비교한다는 것 자체가 애시당초 무리다. 우리는 외환위기의 당사자였지만, 일본은 1995년 대불황에도 불구하고 IMF를 부르지는 않았다. 일본식 장기 불황보다 더 심각한 불황이 단기간에 우리 나라의 경제를 무너뜨릴 수 있다.

미국의 반도체 법 시행은 즉흥적이었을까?

한국경제가 2023년 이후 어떠한 형태로 지속 가능한 성장을 해 나갈지는 10년 전 우리가 무엇을 시작했고, 이에 필요한 인재들을 어떻게 교육시켜왔으며, 사회 전반에 인프라와 안전망 등을 어떻게 구축해두고 있는지를 봐야 알 수 있다.

안타깝게도 10년 전이라 함은 2013년을 말하는 것이고, 당시 미국과 선진국들은 과연 무엇을 하고 있었을까? 역사를 가깝게 거슬러 올라가서 우리가 그 당시 무엇을 준비하고 있었는지를 본다면, 지금 우리가 기대하거나, 다른 선진국보다 전략적 우위에 선점하고 있을 국가의 부를 창출할 산업군 정도는 쉽게 예측 가능하다.

당시 그리스와 이탈리아 등의 재정부채 문제로 유럽 연합(EU)은 일대 혼란의 시기를 경험했었다. 미국의 경제성장률은 2010년 2.71%에서 2013년 1.84%로 떨어지며 점차 잠재성장률 추세로 하락하는 모습이었다.

당시 한국의 경제성장률은 2010년 6.8%에서 2013년 3.16%로 하락하는 모습을 보이고 있었고, 중국의 경우 같은 기간 10.65%에서 7.77%, 일본은 4.1%에서 2.0%로, 베트남과 인도네시아는 각각 6.42%에서 5.5%, 6.22%에서 5.56%였다. 결국 미국발 서브프라임 위기가 진정되면서 세계경제는 2010년 이후 하향 안정화되는 추세를 보였다.

여기서도 미국경제 성장 추세와 세계경제 성장 추세가 일치하는 모습을 보게 된다. 즉 이번 위기에도 마치 1983년 이후 미국경제와 세계경제의 상관관계처럼 미국경제의 연착륙 내지 회복세를 이어 세계경제가 회복세를 보일 것은 분명하다.

당시 미국은 과연 무엇을 하고 있었을까? 인플레이션 감축 법안 및 반도체법 시행 1년이 지나면서 미국은 자체적으로 공급망 회복에 뚜렷한 진전이 있었고, 그로 인해 한국과 대만 그리고 일본 등 아시아 동맹과 긴밀 협력이 이루어지고 있다고 평가하는 듯하다.

2022년의 반도체 법 시행은 과연 즉흥적이었을까? 2009년부터 2017년까지 미국 대통령은 오바마였고, 2017년부터 2021년까지 미국 대통령은 트럼프였다. 인플레이션 감축 법안인 2022년 IRA 법안은 10년간 유효한 법안이다. '빌드 백 베터 플랜(Build back better plan)'은 2020년부터 2021년까지 미국 대통령 조 바이든이 제안한 법안이었다. 이는 일반적으로 미국경제의 규모의 경제와 범위의 경제에 대한 재건 프로그램으로서 1930년대 대공황 극복 정책이었던 뉴딜(New Deal)의 대형 사회, 기반 인프라 및 환경 프로그램에 대한 국가적인 공적 투자를 원형으로 추진된 법안이다. 이 법안은 3가지 주요 부분으로 구성된다.

첫째, '미국 구조 구호 법(American Rescue Plan)'은 2021년 3월에 법률로 서명되었으며, 이는 코로나19 구호 지출법이었다. 한편 다른 두 플랜은 의회의 각 관련 위원회와 단체들을 통해 광범위한 협상 과정에서 각각 다른 법안으로 입법되었다.

둘째, '미국 고용 플랜(American Jobs Plan, AJP)'은 소홀히 다루어진

인프라 요구 사항을 해결하고 기후 변화의 파괴적 영향을 줄이기 위한 제안이었으며, '미국 가족 플랜(American Families Plan, AFP)'은 다양한 사회 정책 계획을 자금 지원하기 위한 제안으로, 예를 들어 유급 가족 휴가 같은 프로그램은 전례가 없던 내용이다.

반도체 법(CHIPS for America Act)은 경제발전, 에너지 및 환경 관련 국무부 경제차관인 키이스 크라크(Keith J. Krach)와 그의 팀이 2020년 5월 15일에 대만의 TSMC에 미국 현지 공장 건설을 조건으로 120억 달러 지원금을 지급키로 중개한 데서 시작되었다. 이는 고급 반도체 공급망 확보를 위한 특정 기업에 대한 특혜 법안이었지만, 2021년 미국 혁신과 경쟁법(The United States Innovation and Competition Act of 2021, USICA)으로 확대 입법되었다. 원안에 '끝없는 개발 법안(EFA)' 내용을 추가했으며, 상원 원내대표 척 슈머(Chuck Schumer)와 토드 영(Todd Young)이 발의해 향후 5년 동안 기본 및 고급 기술 연구에 1,100억 달러를 승인하도록 허가하는 것을 골자로 하고 있다.

인공지능, 반도체, 양자컴퓨팅, 고급 통신, 생명 과학 및 고급 에너지 분야에서의 기본 및 고급 연구, 상용화, 교육 및 훈련 프로그램에 대한 투자금액으로 1천억 달러가 지정되었다. 또한 지역 기술 허브 10곳을 선정하고 공급망 위기 대응 프로그램을 만들기 위해 100억 달러가 승인되었다.

반도체 생산 지원법(Creating Help Incentives to Produce Semiconductors, CHIPS)과 과학법(Science Act)으로 이름이 바뀌면서 지원 금액이 확대되었고, 국내 고기술 연구에 투자를 촉진하기 위한 '끝없는 개발 법안(Endless Frontier Act, EFA)'과 반도체 제조 업체를 미국으로 되돌리기 위한 '미국을 위한 반도체 생산지원(CHIPS for America) 법안' 내용이 모두 포괄적으로 기재됨으로써 향후 예상되는 반도체, AI 등 미래 산업부문에서 중국과의 경쟁에 대한 준비를 목표로 하고 있다.

2019년 이후 한국 국회와 기업은 무얼 하고 있나?

미국의 이런 적극적인 움직임들과 달리 우리나라는 과연 2019년 이후 국회에서 과연 무엇을 하고 있었을까? 미국경제가 세계경제의 중심일 수밖에 없다는 냉엄한 현실 속에서, 미국이 가져가는 산업 표준화와 글로벌 전략에 대응해 우리 국회와 정치, 기업들은 무엇을 하고 있었을까?

그 답은 간단하다. 재닛 옐런 재무장관이 2022년 7월 19일 한국을 방문했을 때 통화스왑에 대한 내용을 논의했는지는 알 수 없다. 확실한 점은 IRA와 CHIPS 법안에 대한 구체적인 내용과 효과에 대해 논의한 적이 없다는 것이다. 미국경제가 그렇게 중요하다면서도 우리나라의 그 어느 기업도, 어느 정부 부처도 이 두 법안이 가져올 미래 파급효과에 대해 구체적으로 법안 내용을 따져보고, 우리가 로비할 수 있는 내용에 대해 조용히 미국 조야를 설득하거나 대화하려 한 흔적들은 보이지 않는다.

일본은 어떠했을까? 2023년 상반기 이후 일본 엔화의 꾸준한 절하, 그 가운데 대만 TSMC 및 삼성의 대일본 반도체 산업 투자를 이끌어낸 배경에는 그들이 적어도 2020년 이후 미국 조야에 있었을 법한 이러한 법안 제정 움직임에 촉각을 세워 로비를 했을 것으로 봐야 하지 않을까? 그렇다고 단언할 수는 없지만, 워싱턴 디시에 있는 일본의 수많은 '더듬이'들이 제대로 작동하고 있었을 것으로 가정한다면, 최근 일본의 반도체 강국으로서 미국의 공급망 내 진입을 위한 노력으로 볼 때 사전적 교감이 없었다고 할 수 없다.

일본을 다녀보면 더 이상 개발할 곳이 많지 않다는 것을 알게 되고, 따라서 일본은 재개발보다 재건축에 관심을 갖는다. 반면에 우리는 아직도 개발할 곳과 산업이 너무나 많다.

우리나라 경제는 많은 장점들을 가지고 있다. 하지만 그러한 장점보다 월등히 많은 시스템적인 단점들이 내재하고 있다는 점을 인지하고 인정해야 한다.

이러한 내용을 구체화하기 위해선 재벌들과 중소기업 협력사들의 결합 시스템처럼 미국과 한국경제의 협력 시스템을 주도할 수는 없더라도 적어도 그 방향성과 비전만큼은 읽고 해석할 수 있어야 한다. 맨날 대기업의 횡포만을 열거하면서 최소한의 기업 경영을 위한 단가와 노임에 대한 항변만 되풀이할 게 아니라, 미국이 주도하고자 하는 미래 산업과 비전에 대해 70년 동안 구축한 한미 간의 경제협력체라는 시스템을 통해 그들의 의도를 읽어내는 직관쯤은 가져야 할 것이 아닌가.

2023년 이후 한국경제의 성장 시나리오

생각 같아선 위 내용을 가급적 대부분 포함하는 형태의 2023년 이후 한국경제 성장 시나리오를 만들어보고 싶지만, 그러기에는 능력과 자료, 범위와 크기 등의 제약은 물론 저자 자신의 지적 한계가 분명히 있다는 점을 고백한다. 따라서 여기에서는 앞서 표(270쪽)로 표기한 내용을 기반으로 2023년 이후 한국경제의 성장 시나리오를 설정해보기로 한다.

구체적인 미시적 경제지표 값들은 전적으로 저자가 판단해 정리한 것임을 밝혀둔다. 이들 경제지표들의 구체적인 수치와 값들은 다양한 글로벌 주요 기관들과 투자은행 및 연구소들의 전망치를 참고해서 저자의 직관에 의존해 기술한 것들이다. 그러므로 숫자의 개념보다 그 방향성에 주목했으면 한다.

먼저 시나리오는 다음과 같이 8가지로 구성한다.

첫째, 미국 대선에서 바이든이 승리하고, 통화 및 재정정책은 현재 기조를 유지하는 것으로 한다. 특히 미 연준은 2023년 11월 한 차례 더 금리를 인상한 후 2024년에는 금리를 올리지도 내리지도 않는다는 것을 시나리오 1.1로 하고, 시나리오 1.2는 2024년 하반기에 소폭 금리 인하를 결정한다는 것으로 한다. 재정정책에서 적자기조는 불가피하다. 통화긴축에 따른 미국경제 연착륙 또는 회복 모드는 유동성의 급격한 긴축을 회피해야 한다. 지금도 금리를 올리고는 있지만, IRA 및 CHIPS 등과 같은 법안으로 재정팽창을 지속하고 있다.

미국의 노동시장이 뜨거운 이유도 여기에 있다.

외교적 관점에서 대중국 긴장관계는 관세철폐 가능성이 낮다고 가정한다. 아울러 반도체 장비 및 완제품 수출과 관련한 직간접 수출 규제를 강화한다는 시나리오는 대만에 대한 미국의 직간접 영향력 정도와 비례할 것으로 추정한다.

즉 미국의 대대만 협력 강화로 인해 대중국 견제의 압박 강도가 더욱 심화되고, 중국으로부터 예민한 정치외교적 반응을 이끌어낼 것이다. 하지만 양국 모두 이에 대한 경제적 마찰은 피할 가능성이 높다고 보면, 경기둔화 추세를 회복으로 전환해야 하는 중국 입장에서 군사적이거나 정치외교적 대미 압박은 상대적으로 겉과 속이 다른 형태로 전개될 가능성이 높다.

둘째, 러시아-우크라이나 전쟁의 종전 혹은 휴전 시나리오는 앞서 시나리오 1.1과 1.2에 각각 다른 가정으로 포함되어야 한다. 따라서 여기까지 모두 4가지 시나리오가 나올 수 있다.

중국경제 향방은 한국경제의 미래에 매우 중요하다. 홍콩을 포함하면 한국경제의 대중국 수출 의존도는 30%에 근접하기 때문이다.

중국정부가 지금까지 한 번도 제대로 된 거시 및 미시경제 정책을 통해 경제 위기다운 위기를 극복한 경험이 없기 때문에 중국 공산당 정부가 경기회복 기조 정책으로 통화 및 재정정책을 어떻게 펼칠 것인가가 각 시나리오의 한 부분씩을 차지한다. 즉 통화 및 재정 팽창과 통화 긴축 및 재정 팽창, 통화팽창 및 재정긴축, 통화 및 재정 긴축으로 나눠볼 수 있다.

하지만 2023년 이후의 중국경제 성장률이 4~5%대일 가능성이 높을 경우, 중국 내 정치 상황의 변동 가능성을 어떻게 볼 것인지가 중요한 변수가 된다. 부동산시장의 침체, 금융시장의 불확실성 등이 본격화될 경우, 중국경제의 침체와 내부 정치적 불안은 가속화될 가능성이 있다. 따라서 위 시나리오 가정 중에서, 중국의 통화 및 재정 긴축은 제외된다. 동시에 최근 브릭스와 지역통합 등 대외 무역거래에 있어 중국 위안화의 위상 제고를 목표로 하고 있다는 점은 분명하기 때문에 재정 및 통화팽창적 기조는 기본 정책기조로 가정할 수 있다.

통화와 재정 가운데 어느 것을 더 팽창적으로 가져갈지는 후자로 가정한다. 그림자 금융과 LGFV와 같은 금융시장의 부실 사태가 발생할 경우, 중국 역시 미국의 대공황 당시 페니매와 프래디 맥과 같은 자산공사 설립과 운용이 불가피할 것으로 판단되기 때문이다.

중국경제는 부동산 버블이 꺼지고 금융시장이 위기로 급락할 경우, 반도체와 기타 첨단산업의 투자 여력이 급격히 둔화될 경우, 미국과 일본, EU 등을 중심으로 한 선진국들의 '중국 때리기' 전략에 의해 큰 손실을 입을 것으로 예상된다. 하지만 그 기간은 오래가지 않을 것으로 보인다. 중국은 이미 전 세계에서도 '대마불사(大馬不死)'의 경제이며, 인도, 인도네시아, 베트남 등의 신흥국들이 중국의 거대한 시장 규모를 대체하기에는 향후 10년 이상의 시간이 걸릴 것으로 보이기 때문이다.

따라서 다음의 표와 같이 간단한 8가지 시나리오를 만들 수 있다.

미국 및 중국의 정치경제 환경 시나리오와 한국 주요 경제지표 변화 시나리오

	시나리오 1	시나리오 2	시나리오 3	시나리오 4
미국				
대선	바이든	바이든	바이든	바이든
통화, 금리	인상 1회	인상 1회	무인상	무인상
재정, 소득세	팽창, 유지	팽창, 유지	유지, 인상	유지, 인상
산업	지원	지원	지원	지원
러시아-우크라이나 전쟁	휴전/종전	지속	휴전/종전	지속
대나토 협력	유지	유지	유지	유지
GDP 5년 평균 성장률	2.2	1.78	2.0	1.7
중국				
통화	팽창	긴축	팽창	긴축
재정	팽창	팽창	긴축	팽창
부동산	위기	잠재	위기	연착륙
그림자 금융	위기	잠재	위기	잠재
LGFV	위기	잠재	위기	잠재
수출	회복	둔화	회복	둔화
소비	둔화	둔화	침체	둔화
대미 달러 환율	6.9-7.3	6.5-7.0	7.1-7.7	6.9-7.3
GDP 5년 평균 성장률	3.6	4.3	3.1	4.0
한국				
금리	3.5-5.0	3.5-4.0	3.5-4.5	4.0-5.5
대미 달러 환율	1250-1300	1180-1250	1210-1350	1150-1260
대엔화 환율	950-1100	1000-1100	980-1080	1000-1100
KOSPI 주가 지수	2900-3200	3000-3300	2700-3000	2800-3000
GDP 5년 평균 성장률	1.6	2.2	1.4	2.0

주: 이들 8가지 시나리오 가운데 시나리오 2를 기준 시나리오로 가정한다. 참고로 이 표의 8개 시나리오는 2023년부터 2028년까지의 연평균 대미 달러에 대한 위안화와 원화의 환율과 대일 엔화에 대한 원화 환율을 각각 나타낸다. 코스피 주가지수 역시 2023년부터 향후 5년간의 평균 지수 밴드를 나타낸다. 미국 5년 연평균 경제 성장률은 IMF의 2023~2028년 추정치의 평균으로, 시나리오 2의 경우 기준데이터이다. 중국의 5년 연평균 경제성장률 역시 IMF의 2023~2028년 추정치의 평균으로, 시나리오 2의 경우가 기준데이터이다. 한국 5년 연평균 경제성장률은 IMF의 2023~2028년 추정치의 평균으로, 원데이터는 시나리오 2의 2.2%이다.

	시나리오 5	시나리오 6	시나리오 7	시나리오 8
미국				
대선	트럼프	트럼프	트럼프	트럼프
통화, 금리	무인상	무인상	피보팅	피보팅
재정, 소득세	팽창, 인상	팽창, 인하	긴축, 인상	긴축, 인하
산업	지원+리쇼어링	지원+리쇼어링	지원	지원
러시아-우크라이나 전쟁	휴전/종전	지속	휴전/종전	지속
대나토 협력	재편	엑시트	재편	엑시트
GDP 5년 평균 성장률	2.0	1.8	2.2	1.8
중국				
통화	팽창	긴축	팽창	긴축
재정	팽창	팽창	긴축	팽창
부동산	위기	위기	잠재	잠재
그림자 금융	위기	위기	잠재	잠재
LGFV	위기	위기	잠재	잠재
수출	회복	둔화	둔화	악화
소비	회복	둔화	둔화	악화
대미 달러 환율	7.2-7.8	7.2-7.7	7.0-7.5	7.0-7.5
GDP 5년 평균 성장률	4.0	2.5	3.6	3.9
한국				
금리	3.5-4.0	4.0-5.0	3.5-4.0	3.0-3.5
대미 달러 환율	1230-1350	1300-1400	1250-1350	1250-1350
대엔화 환율	1050-1150	900-1000	1100-1200	1100-1200
KOSPI 주가 지수	2700-2900	2700-2900	3200-3400	2500-2800
GDP 5년 평균 성장률	2.0	1.1	1.6	2.0

시나리오에 따른 한국경제의 미래를 예측하다

시나리오 2에서 2025년 이후 3년 동안 한국 증시는 투자 분위기가 일시에 분출되면서 3300선을 뚫을 가능성이 매우 높다. 시나리오 2를 2023년~2028년 5년간 연평균 시나리오의 기본 시나리오로 두고자 한다.

시나리오를 위한 가정은 앞서 이야기한 바에 따라 미국과 중국의 경기회복 및 위기 가능성에 대한 거시 및 미시적 요인들을 고려하고, 여기에 러시아-우크라이나 전쟁의 종전 혹은 휴전과 지속 가능성에 대한 내용들을 바탕으로 구성했다.

아울러 2024년 미 대선 이후 바이든과 트럼트의 당선 가능성을 다시 둘로 나누어 모두 8개의 시나리오로 정리했다. 전망 시기는 2023년부터 2028년까지 5년이며, 환율 및 주가지수의 전망치는 이들 5년 기간의 연평균 전망치다.

예를 들어 2023년 하반기 이후 미국과 중국경제가 2025년까지

지지부진하거나, 미국경제의 회복기에 중국경제는 부동산 위기로 급냉할 수 있다는 점을 감안하고, 2026년부터 2028년까지 미국과 중국경제 모두 성장과 회복기조 구축을 전제로 했을 때의 지표들이다. 연도별 전망은 담지 않았지만, 2023년 하반기 전망은 4분기 전망을 함께하면서 별도로 정리하는 것으로 했다.

시나리오의 전제는 다음과 같다.

첫째, 세계경제는 미국경제의 회복을 필두로 해서 회복기조에 들어간다.

둘째, 미국경제와 세계경제가 회복되는 가운데 중국경제는 부동산 및 금융시장 위기 가능성이 잠재하거나 현실화될 경우 한국을 비롯한 아시아 경제는 상당한 충격을 받을 수 있다.

셋째, 미중 간의 무역거래와 기술 개발에 대한 경쟁은 한편으로는 세계경제에 불규칙적인 사이클 파동을 가져올 수 있지만 중장기적으로는 산업구조 전환과 기술발전을 가져올 것으로 긍정적인 평가를 가정한다. 다만 향후 5년간 미국의 기술 표준화와 룰 세팅 파워가 중국의 그것에 비해 한계적으로 앞설 것으로 가정한다. 하지만 인공지능 등 일부 디지털 정보통신 산업과 컴퓨팅 알고리즘 프로그램과 플랫폼 개발을 통해 중국경제의 비약적인 발전도 가능하다.

넷째, 2023년 하반기와 2024년 한 해 전망은 별도의 4가지 시나리오로 정리해둔다. 2023년 하반기와 2024년의 세계경제 및 미국경제는 가장 위기 발생 가능성이 높은 시기로 가정한다. 중국경제의 위기 가능성도 이 시기가 정점에 이를 것으로 보인다. 미국경제가 나아지면, 세계경제와 중국경제도 회복된다고 가정한다. 지금까지 글로벌 경제가 보여준 경기 사이클의 특징이 그러했다.

하지만 미국경제가 회복기조에 진입한다는 것이 스스로 자립적인 경제정책보다, 중국이나 유럽 혹은 일본과 한국과 같은 주변 국가들의 피해를 전제로 가능하다는 점도 결코 배제할 수 없다. 2023년~2028년간 미국, 중국경제 및 한국경제의 시나리오는 2023년~2024년을 저점으로, 2025년~2028년을 회복기로 각각 가정한다.

한국경제 전망 시나리오 1

2024년 바이든의 재선을 가정하고 금리 인상은 향후 5년간 1회 정도 가능한 것으로 설정했다. 당분간 재정팽창 정책을 통해 IRA 및 CHIPS 법안 등 기술지원 보조금 정책을 실시할 것이며, 러시아-우크라이나 전쟁은 휴전 혹은 종전으로 끝날 것으로 본다. 5년 연평균 미국의 GDP 성장률은 2.2%로 보고, 나토와의 협력은 현 상태를 유지할 것으로 보인다.

한편 중국경제는 통화 팽창정책을 통해 저금리정책과 지불 준비율 인하, 국내 부동산 개발, 그림자 금융 및 LGFV 부실화를 막기 위한 다양한 정책에도 불구하고 위기가 현실화되는 것을 가정했다. 그 가운데 미국경제의 회복이 중국 수출과 내수에 도움을 줄 수 있으나, 내부적인 부동산 버블 붕괴와 금융시장 혼란을 막기에는 역부족인 것으로 가정한다.

2023년 하반기 이후 2024년 이 같은 중국경제 위기가 2년 후, 즉 2026년부터 2028년 사이에 회복될 것이라는 가정을 통해 중국 위안화의 대미 달러 환율은 현재 미 달러당 7.0위안대에서 7.8위안까지 치솟을 수 있지만, 5년 연평균치로는 미 달러당 6.9~7.3위안으로 추정한다.

특히 시장환율제도가 아닌 중국 공산당 정부의 적극적인 개입을 가정할 때 약 3조 달러의 외환보유고와 개인들의 저축률 등을 고려할 때 중국 위안화의 5년 연평균 대미 달러 환율이 8위안 이상 급등할 가능성은 상대적으로 낮을 전망이다.

한국의 금리수준은 현재 3.5%에서 5.0% 사이로 다소 상승할 가능성도 있다. 미 연준의 금리 인상보다 중국경제의 침체가 본격화되면서 위기화될 경우 한국 금리는 가파르게 오를 수 있다. 가계 및 기업부채의 해소 방안이 잠재적 뇌관으로 남아 있지만, 향후 5년 동안 중국경제의 위기 가능성이 상대적으로 향후 1년 이내 가시화될 가능성을 전제로 할 경우 한국의 금리 상승은 불가피하다.

이때 한국경제도 수출 등에 상당한 타격이 불가피해지면서 단기간에 환율 급등과 주가지수 급락은 불가피하다. 2025년부터 다시 미국경제 성장과 중국경제 회복 기조에 따른 지표 상승으로 금리 하락, 환율 안정 및 주가지수 안정 등을 기대할 수 있을 것으로 본다.

따라서 향후 5년간 대미 달러 환율 평균은 1,250원에서 1,300원, 대엔화 환율은 950엔에서 1,100엔, KOSPI 주가지수는 2900~3200

선을 타고 흐를 듯하다. 다만 2025년 이후 3년 동안 한국 증시는 미국과 중국경제의 성장과 회복기조의 강도에 따라 그동안 정체되어 왔던 투자 분위기가 일시에 분출되면서 3200선을 뚫을 가능성도 배제할 수 없다.

한국경제 전망 시나리오 2

미 대선 결과와 재정 및 금리정책에 대한 가정은 시나리오 1의 경우와 같다. 러시아-우크라이나 전쟁은 지지부진하게 계속될 것으로 본다. 어느 정도 전쟁 피로감과 미국 및 나토 회원국들의 지지가 약해지는 점을 볼 때 시나리오 1의 가정이 합리적이라 할 수 있지만, 지난 중동전, 이라크전, 아프카니스탄 전쟁 등을 통해서 볼 때 지지부진한 전쟁 지속 가능 시나리오도 배제할 수 없다.

5년 연평균 미국의 GDP 성장률은 1.78%로 보고, 나토와의 협력은 현 상태를 유지할 것으로 본다. 중국경제는 국내 부동산 개발, 그림자 금융 및 LGFV 부실화를 막기 위해 향후 1~2년간 통화 긴축과 함께 재정팽창정책 등 다양한 정책을 시행할 것으로 가정한다.

이 같은 거시경제 정책기조는 2028년까지 지속된다. 따라서 앞에서 언급된 부동산 실물경제와 금융경제 관련 잠재적 위험요인에 대한 조용한 해법을 강구하는 것으로 가정했다. 그 가운데 미국경제의 회복이 가시화되더라도 미중 간 갈등문제로 인한 무역거래는 둔화되는 것으로 가정했다.

중국 수출과 내수 모두 미중 간 무역거래 갈등, 국내 실물 및 금융 경제의 위기 가능성 등에 따라 둔화되지만, 여기서 말하는 둔화는 급락의 의미보다는 중국정부가 국내 경제문제 해결을 위한 재정 팽창 정책이 다소 위기 문제에 숨통을 트게 하면서 2025년부터 2028년까지 중국경제가 안정 기반을 어느 정도 구축한다는 긍정적인 평가를 전제로 한 시나리오다. 따라서 중국 위안화의 5년 연평균치는 6.5~7.0위안으로 추정한다.

5년 연평균 한국의 기준금리 수준은 3.5~4.0%가 될 것으로 본다. 향후 5년 동안 중국경제의 부동산 버블 붕괴 위험이 다소 누그러질 경우 한국 부동산시장도 미국경제 회복을 순풍삼아 안전 운항을 할 가능성이 높은 것으로 가정한다.

한국경제의 대중국 수출 등에 긍정적 신호가 나타날 경우, 단기간에 환율 하향 안정과 주가지수 급등도 가능하다. 따라서 향후 5년간 대미 달러 환율 평균은 1,180~1,250원, 대엔화 환율은 1,000~1,100엔, KOSPI 주가지수는 3000~3300선을 예상한다.

시나리오 2에서 2025년 이후 3년 동안 한국 증시는 미국과 중국 경제의 성장과 회복기조의 강도에 따라 그동안 정체되어왔던 투자 분위기가 일시에 분출되면서 3300선을 뚫을 가능성이 매우 높다. 시나리오 2를 2023년~2028년 5년간 연평균 시나리오의 기본 시나리오로 두고자 한다.

한국경제 전망 시나리오 3

시나리오 3은 시나리오 1과 달리 미 연준의 금리 인상이 향후 5년간 더 이상 일어나지 않는다는 가정을 전제로 한다. 금리를 1회 더 올리거나 더 올리지 않는 것이나 별반 차이가 없기에, 오히려 금리 '피보팅(Pivoting)'이 있을 것인가가 더 유용한 가정이라 볼 수도 있다.

조금은 강한 가정일지 모르지만, 바이든이 재선에 성공하더라도 피보팅 가능성은 상대적으로 낮을 것으로 본다. 중국경제가 변수이기 때문이다. 중국경제가 부동산 버블 붕괴로 1995년 일본경제와 같은 모습으로 추락할 경우, 미 연준은 금리 인상보다 현상 유지 정책을 고수할 가능성이 높다. 강한 달러 기조가 유지되며, 미국 달러의 미국 내 유입이 급속히 진행될 가능성이 높기 때문이다. 이 경우 가정이 현실화될 확률이 그다지 높지 않다고 가정하면, 미 연준의 금리 인하는 어쨌든 바이든의 향후 4년 임기 동안에도 구체화되기까지는 상당한 논쟁이 있을 수 있다.

미국의 5년 연평균 GDP 성장률은 2.0%로 보았다. 중국경제는 향후 1~2년간 시나리오 1과 같이 통화 팽창과 함께 재정긴축 정책 등을 통해 국내 부동산 개발, 그림자 금융 및 LGFV 부실화를 막기 위한 다양한 정책을 시행할 것으로 보인다.

이 같은 중국의 거시경제 정책기조는 2028년까지 지속된다. 하지만 중국경제는 중진국 함정이 되었든, 일본의 1995년 이후 '잃어버린 30년'의 재현이 되었든, 부동산시장의 버블 붕괴와 금융시장의 혼란은 피할 수 없을 것으로 가정한다. 위기의 강도가 중요하지만 2023~2024년 사이 나타날 중국 부동산시장 버블 붕괴에 따라 중국 경제가 휘청거리겠지만, 2025년 이후 다시 느리게나마 회복기조로 복귀할 것으로 가정한다.

한국의 1998년 외환위기 상황처럼, 중국의 수출과 내수가 다시 복원되면서 경제위기 국면을 조금씩 벗어나게 될 것으로 기대한다. 중국도 미국 중심의 글로벌 경제질서를 어느 정도 수긍하는 자세를 취할 수도 있다. 중국 위안화의 5년 연평균치를 7.1~7.7위안으로 추정한다는 것은 2024년 한 해가 중국경제로서는 참으로 지난한 한 해가 될 가능성에 무게를 둔 시나리오다.

한국경제는 먼저 기준금리 수준에서 4.0~5.0%로 추정한다. 중국 부동산시장 및 금융시장의 혼란은 한국의 대미 달러 환율 및 금리정책에 상당한 부정적 파급효과를 줄 것으로 본다. 한국경제의 가계부채 문제에 중국 부동산시장과 금융시장의 위기는 도화선이 될 가능성이 높다.

결국 한국경제가 시나리오 3의 중국경제 상황에 어떻게 반응할 것인지가 한국경제의 최악의 시나리오가 될 것이다. 하지만 대중국 수출이 하락하고, 환율이 1,350~1,450원으로 급등한다고 하더라도 2025년 이후 한국경제가 중국경제와 함께 다시 회복기조로 진입한다고 할 때 향후 5년간 대미 달러 환율 평균은 1,300~1,370원, 대엔화 환율은 1,100~1,200엔, KOSPI 주가지수는 2700~3000선에서 움직일 것으로 보인다.

시나리오 3은 2024년을 중국경제 위기와 함께 한국을 비롯한 아시아 국가들의 최악의 경제상황을 가정한 구간이다. 따라서 2024년 한 해만 놓고 보면 주가지수는 1500~1800대로 급락할 가능성이 가장 높은 시나리오다. 이후 2025~2028년 4년간 연평균 주가 변화는 이를 충분히 만회할 수 있는 시장 흐름을 전제로 한다.

한국경제 전망 시나리오 4

시나리오 4는 시나리오 2의 일부 조건을 변화시킨 것이다. 2028년까지 금리 인상과 금리 인하 계획은 없으며, 중국 부동산 버블 위기도 원만히 해결될 것으로 전망한다. 하지만 2028년까지 미국 연평균 GDP 성장률은 1.7%로 가장 낮게 추정되었는데, 중국과의 기술 및 무역거래에서 별다른 성과를 내지 못한다는 점을 가정한 결과다.

중국경제의 5년 연평균 GDP 성장률이 4.0%다. 시나리오 2의 4.3%에 이어 두 번째로 높은 성장률이다. 일반적으로 미국과 중국의 연평균 경제성장률이 같은 방향으로 움직이는 게 바람직하다.

시나리오 4에서 미국경제는 5년 연평균 1.7%로 경기 과열에 급격히 제동을 걸면서 안정 성장 기조를 강조하는 반면, 중국으로서는 경제위기 해결을 위해 보다 적극적인 지역경제 정책 중심으로 전략적 수정을 도모할 수 있다. 대미 수출 감소는 이들 아시아 및 남미, 아프리카 국가들에 대한 수출 전략으로 전환될 수도 있을 것이다.

중국 위안화의 5년 연평균치는 6.9~7.3위안이다.

이미 한국경제의 대중국경제 '디커플링(Decoupling)'은 불가능하다. 하지만 중국경제의 부동산 버블 붕괴 시나리오가 연착륙으로 안정된다면, 대미 달러 환율도 급격히 하향 안정될 수 있다. 대미 달러 환율은 1,150~1,260원으로 떨어지고, 엔화 환율 역시 1,000~1,100엔으로 안정될 전망이다. 한국 KOSPI 주가지수는 2800~3200으로 추정한다.

한국경제 전망 시나리오 5와 시나리오 6

시나리오 5부터 8까지는 2024년 대선에서 트럼프의 재선을 전제로 한 시나리오다. 따라서 2023년 하반기부터 2024년까지는 바이든 정부, 그 이후는 트럼프 정부의 경제정책이 주가 된다. 미국의 대중국 압박은 당연히 트럼프가 재선될 경우 강하게 작용할 것이라고 가정하는 게 타당하다.

중국의 부동산 위기가 2024년 본격화될 경우, 중국은 트럼프 정부의 또 다른 압박을 어떻게 벗어날 것인가가 세계경제와 한국경제에 중요한 변수가 된다. '매도 먼저 맞는 게 나을 것인가', 아니면 트럼프 정부와 적절한 양보와 타협을 이루어가면서 부동산 버블 붕괴 위험을 다시 끌어안고 갈 것인가는 중국경제의 문제다. 사실 8가지 시나리오는 중국정부가 부동산 버블 문제를 잠재적 위험요인으로 안고 가는 과정에서 연착륙시킬 것을 의도한다고 가정한다. 이는 시나리오 2처럼 기본 가정이다. 자칫 중국의 부동산 버블이 붕괴되면 시진핑 공산당 정권의 총체적인 위기로 이어질 가능성과 대만 침공 시나리오가 오히려 구체화될 가능성도 배제하기 어렵다. 다양한 가능성이 이 모든 8가지 서로 다른, 하지만 서로 비슷하게 보이는 시나리오의 숨어 있는 미세 조정이 포함된 가정들이다.

시나리오 5에서 미국의 향후 5년간 연평균 경제성장률은 2.0%로 비교적 높게 추정된다. 트럼프의 지난 2017~2020년 재임기간 동안 미국 증시와 미 연준의 금리정책을 고려한다면 금리 인상보다 소득세·법인세 인하와 재정적인 지원이 본격화되면서 기업들의 리쇼어링을 다시 한번 강조할 공산이 크다.

'미국을 다시 한번 위대하게(Make America Great Again)'라는 구호를 다시 주창하면서 트럼프는 러시아-우크라이나 사태도 만일 지지부진한 추세가 지속되고 있다면 휴전 및 종전으로 종식시키려 할 것이다. 그 와중에 중국에 대해서는 부동산 위기로 촉발된 경기침체를 두고 보다 매몰차게 압박할 가능성이 크다. 중국의 5년간 연평균 성장률은 4.0%를 가정하지만 시나리오 6을 볼 때 2.5%로 급락한다. 차이점은 중국정부가 대대적인 대공민 경기부양책을 펼칠 것인가와 그렇지 않을 것인가의 차이다.

중국 위안화의 대미 달러 환율은 5년 평균 7.2~7.5위안과 7.2~7.8위안으로 비슷하다. 경기회복을 위한 대대적인 팽창적 거시경제 정책이 가동하게 되면 중국은 수출과 소비가 어느 정도 뒷받침되는 가운데 '규모의 경제(economies of scale)'의 이점을 활용해 연평균 4.0%의 성장을 쓸 수 있지만, 그렇지 못한 경우 2.5%로 급락할 수 있다.

한국경제 역시 이 경우 단기금리가 급등할 수 있다. 가계부채 문제가 가장 큰 위험요인이 된다. 하지만 2025년 이후 중국경제가 어느 정도 위기를 만회할 수 있다면 금리수준은 다시 안정을 찾아 3.5~4.0%대가 될 것이다. 대미 달러환율은 2024년 시나리오 5와 6에 따라 단기 급등추세에 따른 파급효과로 각각 1,230~1,350원과 1,300~1,400원을 예상해본다. 한국 주가지수는 5년 평균으로 시나리오 5와 시나리오 6에서 2700~2900선을 유지할 것으로 보인다. 대미 달러환율, 금리 및 주가 지수의 변동치는 가계부채 문제가 본격화되지 않는 것을 전제로 한다.

한국의 가계부채 문제가 중국경제 위기와 함께 동조화된다면, 2024년 한 해 동안 평균 대미 달러 환율은 1,300~1,500원 선을 돌파할 수도 있다. 이런 위기 지표들이 2025년 트럼프 정부와 함께 향후 4년간 어느 정도 회복기조에 들어선다는 가정이 두 번째 조건이다.

한국경제 전망 시나리오 7과 시나리오 8

시나리오 7과 시나리오 8 또한 2024년 대선에서 트럼프의 재선 가능성을 높게 보고 정리했다. 트럼프가 재선에 성공하면 금리 인하는 반드시 이루어질 가능성이 높다. 이 경우 미국경제는 2%대 초반 정도의 4년간 연평균 경제성장률을 보일 것이다.

시나리오 8에서 5년 연평균경제 성장률이 1.8%로 다소 낮게 추정된 배경은 금리 인하 이전에 중국경제의 부동산 버블 붕괴, 아시아경제의 침체 내지는 대불황 가능성 등 글로벌경제 전반의 둔화와 미국경제 또한 2024년 경기회복이 주춤할 수 있는 점을 고려한 것이다.

시나리오 7에서 중국경제가 부동산 문제를 어느 정도 봉합하는 시나리오를 가정했지만, 이는 트럼프 정부에는 중요한 먹잇감이 될 수도 있다. 만약 내부 단속을 위해 시진핑이 과거 트럼프의 '대선 지원 부탁'의 경우처럼 어느 정도 미국 트럼프 정부의 체면 세우기에 협조하는 방향으로 갈 것을 결정한다면, 트럼프 정부는 중국 부동산 위기와 관련 금융시장에서 미국 달러화의 기축통화 지위를 십분 활용할 수도 있을 것이다.

미국 부동산 기업들이 이 같은 지연뇌관에 손을 대기란 부담스럽다. 하지만 부동산 개발업자로서 자수성가한 트럼프에게는 '이보다 더 매력적인 사냥감은 있을 수 없다'라고 판단할 수 있다.

따라서 시나리오 7에서는 중국 5년 연평균 경제성장률을 3.6%로 가정했고, 시나리오 8에서는 트럼프 정부의 냉정한 포지셔닝으로 인한 중국 부동산시장 문제의 급변 가능성 등을 감안할 때 2.0%의 연평균 성장률을 가정했다. 대미 달러 위안화 환율은 각각 7.0~7.5위안과 7.3~7.8위안으로 각각 추정했다.

한국경제에 있어 최악의 시나리오는 시나리오 8이 된다. 미국경제가 피보팅으로 금리 인하를 단행한다고 하더라도 중국경제의 불황으로 인해 5년 연평균 대미 달러 환율은 시나리오 5와 같이 1,300~1,400원으로 급등하고, 5년 연평균 엔화는 1,200~1,300원, 주가 지수는 2000~2500으로 하락한다. 따라서 한국경제의 5년 연평균 경제성장률은 각각 1.6%와 1.1%다.

트럼프라는 정치적 변수는 한국경제에 있어 가장 큰 안보와 경제적 악재요인이 될 가능성이 높다. 그가 기업인 출신 대통령으로서 보여준 지난 2017~2020년 동안의 행적으로 미루어볼 때 그렇다.

트럼프가 보여주는 기업가와 대통령으로서의 '럭비공' 같은 행적에 하나의 일관된 선이 있다. 그것은 미국의 이해관계에 대해 기업가로서 가장 유능한 면모를 보여줄 수 있는 경제가 한국경제라 생각할 가능성이 크다는 것이다. 미국에서 가장 싫어하는 직업 중에서 자동차 중개사와 부동산 중개사가 1, 2위를 다툰다. 그 이유는 그들이 정직하지 않기 때문이다.

이와 같이 2023년 하반기 이후부터 2028년까지 미국과 중국경제의 위기 가능성 시나리오를 바탕으로 한국경제의 성장 시나리오를 가정해보면 시나리오 2의 2.2% 성장과 최악의 시나리오로 가정한 시나리오 8에서의 1.1% 사이에 대부분 5년 연평균 경제성장률은 2.0%다.

이것은 한국경제의 잠재성장률 수치다. 이를 재해석하면 한국경제는 성장 정체의 늪에 빠져들고 있다는 의미다.

이 탓을 미국과 중국 탓으로 돌리는 것은 위험하다. 가능하지도 않다. 문제는 늘 우리에게 있다. 지난 1987년 민주화 이후 87체제의 헌법이 지속되고 있고, 정치적 갈등이 첨예하게 충돌하고 있는 가운데, 한때 정의를 외치던 이들마저도 이제 더 이상 '정의'와 '공정'을 외치지 않는 사회가 되어가고 있다.

성장과 발전은 의미가 다르다. 성장은 발전의 토대 위에 계속해서 몸짓을 불려 나가는 과정을 의미한다. 비만이 되지 않기 위해선 늘 움직이고 올바른 식단을 짜야 한다. 한국경제의 역동성이 멈추었다면, 이를 다시 움직이기 위해 심장을 뛰게 할 그 무엇인가가 필요하다. 각자의 이해관계에만 집착할 때, 각자도생의 원칙은 좀비의 원칙이 된다. 나를 물어 뜯었으니 너도 물어뜯어야 하는 세상이 된다.

이상의 내용에서 살펴봤듯이 2024~2028년 동안 미국의 연평균 금리, 환율 및 경제성장률에 대한 전망은 2023년 하반기와 2024년 한 해 동안 나올 미국의 주요 경제정책들과 상관관계가 높다. 2024년 미 대선 이후 취임할 새로운 대통령이 2005~2008년 동안의 미국경제 정책을 주도하게 된다. 따라서 앞서 설명한 8가지 5년간의 시나리오를 전망함에 있어 2023년 하반기와 2024년 상반기 경제 전망 시나리오를 어떻게 구성 및 추정했는지 요약할 필요가 있다.

먼저 2024년까지는 바이든 정부다. 미 연준이 금리를 2024년까지 한 번 더 인상할 것인가와 더 이상 인상 없이 1년을 지켜볼 것인가의 문제에 집중한다. 금리 인하, 즉 '피보팅'은 고려하지 않을 것이다. 이에 비해 중국경제는 가장 큰 위험 뇌관을 안고 있는데, 부동산 버블 붕괴와 금융시장의 파산이다.

이 같은 2가지 점을 고려하면 아래 표와 같은 4가지 시나리오를 구성할 수 있다. 이를 참고해 2028년까지 연평균 성장률, 금리 및 환율 전망이 어떻게 이루어졌는지 짐작할 수 있을 것이다.

2023년 하반기 및 2024년 한국경제 전망 시나리오

	시나리오 9	시나리오 10[4]	시나리오 11	시나리오 12
미국				
대선	바이든	바이든	바이든	바이든
통화, 금리	인상 1회	인상 1회	무인상	무인상
재정, 소득세	팽창, 유지	팽창, 유지	유지, 인상	유지, 인상
산업	지원	지원	지원	지원
러시아-우크라이나 전쟁	휴전/종전	지속	휴전/종전	지속
대 나토 협력	유지	유지	유지	유지
GDP 하반기 성장률[1]	1.7	2.0	1.6	1.9
중국				
통화	팽창	긴축	팽창	긴축
재정	팽창	팽창	긴축	팽창
부동산	위기	잠재	위기	연착륙
그림자 금융	위기	잠재	위기	잠재
LGFV	위기	잠재	위기	잠재
수출	회복	둔화	회복	둔화
소비	둔화	둔화	침체	둔화
대미 달러 환율	7.0-7.6	7.0-7.3	7.4-7.8	7.0-7.3
GDP 하반기 성장률[2]	0.8	1.2	0.4	1.5
한국				
금리	3.5-5.0	3.5-4.0	3.5-4.5	4.0-5.5
대미 달러 환율	1330-1400	1280-1320	1360-1460	1250-1290
대엔화 환율	1000-1200	1000-1100	1150-1300	950-1100
KOSPI 주가 지수	1800-2000	2200-2500	1700-1900	2200-2500
GDP 하반기 성장률[3]	0.5	0.4	0.0	0.7

주: 1. 연율로 환산한 분기별 경제성장률. 2, 3. 분기별 경제성장률. 4. 5년간(2023년 하반기와 2024년) 한국경제 시나리오의 기본 시나리오.

한국경제 전망 시나리오 9

시나리오 9는 시나리오 1의 단기적인 기본 시나리오가 된다. 즉 미연준은 금리 인상을 2023년 11월경 한 차례 실행한 후 더 이상 금리 인상이나 금리 인하는 없다는 가정을 전제로 한다. 연율로 환산한 2023년 4분기 경제성장률은 1.7%(분기 성장률 약 0.4%)다.

중국경제의 부동산 버블이 완전히 붕괴로 가지 않는 상황에서 여러 부동산 개발기업들의 부실 및 파산 소문과 그림자 금융, LGFV 등 금융시장 부실화 문제가 지지부진하게 지속된다. 이때 중국의 2023년 4분기 경제성장률은 전분기 대비 0.8%며, 대미 달러 환율은 7.0~7.5위안으로 순간적으로는 7.5위안을 돌파할 가능성이 높다.

한국경제는 중국발 경기둔화로 인해 2023년 4분기 경제성장률은 0.5%, 대미 달러환율은 1,330~1,400원으로 급등하며, 주가지수는 1800~2000으로 급락할 수 있다. 이럴 때 한국의 금리 역시 급등하면서 2023년 하반기 이후 2024년 상반기에 한국은행 기준금리는 5.0%까지 급등할 수 있다.

한국경제 전망 시나리오 10

시나리오 9와 시나리오 10은 차이가 있다. 시나리오 10에 따르면 미국경제의 연율로 환산한 분기 성장률이 2.0%로 호조를 보이는 가운데 중국경제는 부동산 버블이 붕괴되지 않은 채, 중앙정부가 부동산 개발 사업과 중국경제성장률 간 밀접한 관계를 인지하면서 재정적인 팽창정책으로 부동산 개발기업들의 파산을 방어할 것이다. 대미 달러 환율은 시나리오 1과 같이 7.0~7.5위안 수준으로 상승 유지할 것이며, 한국경제의 경우 시나리오 1과 같은 한국은행 기준금리를 유지할 것으로 보인다.

한편 주가지수는 연평균 2200~2500 밴드를 유지할 것으로 보인다. 대미 달러 환율은 중국정부가 부동산 문제 해결에 노력하는 점을 긍정적으로 평가하면서 1.5년의 기간 동안 1,280~1,320원 수준을 유지할 것으로 보인다. 보수적인 전망 시나리오 관점을 유지한다면, 역시 시나리오 10을 단기 경제 전망 시나리오의 기준으로 보는 것이 타당하다.

한국경제 전망 시나리오 11

시나리오 11과 시나리오 12는 미 연준이 금리를 일체 1.5년 기간 동안 올리지 않는 것을 가정한다. 미 연준이 기준 금리를 한 차례 올리나 올리지 않거나 별다른 큰 차이가 없을 수도 있다. 하지만 이 문제는 한국경제와 중국경제의 부동산 버블 문제에 직간접적인 파급효과를 유발할 수 있다.

먼저 시나리오 11은 미국 GDP 성장률이 분기별 성장률을 연율로 정리할 때 1.6%를 나타내어 가장 낮은 미국경제 성장률을 가정한다. 중국의 부동산 버블 문제가 본격화되어 중국경제가 침체되면 환율은 달러당 7.4~7.8위안으로 상승한다. 참고로 중국 인민은행과 정부는 7.5위안을 환율 급등의 마지노선이라고 가정한다. 결국 중국의 전분기 대비 1.5년 평균 경제성장률은 0.4%(연율로 약 1.7%)로 최악의 시나리오가 된다.

한국은행이 기준금리를 어떻게 할 것인가는 전적으로 한중 간 경제 상관관계에 의해 좌우될 가능성이 높다. 일반적으로 중국경제가 급속히 침체의 늪에 빠지게 된다면 한국경제 역시 이를 피해갈 수 없다고 본다.

이때 대미 달러 환율은 1,360원~1,460원으로 급등하며, 대엔화 환율 역시 1,150원~1,300원, 한국경제의 단기 평균 성장률은 0.0%로 한국 부동산시장과 가계부채 문제가 중요한 변수로 급부상하게 된다. 한국경제는 이렇게 하든 저렇게 하든 미국과 중국이라는 경제 대국의 틈새에 끼여 있다는 점을 절감하게 될 것이다.

한국경제 전망 시나리오 12

시나리오 12는 미국경제의 연율로 환산한 전분기 대비 1.5년 분기 평균 1.9% 성장을 전제로 가장 안정적인 성장을 갖는 시나리오다. 중국경제 역시 미국경제의 훈풍과 함께 1.5%(연율 약 6.0%) 안정적인 성장이 가능할 것으로 보인다. 따라서 중국 위안화의 대미 달러 환율은 7.0~7.3위안에 머물고, 한국경제의 기준 금리는 4.0~5.5%가 될 것이다.

대미 달러 환율은 1,250~1,290원이며, 주가 지수는 2200~2500선을 지켜낼 것으로 기대된다. 한국경제의 1.5년 기간 동안 분기별 평균 성장률은 0.7%, 연율 2.6%까지 기대할 수 있다.

한국경제의 희망회로는 바로 이것이다

2025년 이후 세계경제는 1990년 다우지수의 J 커브 모양을 보여줄 것이다. 지금까지도 그래왔고, 그리고 앞으로도 세계경제는 미국과 중국 중심이다. 그 결과물을 가장 빨리, 많이 차지하는 국가가 21세기 글로벌 경제의 맹주가 될 것이다.

1972년 8·3 사채 동결조치가 있었다. 공식명칭은 '경제의 성장과 안정에 관한 긴급명령 15호'다. 정부가 제도권 금융을 잠식하고 있던 지하금융, 즉 세금을 내지 않던 사채시장을 제도권금융으로 흡수하기 위한 극단의 조치로서 긴급명령 형태로 집행한 금융정책이다. 지금과 같은 시장경제에서는 불가능한 조치로 이해될 수 있다.

여기서 잠깐 다시 미 연준의 금리정책으로 이야기를 옮겨가본다. 1972년이면 1차 오일 쇼크가 발생한 시기다. 수출 기업들은 미국발 금리 급등과 환율 급등에 타격을 입었을 것이다. 당시 미 연준의 기준금리는 1971년 12월 27일 3.0%에서 1972년 4월 10일 4.25%

로 상승 조짐을 보이다가(1차 오일 쇼크 발생 가능성에 대한 경계 심리가 반영된 금리), 1972년 9월 3일 10.79%, 1974년 7월 8일 13.5%로 정점에 이른다. 그리고 금본위제도하의 고정 금리제도, 즉 브레튼우즈체제(Brettonwoods system)가 붕괴되었다.

뒤이은 자유변동환율제도하에서 미국 달러화의 기축통화 지위가 굳어지기 전까지 미 연준의 금리는 1980년 14.46%, 1982년 18.65%까지 급등했었다. 미 연준 의장은 1979년에서 1987년까지는 폴 볼커(Paul Volker)였다. 금융시장이 관치로 이루어질 때 시장에 대한 중앙은행의 금리 및 통화정책은 큰 의미를 갖지 못한다. 중국 경제도 다르지 않다.

미 연준은 2021년부터 금리 인상을 단행했다. 속도도 빨랐다. 그만큼 돈이 많이 풀렸다는 의미다. 2008년 서브프라임과 2020년 팬데믹이 결정적이었다.

미국과 중국의 감춰진 속내

미 달러화는 기축통화다. 강한 달러를 지향하는 미 연준으로서는 더 이상 방치할 수 없는 노릇이다. 미 달러화에 대한 중국 위안화의 도전이 엄중하고 위급했을 수 있다. 우리가 알 수 없는 환율전쟁보다 더 깊고 심각한 기축통화 전쟁이 펼쳐지고 있었을 수도 있다. 미국은 세계 기축통화만 들고 있는 것이 아니다. 기술도 가지고 있다. 실물경제의 파워는 금융경제 파워로 뒷받침된다. 어쩌면 그 순서가 뒤바뀔 수도 있다. 중국이 치고 들어오는 칼날의 각도는 예리하고 날카로울 수 있다. 미국이 나서는 반도체 전쟁은 군사안보라는 갑옷을 덮어쓰고 있어 제대로 판단하기가 쉽지 않을 수 있다. 하지만 핵심은 갑옷이 얼마나 창과 총알을 잘 막아내는가에 있지 않다. 중요한 것은 그런 갑옷을 누가 만드는가이다.

미국이 가지고 있는 기술의 선진성, 기밀성 등이 더 이상 미국만의 전유물은 아닌 듯 보인다. 조용히 따라가면서 나중에 뒤집으라는 덩샤오핑의 당부가 시진핑에게는 어울리지 않아 보인다. 그대로 시진핑은 '나의 꿈'을 '중국의 꿈'으로 직격했다. 동북 3성의 역사도 중국사고, 한반도도 중국 땅이었다고 한다. 거침이 없다. 이럴 땐 힘이 자칫 부족하면 밀린다.

그러자 미국이 밀어붙였다. 더 이상 밀리면 다시 힘을 결집해서 대응하기가 늦을 수도 있다는 불안감도 있다. 나에게는 오직 전진만 있다던 시진핑의 중국에 급브레이크가 걸린다. 중국 국내 문제와 국외 문제가 모두 드러나기 시작했다. 미국도 그랬다. 2006년 전후로 서브프라임 모기지 문제와 중국 위안화에 대한 45% 절상 요구가 그것이다. 더 이상 최혜국으로서 중국을 대했다가는 미국인들의 일반 생활이 불가능해진다는 미국 내 우려의 목소리가 커지고 있던 시기다.

이에 중국은 어떻게 할 것인가? 미국은 이미 여러 가지 전쟁 역사를 경험했다. 이렇게 치면 저렇게 나오더라는 예측이 가능하다. 일본의 교만함과 거만함도 경험했고, 중국 역사에 대한 연구도 미국

학자들 못지 않게 미국 내에서 활발하게 이루어지고 있다.

하지만 미국은 인상을 찌푸리면서 상대방을 응시하지 않는다. 늘 밝고 순수한 웃음을 지은 채 상대방을 바라본다. 하지만 감춰진 속내는 극히 전략적이고, 모든 국가 정책에서 국가의 이해관계 극대화를 목표의 정점에 둔다.

한국, 이대로는 좀비국가가 될 수밖에 없다

중국 부동산시장의 버블이 붕괴되기 시작했다는 이야기는 이미 2020년 전후로 나왔다. 그림자 금융과 LGFV가 밑 빠진 독에 물 붓기와 같다는 평가도 2014년 전후로 미국 싱크탱크들과 조야에 익히 알려진 내용들이다. 관광객으로 위장해서 미국의 주요 군사시설을 돌파하는 것은 아날로그 방식이다. 하지만 이런 아날로그 방식도 일정한 효과는 있을 수 있다.

이처럼 쫓고 쫓기는 숨 막히는 경쟁이 미중 간에 벌어지고 있다. 문제는 이러한 경쟁에서 한국경제는 대체 무엇을 하고 있는가에 대한 물음이다. 우리는 구경꾼인가, 아니면 국가 핵심 이익을 위해 긴밀한 내용까지 듣고 보고 참고해 우리 국민들의 행복추구를 위해 정부가 숨어서 완벽하게 아니면 적어도 최소한의 노력이라도 하고 있는 것인가? 아니면 전혀 아무것도 모르고 정부는 정부대로, 기업은 기업대로, 가계는 가계대로 제각각 서로를 믿지 못하며 살아남는 방법을 모색하고 있는 것인가?

이 질문에 대한 답을 얻는 데는 그리 오랜 시간이 걸리지 않을 듯하다. 2023년이 지나고 2024년이 시작되면 그 사이 '문 턱(threshold)'에서 일이 벌어질 수도 있다. 그러므로 정리를 해볼 필요가 있다. 미국의 위기 요인은 무엇이고, 중국의 위험 뇌관은 무엇인가? 그리고 우리의 취약점은 무엇인가?

실로 이 모든 것을 알고 있다 하더라도 준비하고 대응하는 것은 또 다른 문제다. LH의 골조 부재 문제가 한국경제와 사회 문제를 그대로 보여준다. 안이 텅텅 비어 있다. 국민들이 살아가는 수십층의 아파트, 특히 중산층의 임대아파트의 건설에 철근 구조가 빠져 있거나 부실하다는 내용이다. 한국경제의 현실을 적나라하게 보여주는 비유물이다.

그렇다면 어떻게 해야 하는가? 그 답을 구하는 방법은 민주주의도, 사회주의도 가르쳐주지 않는다. 사회주의 경제체제도, 자본주의 시장경제체제도 답을 주지 않는다. 어쩌면 각자가 스스로 생존에 대한 본능을 일깨우는 방법밖에 없는 듯 보인다.

시대 전환기에 우리는 약하다. 정부와 기업은 상대적으로 우리 개인보다 강하다. 하이데커의 『노예의 길(The Road to Serfdom)』을 굳이 정독하지 않아도 안다. 이대로는 좀비국가가 될 수밖에 없다는 것을.

2025년 이후 세계경제는 1990년 다우지수의 J 커브 모양을 보여줄 것이다. 미국과 중국 중심이다. 그 결과물을 가장 빨리, 많이 차지하는 국가가 21세기 글로벌 경제의 맹주가 될 것이다.

미국과 중국이 큰 싸움을 하는데 '우리는 강소국가라 그 싸움에 낄 수 없다'는 생각은 더이상 하지 않았으면 한다. 그렇게 스스로를 낮추어 보고 아무것도 준비하지 않을 때 기회는 머물지 않고 그냥 스쳐 지나가버리기 때문이다.

미주

1. 애덤 스미스는 18세기 철학자다. 당시 그가 목도한 산업혁명의 모습과 철학(철학은 경제학의 뿌리)이 융합된 그의 지적 탐구가 『국부론』으로 나온 것이다. 케인스 역시 수학 전공자였다. 알프레드 마샬과 아서 피구의 영향을 받아 경제적 지식에도 관심이 컸었다. 1, 2차 세계대전을 겪으면서 추락하던 영국의 국부와 글로벌 패권의 유지에 대한 관심이 그가 거시 경제학의 한 학파를 출범시킨 학자로 지금까지도 존경받는 이유다.
2. TIPS는 인플레이션에 대한 보호를 제공하기 위해 설계된 5, 10, 30년 만기 미국 재무성 채권이다. 다른 국채와 달리 TIPS의 원금은 고정되어 있지 않으며, TIPS의 원금은 만기까지의 기간 동안 증가하거나 감소할 수 있다. TIPS는 만기가 되면, 원금이 높으면 증가된 금액을 받고, 원금이 원래 금액과 동일하거나 원래 금액보다 낮으면 원래 금액을 받게 된다. TIPS는 매 6개월마다 고정 이율의 이자를 지급하는데, 조정된 원금에 대한 이자가 지급되므로 이자 지급액도 다양하다. TIPS는 만기까지 보유하거나 만기 전에 매도할 수 있다.
3. 경제학자들이 이론적으로 구성하는 경기사이클 이론은 굳이 어렵고 복잡한 계량모델을 사용하지 않더라도 실질적으로 제조와 금융 부분의 상호 연관성을 관찰하면 어렵지 않게 추론할 수 있다. 간단한 것이 가장 효율적·실용적이다.
4. 2023년 8월 9일 무디스는 예금 위험, 잠재적 경기 침체 및 어려운 상업용 부동산 포트폴리오 등을 이유로 M&T뱅크와 피너클파이낸셜파트너스를 포함한 10개 지역은행의 신용등급을 강등시켰다. 또한 무디스는 뱅크오브뉴욕(BNY) 멜

론, 스테이트스트리트 등의 신용등급 하향도 검토 중이다.

5. 미 재무부의 25조 달러 재정부채가 점점 더 글로벌 시장에 대한 전망을 흐리게 한다는 점을 강조했다. 당시 무디스는 계속해서 미국에 가장 강력한 평가를 지속하겠다고 한 바 있다. 그 결과 무디스는 미국 신용평가 등급이 아닌 10개의 지역 은행 신용평가를 강등시켰다. 모건 스탠리(Morgan Stanley)는 지난 2023년 8월 초 미 정부의 재정지출 축소 가능성이 증시에 위험으로 작용한다며, 투자자들에 대해 향후 기대에 미치지 못하는 경제성장률 혹은 기업 실적 등을 대비해야 한다고 권고한 바 있다.

6. 2021년 3월 알래스카 앵커리지에서 열린 중국과 미국 고위 관료 간의 첫 고위급 회담에서 분명해졌다. 회의실 내 분위기는 실외 온도보다 더 차가웠고, 중국 관료들이 미국 관계자들을 비난한 후 블링컨은 카메라 앞에서 비슷한 어조로 답하며 중국이 보여주는 이 같은 무개념적 행동이 향후 '훨씬 폭력적인' 세계로 이끄는 요인이 될 것이라 경고했다. 그 다음 두 해 동안 바이든 정부는 중국과 전략적 경쟁에 심각하게 임하는 것을 분명히 했다.

7. 쿼드(Quadrilateral Security Dialogue)는 미국의 인도-태평양 지역 핵심동맹인 호주, 인도, 일본 등이 참여하는 비공식 안보회의체다. 해당 회의체는 중국의 패권주의인 '일대일로(One Belt One Road)'에 대응해 '자유롭고 열린 인도-태평양(Free and Open Indo-Pacific, FOIP)'을 내세우고 있다.

8. 헨리 폴슨은 전형적인 중국통이다. 2006년부터 2009년까지 74대 재무장관을 역임했으며, 미 재무장관 발탁 이전까지 골드만삭스(Goldman Sachs)의 CEO로 있었다. 그는 유년시절 중국에서 유학을 하기도 했으며, 개인적으로 중국과 밀접한 관계를 구축해왔다. 예를 들어 1970년대 초반에는 닉슨 대통령실에서 행정 일을 하기도 했으며, 골드만삭스에서 활동했던 시절 중국을 70차례 이상 방문한 경력도 있다. 토머스 도닐런(Thomas E. Donilon)은 2010년부터 2013년까지 오바마 행정부 당시 22대 국가안보 보좌관을 지냈다. 카터와 클린턴 행정부

에서는 미국부무 비서실장도 역임했다. 그는 현재 블랙록의 연구소인 블랙록 투자사 사장으로 있다.

9. SWIFT(The Society for Worldwide Interbank Financial Telecommunications) 시스템은 대부분의 국제 금융 및 증권 거래를 돕는다. SWIFT는 금융기관이 자금 이체 지시와 같은 정보를 빠르고 정확하고 안전하게 송수신하기 위해 사용하는 방대한 메시징 네트워크다.

10. https://www.wsj.com/articles/a-real-estate-haven-turns-perilous-with-roughly-1-trillion-coming-due-74d20528?mod=Searchresults_pos2&page=1

11. 미 부동산 투자 신탁(REIT)은 다양한 부동산 투자 부문에서 부동산을 소유하거나 자금을 지원하는 방식을 통해 소득을 창출하는 기업들을 말한다. 이러한 부동산 자산에는 사무용 건물, 쇼핑몰, 아파트, 호텔, 리조트, 셀프 스토리지 시설, 창고 및 모기지 또는 대출 등이 포함된다. 일반적인 부동산 기업과는 달리 REIT는 부동산을 개발해 판매하지 않고, 대신 투자 포트폴리오의 일부로 운영하기 위해 소유하고 개발한다. 따라서 투자자들은 REIT에 투자해 부동산 수익을 직접적으로 구매하지 않고도 상업용 부동산 수익에 노출될 수 있다. REIT에 투자하는 이점에는 투자 포트폴리오의 다변화와 높은 배당 수익을 얻을 수 있는 가능성이 포함된다.

12. https://www.wsj.com/articles/new-lending-by-mortgage-reits-has-dried-up-49551878?mod=Searchresults_pos3&page=1, https://www.wsj.com/articles/wall-street-is-ready-to-scoop-up-commercial-real-estateon-the-cheap-6edac64f?mod=Searchresults_pos1&page=1

13. 필립스 곡선(Phillips Curve)은 명목 임금 상승률과 실업률 사이에 역상관 관계가 있음을 나타낸다. 명목 임금 상승은 물가 상승과 비례하는 관계에 있다고 볼 수 있기 때문에 명목 임금 상승률을 인플레이션율로 놓았을 때 물가 안정

을 위해선 높은 실업률을, 실업률 감소를 위해선 높은 인플레이션을 감당해야 한다는 상반된 정책의 필요성을 의미한다.

14. M&T 뱅크, 웹스터 파이낸셜, BOK 파이낸셜, 올드 내셔널 뱅코프, 피나클 파이낸셜 파트너스, 풀턴 파이낸셜 등 10개 지역 은행의 신용등급을 강등했으며, 해당 은행에는 비용 증가, 상업용 부동산 관련 불확실성 증대, 오피스 빌딩 수요 둔화, 규제 강화에 따른 영향 등 위험이 존재한다고 강조하고 있다. 이외에도 PNC 파이낸셜 서비스, 캐피털 원 파이낸셜, 시티즌스 파이낸셜, 피프쓰 써드 뱅코프 등 11개 은행에 대해서는 등급 전망을 '부정적'으로 변경했으며, US 뱅코프, 뱅크오브 뉴욕 멜론, 스테이스 스트리트 등 6개 대형은행을 신용등급 하향 조정 검토 대상에 편입시켰다.

15. https://www.nytimes.com/2023/07/14/business/stock-market-returns.html?action=click&pgtype=Article&state=default&module=styln-stock-market&variant=show®ion=MAIN_CONTENT_1&block=storyline_top_links_recirc

16. '밸런스 오브 파워(Balance of Power)'라는 블룸버그 TV 프로그램에서 미국의 벤처 캐피털 기업들이 중국에 투자하는 데 관한 미국 하원 중국 특별위원회의 조사 및 이러한 투자들이 가질 수 있는 우려사항에 대해 논의된 내용을 라자 의원은 언급하고 있다. 또한 그는 이전 국무장관인 헨리 키신저(Henry Kissinger)가 시진핑 중국 국가주석과 만난 사안에 대해서도 그 주요 논점이 무엇이었는가 등에 대해 의견을 제시하고 있다. 2023년 7월 22일 블룸버그 TV, '미국과 중국과의 관계' 내용을 참조.

17. 폴 크루그먼, "왜 중국경제는 비틀거리나?", 2023년 8월 10일자 〈뉴욕타임스〉 기고문 참조.

18. 애덤 포즌(Adam Posen), '중국경제 기적의 종말: 중국의 위기 상황이 미국에 어떤 기회를 줄 것인가(The End of China's Economic Miracle: How Beijing's

Struggles Could Be an Opportunity for Washington), 2023년 8월 10일 보고서 참조.

19. 〈한국경제신문〉, '중국 반도체 프로젝트' 좌초… 中정부 자금 2.5조 날렸다', 2021년 3월 1일. 1,280위안 투자 유치 내세운 우한홍신반도체가 폐업 절차에 들어갔으며, 이미 투입된 정부 자금 2조 5,000원은 허공으로 사라졌다.

20. 미국의 이론 물리학자로서 중간자론을 통해 원자폭탄 제조의 총지휘자로 맨해튼 프로젝트를 완성했었다. 이후 수소폭탄 개발에 반대함으로써 일체 공직에서 물러나게 된다.

21. https://www.washingtonpost.com/business/2023/08/11/what-is-us-china-decoupling-and-how-is-it-happening/e33f195c-3867-11ee-ac4e-e707870e43db_story.html

22. Open AI에 같은 질문을 해보았다. 인공지능이 답한 내용은 다음과 같다.
"미국과 중국 간의 긴장은 시간이 흐름에 따라 진화해왔으며, 다양한 요인이 이 변화에 기여했습니다.
1) 경제적 경쟁: 긴장은 처음에 경제적 경쟁에서 비롯되었습니다. 중국의 신속한 경제성장과 수출 중심 모델은 미국에서 일자리 감소와 무역 불균형에 대한 우려를 낳았습니다. 미국은 중국의 불공정한 무역 관행, 통화 조작 및 지적 재산 도난을 비난했습니다.
2) 무역전쟁: 트럼프 행정에서 긴장은 전쟁으로 번져갔습니다. 미국은 다양한 중국 제품에 관세를 부과했고, 중국은 반격으로 관세를 부과했습니다. 이 무역분쟁은 글로벌 공급망을 방해하고 경제적 불확실성을 초래했습니다.
3) 기술과 국가 안보: 5G, 인공지능 및 사이버 보안과 같은 분야에서 중국의 기술적 발전에 대한 우려가 높아졌습니다. 미국은 이러한 발전을 국가 안보와 글로벌 기술 지도력에 대한 잠재적인 위협으로 인식했습니다.
4) 인권 및 이념적 차이: 신장과 홍콩의 인권 침해 문제는 관계를 더욱 악화

시켰습니다. 미국은 이러한 지역에서 중국의 행동을 비판하며 외교적 대립을 불러왔습니다.

5) 지정된 대외 정책: 남중국해의 영토적 요구 및 벨트 앤 로드 이니셔티브와 같은 중국의 당당한 외교 정책은 국가의 영향력과 글로벌 권력 동향에 미치는 영향에 대한 우려를 불러왔습니다.

6) COVID-19 대유행: 대유행은 양국 간 원산지와 바이러스의 기원 및 처리에 대한 비난으로 인한 긴장을 촉발시켰습니다.

7) 미국 지도자의 교체: 바이든 행정부는 중국을 전략적 경쟁자로 대우하면서 기술, 인권 및 글로벌 영향력과 같은 문제에 중점을 두었습니다.

8) 경제적 상호 의존성 및 분리: 두 나라는 이제 경제적 상호 의존성을 줄여 리스크를 완화하려고 고려 중입니다. 미국은 중요한 공급망을 확보하고 기술 능력을 향상시키려는 노력을 기울이고 있으며, 중국은 자립성을 강화하고 외국 기술에 대한 의존도를 낮추려는 목표를 가지고 있습니다.

9) 외교적 참여: 긴장은 여전히 지속되지만 양국은 기후 변화와 북한의 핵 프로그램과 같은 분야에서의 우려 사항을 해결하기 위해 고위급 외교 대화를 진행하고 있습니다. 전반적으로 긴장은 주로 경제적 우려에서 시작해 기술, 인권, 지정된 대외 정책 및 글로벌 영향력과 같은 다양한 문제로 확장되었습니다. 미국과 중국 간의 관계는 복잡하며, 경쟁과 협력 사이의 균형을 찾는 것은 양국 모두에게 도전입니다."

23. 2022년 8월, 바이든 신행정부와 민주당의 최우선 과제였던 반도체 지원법안(CHIPS and Science Act)과 인플레이션 감축 법안(Inflation Reduction Act: IRA)이 최근 극적으로 의회를 통과하고 바이든 대통령 서명을 거쳐 법률로 제정되었다. 두 법안은 2021년 상반기부터 논의되었던 중국 견제 법안 및 '더 나은 재건법(Build Back Better Act: BBB)'에 비해서 그 범위와 내용이 상당히 축소되었다. 그러나 바이든 행정부와 민주당의 입장에서는 2021년 11월 인프

라 투자 법안(Infrastructure Investment and Jobs Act)을 통과시킨 이후 2022년 11월 중간선거 이전에 미국의 인프라 재건, 사회복지 개선, 노동자를 위한 제조업 부흥, 탄소중립을 위한 친환경 에너지 정책 등의 입법화를 완성시켰다는 데 의의가 크다. 한국 무역협회 워싱턴 지부 보고서, 2022. 8. 24

24. Chad P. Bown, 2021, The US-China Trade War and Phase One Agreement(also published in the Journal of Policy Modeling 43, no. 4: 805-843).

25. DHL and 뉴욕대학교 스턴 경영대학, "DHL 글로벌 연결성 지수: 미국-중국 분리가 진전되는 가운데에도 글로벌화는 견고함을 유지"한다. 2023. 3.15

26. https://www.washingtonpost.com/business/2023/08/11/what-is-us-china-decoupling-and-how-is-it-happening/e33f195c-3867-11ee-ac4e-e707870e43db_story.html

27. S&P 글로벌 마켓 인텔리전스(S&P Global Market Intelligence)의 선박 및 무역 부사장(Vice President for Maritime & Trade) 피터 티르슈웰(Peter Tirschwell)

28. 로이터 통신, Fragmentation could cost global economy up to 7% of GDP: IMF , 2023. 1.15.

29. 2023년 8월 17일, 중국 헝다 부동산 개발사는 미국 뉴욕법원에 파산보호를 위한 '챕터 15'를 신청했다. 챕터 15는 외국계 기업이 회생을 추진할 경우 채무 변제를 위한 시간 확보를 위해 미국 내 채권자들의 채무변제 요구와 소송으로부터 기업을 보호하는 규정이다. 2023년 8월 파산보호 신청 당시 헝다그룹의 역외 채무조정 대상액은 317억 달러였다.

30. 제임스 앤드루스(James Andrews), Cyberattack on Civilian Critical Infrastructures in a Taiwan Scenario., CSIS, 2023. 8.11. https://www.csis.org/analysis/cyberattack-civilian-critical-infrastructures-taiwan-scenario

31. 우크라이나의 통신 인프라는 러시아에 중요한 대상이었다. 대만 전쟁 시나리오에서도 해저 광섬유 케이블 및 통신 위성을 공격 대상으로 포함시킬 수 있

다. 이는 산업 인프라에 대한 물리적 공격 또한 포함될 수 있다. 해저 광섬유 케이블은 수천 마일에 걸쳐 뻗어 있고, 상대적으로 얕은 물에서 가장 취약하다. 낚싯배가 케이블을 갈아 엮어 부러뜨리는 것만으로도 효과적일 수 있다. 또한 중국은 정찰, 항법 및 통신을 위한 군사 및 상업 위성을 방해·무력화하거나 비활성화하려고 할 것이다. 중국은 군사 및 상업 위성을 구분하지 않을 수 있으며, 상업 위성은 미국 군사 통신에 중요한 역할을 하고 있다. 중국 관계자들은 일론 머스크의 '스타링크(Starlink)' 프로젝트에 대한 불만을 비공개로 표명하기도 했다. 중국은 위성 항법 신호를 방해하고 스푸핑하는 것을 연습했으며, 언론 보도 및 유출된 미국 문서에 따르면 중국은 미국 위성에 대한 사이버 '무기'를 개발했다는 분석도 있다. 위성에 대한 사이버 방법을 사용하는 것은 물리적 공격보다 덜 파괴적이고 더 낮은 성공 확률을 갖는 공격으로 간주될 수 있지만, 결코 그 가능성이 배제되어선 안 된다.

32. 러시아-우크라이나 전쟁은 정밀 유도탄(PGM) 공급망의 취약성과 안정적인 공급의 중요성을 보여주고 있다. 정밀유도탄 무기는 첨단 무기 시스템을 필요로 한다. 만일 하나의 부품을 얻는 데 공급 차질이 생길 경우 생산을 늦출 수밖에 없다. 미국 및 지역 동맹국들은 PGM을 비축해 이에 대비할 수 있지만, 러시아-우크라이나 전쟁에서 소비율이 예상보다 높다는 점에서 통합된 사이버 공격에 따른 PGM 생산·공급 방해는 미국과 대만의 대중국 반격 작전에 치명적일 수 있다.

33. 볼커 룰은 은행이 자체 계정을 이용한 특정 투자 활동을 일반적으로 금지하고, 헤지 펀드 및 사모 투자 펀드(커버드 펀드라고도 함)와의 거래를 제한하는 연방 규정이다. 볼커 룰은 2007-2008년 금융위기에 기여한 특정 유형의 투기적 투자를 방지해 은행 고객을 보호하는 것을 목표로 했다. 본질적으로 볼커 룰은 은행이 자체 계정을 사용해 유가증권, 파생상품 및 상품 선물, 그리고 이러한 기구들의 옵션을 이용한 단기 고유 거래를 금지한다.

34. 도드-프랭크 법은 2007~2008년 금융위기의 원인으로 여겨진 금융 시스템 부문을 대상으로 제정된 금융개혁법이다. 2007년, 유연한 규제로 인해 매우 위험한 대출 실행이 이루어져 주택 부문 거품이 형성되었으며, 결국 부동산 버블이 터지면서 글로벌 위기와 경기침체를 초래했다. 아울러 금융기관에 대한 공적 구제 필요성에 대해 2007~2008년 금융위기의 책임을 지는 기관으로는 은행, 보험 회사, 투자 은행 회사, 모기지 대출 기관 및 신용평가 기관 등이 포함되었다. 이 법이 미 금융기관들에 부과되는 각종 규제가 미국 기업을 외국 경쟁사보다 경쟁력이 떨어지게 만들 수 있다는 점에 주목해, 2018년 의회는 도드-프랭크의 제한적 규정을 일부 완화한 새 법률을 통과시켰다.
35. 중국 인민은행 외환 담당자들의 법적 문제가 항상 재임 혹은 퇴임 후 불거져 나온 흑역사가 있다. 1990년대에 외환국장이었던 주효화는 은행 임원으로 근무하는 동안 탐직으로 15년의 징역을 선고받았으나 나중에 보석으로 석방되었다. 주효화의 후임자인 리푸샹은 2000년에 갑작스럽게 병원에 입원한 뒤 제7층 병원 창문에서 추락해 사망했다.
36. 안후이는 해당 기간 동안 304개의 신규 반도체 투자 프로젝트를 시작했으며 투자액은 4,256억 위안이고, 광둥은 66개의 프로젝트를 시작했으며 투자액은 3,423억 위안이다.
37. 미국의 통제로 인해 베이징은 과도한 낭비와 부패 때문에 휴면 상태였던 정부의 '빅 펀드'를 활성화했다. 이 '빅 펀드'는 2월에 YMTC에 약 19억 달러를 투입해 미국의 제재에 대한 대응을 강화했다. 또한 반도체 장비 및 재료 공급업체에 최근 자금을 투입했다. 중국의 새로운 보조금 정책은 중국 반도체 생산에 있어 소재·부품·장비 등의 핵심 분야를 중국산으로 대체하는 데 목표가 있다. 남부의 광저우 시는 2023년 반도체 및 다른 기술 프로젝트에 210억 달러 이상을 할당했는데, 이 프로젝트에는 서구 반도체 장비 공급업체를 대체하려는 것도 포함되어 있다.

38. 2023년 8월 8일 중국 첨단 기술 분야에 대한 미국 기업의 투자를 제한하는 역외투자 제한 행정명령이 발표되었다. 이 역외투자 제한 행정명령에는 인공지능(AI)과 반도체, 양자컴퓨터 등과 관련된 특정 분야에서 미국 벤처캐피털이나 사모 펀드가 중국에 투자할 때는 투자 내역 등을 사전에 반드시 신고하도록 하고 있다.

39. 중앙 처리 장치(CPU)는 주어진 컴퓨터에서 가장 중요한 프로세서로 산술, 논리, 제어 및 입출력(I/O) 작업과 같은 컴퓨터 프로그램의 명령을 실행한다. CPU의 역할은 주 기억장치 및 I/O 회로와 같은 외부 구성 요소나 그래픽 처리 장치(GPU)와 같은 특수 부속 장치와 대조되며, CPU의 주요 구성 요소에는 산술-논리 장치(ALU)가 포함되어 있으며, ALU 작업의 피연산자를 제공하고 ALU 작업의 결과를 저장하는 프로세서 레지스터, 그리고 ALU, 레지스터 및 다른 구성 요소 등의 동시 작업을 지시함으로써 메모리로부터 명령의 검색, 해독 및 실행 등을 조정하는 제어 장치가 포함된다. 대부분의 현대 CPU는 집적 회로(IC) 마이크로프로세서에 구현되며, 하나 이상의 CPU가 단일 IC 칩에 있다.

40. 그래픽 처리 장치(GPU)는 개인 및 비즈니스 컴퓨팅을 위한 가장 중요한 컴퓨팅 기술 중 하나다. GPU는 그래픽 및 비디오 렌더링을 포함한 다양한 응용 분야에서 사용되며, 게임 분야에서 필수 반도체로 알려져 있다. 최근에 GPU는 창작 생산과 인공지능(AI)에서의 사용빈도가 점점 확산되는 추세다. 초기에는 3D 그래픽 렌더링을 가속화하기 위해 GPU가 설계되었지만, 시간이 지남에 따라 GPU는 더 유연해지고 프로그래밍 능력이 향상되었다. 이를 통해 그래픽 프로그래머들은 고급 조명 및 그림자 기법을 사용해 더 흥미로운 시각적 효과와 현실적인 장면을 만들 수 있게 되었고, 고성능 컴퓨팅(HPC), 딥 러닝 등에서 추가 워크로드를 현저하게 가속화하기 위해 GPU의 능력을 활용하기 시작했다.

41. 신경 프로세서, 신경 처리 장치(NPU, Neural Processing Unit)는 머신 러닝 알고리즘을 실행하는 데 필요한 모든 제어 및 산술 논리를 구현하는 특수 회로다. 일반적으로 인공 신경망(Artificial Neural Network, ANN)이나 랜덤 포레스트(Random Forest, RF)와 같은 예측 모델에 적용되며, 이 과정을 통해 머신 러닝 알고리즘이 실행된다.
42. 텐서 처리 장치(TPU)는 구글이 자체 개발한 신경망 기계 학습 회로다. 텐서플로(TensorFlow) 소프트웨어를 사용해 AI 가속기 응용 특수 집적 회로(ASIC)를 설계한 것이다. 흔히 '아시키파일(ASIC file)'로도 불렸다. 구글은 2015년부터 내부적으로 TPU를 사용하기 시작했으며, 2018년에는 구글의 클라우드 인프라 일부를 제공하면서 제3자가 사용할 수 있도록 했다.
43. 중국정부는 중국의 중요 인프라 운영자들에게 미국 반도체 제조사 마이크론 테크놀로지의 제품 구매를 중단하도록 요청했었다. 중국 인터넷 정보 사무국은 마이크론 테크놀로지의 제품이 심각한 네트워크 보안 위험을 야기해 중국의 정보 인프라에 위협을 가하고 국가 안보에 영향을 미친다고 밝혔다. 이 사안은 미국과 중국 간 기술을 둘러싼 긴장 모드의 최신 사례로, 이는 미국정부가 정부 전화기에서 소셜 비디오 앱인 '틱톡'의 사용을 금지시키고 워싱턴이 중국으로의 일부 고급 컴퓨터 칩 수출에 제한을 가한 후에 발생했다.
44. 인텔은 2022년 2월 타워를 인수하기로 합의한 바 있으며, 계약 조건과 일치하게 타워에 3억 5,300만 달러의 해지 수수료를 지불할 것이라고 밝혔다. 인텔은 처음에 거래를 2023년 1분기에 마감할 계획이라고 밝혔지만, 이후 예상 시간표를 2023년 상반기로 연장했다. 2023년 4월의 미국 규제 승인에 이어 중국의 승인이 8월 15일까지 이루어지지 않으면 거래를 종료할 수도 있다고 밝혔고, 중국의 승인이 끝내 나지 않자 실제로 그렇게 했다. 한편 이스라엘의 타워 세미컨덕터 사는 2023년 1분기에 전 세계 파운드리 중 7위의 매출을 기록했다.

45. 반도체 산업은 미국에서 시작되었지만, 지난 몇십 년 동안 많은 제조 능력이 해외로 이동했고, 미국의 새로운 세대 칩 제조 공장이 세워지기까지 3~7년 정도 걸릴 것으로 추정된다. 미국은 53억 달러 규모의 CHIPs 법안을 통해 조건부로 제조 보조금을 제공하며 이러한 노력을 격려하고 있다. 대만 반도체, 인텔, 삼성전자 등은 애리조나, 텍사스, 오하이오 등의 주에 시설을 건설할 계획이며, 마이크론 테크놀로지는 뉴욕 주 근처에 반도체 제조 캠퍼스를 개설하기 위해 1천억 달러를 투자할 계획이다.

46. 2022년 여름 양당의 칩 및 과학법이 통과된 이후, 전문가들을 통해 보조금 및 기타 인센티브를 수백 개의 기업들에 분배하는 역할을 하는 작은 팀을 미국 상무부가 조용히 구축하고 있다. 이 팀 구성원들은 이를 정부 내의 스타트업이라고 부른다. 대략 30명 정도인 전문가들의 연령대는 23세부터 64세에 이르며, 거의 절반 가까이가 여성들이다. 그들은 백악관 근처에 위치한 상무부 건물의 넓은 공간에서 각 칸마다 높은 파티션과 철제 가구가 있는 좁은 방에서 업무를 수행하고 있다.

47. 한국정부가 재정건전성을 이야기하면서 재정 투입을 꺼려하는 것은 매우 근시안적인 정책임을 분명히 해둔다. 기업이 성공하지 않고선 결코 성장, 소득, 분배, 생상 및 소비 기능 등이 제대로 작동하기 어렵다. 물론 눈먼 돈이라 생각하고, 재정지출의 효율성·투명성·정의성이 제고되지 않은 상태의 재정지출은 극히 제한적이어야 한다. 한국전력, LH 사태 같은 일은 한국경제에서 결코 일어나서는 안 될 일들이다.

48. https://en.wikipedia.org/wiki/Local_government_financing_vehicle., Reuters, China to replace $140 bln LGFV debt with local bonds - Bloomberg News, 2023. 8.11

49. 세인트루이스 미 연준, 중국 그림자 금융 시스템은 얼마나 위험한가(How Risky Is China's Shadow Banking System?), 2014, 3. 16

50. KBC Corp.은 종롱신탁으로부터 만기가 도래한 6천만 위안의 미지급 신탁 제품을 보유했다고 공개한 후 회사가 구매한 다른 자산 관리 제품은 모두 은행 및 증권 회사의 저위험 제품임을 2023년 8월 16일 투자자들에게 알렸다. 투자자들은 또한 Bescient Technology Co, Shanghai New Vision Microelectronics Co, Nanhua Instruments Co, Jiangsu Azure Corp.을 포함한 수십 개의 다른 상장 기업에 종롱신탁 또는 중앙 신탁 엔터프라이즈 그룹(Zhongzhi Enterprise Group)과 관련된 투자 제품을 보유하고 있는지 물었다. 이에 대부분의 회사들은 그런 제품을 소유하지 않은 상태라고 답변하거나 아예 답변을 하지 않았다. 로이터 통신, Zhongrong Trust's missed payments trigger fears among Chinese investors, 2023. 8.17

★ 메이트북스는 독자의 꿈을 사랑합니다.

돈의 흐름을 아는 사람이 승자다

다가올 미래, 부의 흐름

곽수종 지음 | 값 18,000원

국가, 기업, 개인은 늘 불확실성의 문제에 직면한다. 지금 우리가 직면한 코로나19 팬데믹과 러시아-우크라이나 전쟁 등은 분명한 '변화'의 방향을 보여주고 있다. 국제경제에 저명한 곽수종 박사는 이 책에서 현재 경제 상황을 날카롭게 진단한다. 이 책에서는 인플레이션 압력과 경기침체 사이의 끝을 가늠하기 어려운 경제위기 상황 속에서 이번 위기를 넘길 수 있는 현실적인 방안을 모색한다.

한국의 경제리더 곽수종 박사의 경제강의노트

혼돈의 시대, 경제의 미래

곽수종 지음 | 값 16,000원

코로나19 팬데믹으로 인해 어떤 개인과 기업들은 부자가 될 기회를 맞이한 반면, 누군가는 위기를 맞았다. 마찬가지로 국가도 무한경쟁 시대를 맞이하게 되었다. 이 책은 시대의 역동성을 이해하는 법과 대한민국이 앞으로 나아갈 길을 경제·인문학적으로 분석한 책이다. 글로벌 질서 전환의 시대에 대한민국의 현재 좌표는 물론 기업과 개개인이 나아가야 할 방향을 이해하며 경쟁력을 갖추는 데 이 책이 도움이 될 것이다.

한 권으로 끝내는 대한민국 경제 특강

곽수종 박사의 대한민국 경제 대전망

곽수종 지음 | 값 17,000원

삼성경제연구소 수석연구원을 거쳐 한국 조지 메이슨 대학교 경제학과 교수로 재직 중인 곽수종 박사는 한국 경제의 지속 가능한 성장을 위해 새로운 글로벌 패러다임의 변화를 읽어내고 전략적으로 국가의 이해관계를 극대화해야 한다고 말한다. 한국 경제 성장의 주요 변수는 원자재 가격 및 국제 금리를 포함한 환율의 변동성, 미국과 중국 등 주요 수출시장 경제의 경제상황의 안정성 등을 꼽을 수 있다. 이 책을 통해 한국 경제를 넘어 글로벌 경제 전체를 바라보는 폭넓은 시야와 통찰력을 가질 수 있을 것이다.

인플레이션 시대를 이겨내는 스마트한 투자법

AI도 모르는 부의 비밀

손병택(블랙) 지음 | 값 18,000원

돈 버는 투자에 힘을 실어주는 책이다. 수익을 극대화할 수 있는 투자하기 편한 환경은 거시경제로 알 수 있다. 거시경제의 흐름에 기반해 투자 전략을 제시한 유튜브 '블랙, 쉽게 배우는 재테크'의 운영자 손병택(블랙)이 인플레이션 시대의 투자에 대해 말한다. 이 책은 위기와 기회가 모두 공존해 있는 이 상황에서 현재와 미래의 투자에 고민 중인 사람들에게 성공적인 투자를 위한 투자전략을 제시한다.

다가올 현실, 대비해야 할 미래

지옥 같은 경제위기에서 살아남기

김화백 · 캔들피그 지음 | 값 19,800원

이 책은 다가올 현실에 대비해 격변기를 버텨낼 채비를 해야 된다고 말하며 우리에게 불편한 진실을 알려준다. 22만 명의 탄탄한 구독자를 보유한 경제 전문 유튜브 '캔들스토리TV'가 우리 모두에게 필요한 진짜 경제 이야기를 전한다. 지금 우리는 경제위기를 맞닥뜨려 지켜야 할 것을 정하고 포기해야 할 것을 구분해서 피해를 최소화해야 될 때다. 이 책은 현재 직면한 위기를 바라보는 기준점이자 미래를 대비하기 위한 하나의 발판이 되어줄 것이다.

경제를 알면 투자 시계가 보인다

부의 흐름은 반복된다

최진호 지음 | 값 17,500원

이 책은 증권사와 은행의 이코노미스트로 일해온 저자가 금융시장의 숫자들이 알려주는 의미에 대해 끊임없이 고민한 경험을 바탕으로 최대한 쉽게 경기흐름 읽는 법을 알려주는 책이다. 시장경제체제를 살아가는 현대인들은 필수적으로 경기흐름을 읽을 줄 알아야 한다. 이 책을 통해 핵심적인 이론으로부터 투자 접근 방식까지, 나만의 '투자 시계'를 발견할 수 있는 기회가 될 것이다.

박병률 기자의 OTT 경제학

OTT로 쉽게 배우는 경제 수업

박병률 지음 | 값 19,800원

국내 최고 경제 교양서 저자인 박병률 기자가 흥미진진한 OTT 콘텐츠들을 통해 어려운 경제개념을 친절하게 해설한다. OTT 콘텐츠 속 인물과 장면을 통해 경제 이야기를 쉽고 재미있게 술술 풀어내며, 우리가 사는 세상을 경제적 관점에서 바라보고 이해하게끔 도와준다. 경제에 대한 배경지식이 전혀 없는 이른바 '경알못'들도 우리에게 매우 익숙한 OTT 콘텐츠를 통해 경제의 핵심 개념들을 하나둘 알아가게 되고, 더 나아가 경제에 대해 더욱 지적 호기심을 지피게 될 것이다.

기술이 경제를 이끄는 시대의 투자법

테크노믹스 시대의 부의 지도

박상현 · 고태봉 지음 | 값 17,000원

테크노믹스란 기술이 경제를 이끄는 새로운 경제적 패러다임이다. 이 책은 사람들의 일상과 경제의 흐름을 완전히 바꿔놓은 코로나 팬데믹 현상을 계기로, 테크노믹스 시대를 전망하고 이를 투자적 관점으로 바라보는 내용을 담고 있다. 현 시대의 흐름을 하나의 경제적 변곡점으로 바라보며 최종적으로 미래의 부가 움직일 길목에 대해 진지하게 고민한 흔적이 담긴 이 책을 통해 투자에 대한 통찰력을 얻을 수 있을 것이다.

'염블리' 염승환과 함께라면 주식이 쉽고 재미있다

주린이가 가장 알고 싶은 최다질문 TOP 77

염승환 지음 | 값 18,000원

저자 염승환은 유튜브 방송 〈삼프로 TV〉에 출연해 주식시황과 투자정보를 친절하고 성실하게 전달하며 많은 주린이들에게 사랑을 받는 스타다. 이 책은 저자의 첫 단독 저서로, 20여 년간 주식시장에 있으면서 경험한 것을 바탕으로 주식투자가 꼭 알아야 할 지식들만 알차게 담았다. 이 책을 통해 모든 주린이들은 수익률의 역사를 새로 쓰게 될 것이다.

주식 왕초보가 꼭 알아야 할 기본

주린이도 술술 읽는 친절한 주식책

최정희 · 이슬기 지음 | 값 15,000원

지금은 주식투자를 반드시 해야만 하는 시대다. 많은 사람들에게 주식투자는 필수가 되었다. 다들 주식을 한다기에 덩달아 시작했는데 정작 주식을 잘 모르는 당신! 이 책을 통해 주식과 채권과 펀드는 어떻게 다른 건지, 주식거래는 어떻게 해야 하는 건지, 돈 되는 좋은 종목은 어떻게 찾아야 하는지, 경제와 주식은 어떤 관계를 가지고 있는지, 차트를 어떻게 보고 활용해야 하는지, 현재 돈이 몰리는 섹터는 어디인지 등 그간의 궁금증을 모두 풀어보자.

ETF 투자자라면 꼭 알아야 할 핵심만 담았다!

ETF 초보자가 가장 알고 싶은 최다질문 TOP 56

나수지 지음 | 값 18,000원

주식투자를 처음 시작하는 사람들에게 ETF란 낯선 단어다. 하지만 개인투자자에게 ETF는 무엇보다 주식투자를 쉽게 만들어주는 도구다. 이 책은 주식 초보투자자가 알아야 할 ETF의 정의부터 기본 운용 원리, 활용법, 종류, 투자 노하우 등 방대한 지식을 명쾌하고 친절하게 답하며 투자 지식의 범위를 넓혀주는 'ETF 교과서'이다. 길잡이 같은 이 책을 통해 기초 지식을 쌓아가다 보면 높은 수익률을 낼 수 있을 것이다.

나의 꿈 부자 할머니

박지수 지음 | 값 17,000원

안정된 부를 일구고 많은 사람들에게 선한 영향력을 끼치는 노년의 모습은 누구나 꿈꾸는 모습이다. 그런 노년을 위해 나는 지금 어떤 준비를 하고 있는가? 이 책은 평범한 워킹맘인 주인공 지윤이 이웃의 부자 할머니 정여사와 대화하며 경제를 보는 관점을 배우고 돈에 대한 개념을 새롭게 하며 성장해가는 경제소설이다. 부자 할머니가 알려주는 실전 투자법과 철학을 체화한다면 미래의 나도 '부자 할머니'가 될 수 있을 것이다.

■ 독자 여러분의 소중한 원고를 기다립니다

메이트북스는 독자 여러분의 소중한 원고를 기다리고 있습니다. 집필을 끝냈거나 집필중인 원고가 있으신 분은 khg0109@hanmail.net으로 원고의 간단한 기획의도와 개요, 연락처 등과 함께 보내주시면 최대한 빨리 검토한 후에 연락드리겠습니다. 머뭇거리지 마시고 언제라도 메이트북스의 문을 두드리시면 반갑게 맞이하겠습니다.

■ 메이트북스 SNS는 보물창고입니다

메이트북스 홈페이지 www.matebooks.co.kr

책에 대한 칼럼 및 신간정보, 베스트셀러 및 스테디셀러 정보뿐만 아니라 저자의 인터뷰 및 책 소개 동영상을 보실 수 있습니다.

메이트북스 유튜브 bit.ly/2qXrcUb

활발하게 업로드되는 저자의 인터뷰, 책 소개 동영상을 통해 책에서는 접할 수 없었던 입체적인 정보들을 경험하실 수 있습니다.

메이트북스 블로그 blog.naver.com/1n1media

1분 전문가 칼럼, 화제의 책, 화제의 동영상 등 독자 여러분을 위해 다양한 콘텐츠를 매일 올리고 있습니다.

메이트북스 네이버 포스트 post.naver.com/1n1media

도서 내용을 재구성해 만든 블로그형, 카드뉴스형 포스트를 통해 유익하고 통찰력 있는 정보들을 경험하실 수 있습니다.

STEP 1. 네이버 검색창 옆의 카메라 모양 아이콘을 누르세요. STEP 2. 스마트렌즈를 통해 각 QR코드를 스캔하시면 됩니다.
STEP 3. 팝업창을 누르시면 메이트북스의 SNS가 나옵니다.